一名会计人的执业感怀

法律风险可以防范

张国峰 著

中国财政经济出版社

图书在版编目（CIP）数据

法律风险可以防范：一名会计人的执业感怀/张国峰著．—北京：中国财政经济出版社，2008.3

ISBN 978－7－5095－0484－0

Ⅰ．法…　Ⅱ．张…　Ⅲ．财政法—研究—中国　Ⅳ．D922.204

中国版本图书馆 CIP 数据核字（2008）第 012263 号

中国财政经济出版社出版

URL：http：//ckfz. cfeph. cn

E－mail：ckfz@ cfeph. cn

社址：北京市海淀区阜成路甲 28 号　邮政编码：100036

发行处电话：88190406　财经书店电话：64033436

北京财经印刷厂印刷　各地新华书店经销

787×1092 毫米　16 开　19.5 印张　270 000 字

2008 年 3 月第 1 版　2008 年 3 月北京第 1 次印刷

定价：42.00 元

ISBN 978－7－5095－0484－0/F・0407

（图书出现印装问题，本社负责调换）

在法律风险面前，你无法回避

为书写序常常是一个很难的差事。因为一味说好失之公允，简单推荐又显得生硬。是故，我婉拒了不少他人请托的应景之作。

然而，对于首次出版著作的青年作者，特别是将会计与其他人文学科融合——大体可归入“人文会计”类——的作品，我感到却之不恭。前两年曾主动给金十七的《让数字说话——审计，就这样简单》作序，今天，照样要给《法律风险可以防范》写上几句话。

本书作者具有多年的财务、法律、监管和纪检工作经历，并且勤思笃行，在关注和研究财务人员自身的法律风险的基础上，总结出了一些具有独创性、实用性、有效性的防范策略。本书的突出特点包括三方面：

一是针对性强，针对的是我国财务人员在实践工作中所遇到的法律风险。纵观世界多数国家，财务人员在整个社会的职业体系中，都是一种颇具特色的职业。利益分配是多种力量相互交融的结果，财务数据从中起着重要的依据或者基点的作用，向国家纳税要以财务数据为基础申报，公司高管人员乃至全体员工的薪酬、奖金也要以财务数据所反映的业绩来考核，而股东所得则是在向高管、员工和国家分配后的盈余（净利润）。正是因为财务工作的独特性，法律赋予了其严格的职责和义务、以及相应的权利。众所周知，市场经济的两大基础即是财务和法律，财务人员如何深刻理解自身的职责，正确处理两大关系，并采取有效措施防范职业本身所带来的风险，正是本书运用大量实践案例所深入探讨的内容。

二是实用性强，防范风险的策略来源于作者实践经验的总结。对于许多财务人员而言，会计核算、财务管理领域的知识和经验可以说比较丰富，但由于很多人没有机会接触到法律、审计、纪检等领域的原因，只是强烈地意识到自身在某项工作中的法律风险，却没有很好的思路和办法去应对。因此，财会人或准财会人要做到“三会”：会会计核算、会财务管理、会自我保护。本书从财务人员法律风险的根源、具体的法律责任、认定犯罪的具体标准为起点，针对财务人员常见的各种法律风险提出了防范的十六大策略，深入浅出地讲解了财务人员应掌握的基本法律知识和理念，相信财务人员会在经验的分享中受益。

三是系统性强，实务的经验提升到了一个新高度，使之成为具有较为完整的体系。本书针对多数财务人员的知识结构，通过大量案件的印证，阐释财务人员应当具备的法律知识和理念，比如承担刑事责任的人员范围、破除财务人员对司法证据与审计证据认识的误区等等，以使财务人员能够掌握必须熟悉的法律知识和理念。同时，本书在深入总结大量案件对财务人员影响的基础之上，明确提出了在现阶段财务人员应推动单位建立哪些保护财务人员的“安全网”，即不只靠财务人员自己的“策略和技巧”，还应靠单位的机制——而机制也是人建的，财务人员应在自己的工作中有意识地去建立、去推动。此外，本书通篇贯穿着一种为人做事的思想，“开开心心工作，堂堂正正做人”，通过一个个生动、现实的案例，使读者感受到法律的威严、智慧的力量。

财务人员真不容易，一不小心就可能掉进法律的河流里，呛几口水还是其次，连个明白也换不来就太倒霉了。所以，趁着站在河边的机会，观察一番河水的波浪，辨析一下浮沉的因由，不仅必要，还会获得超额利润呢。

是为序。

张连起

2008年2月1日于福连运起斋

自　序

在财务战线工作多年，我对财务工作有了一种特殊的感情。自从事监管、纪检工作以来，在多次配合公安机关调查取证的过程中，我真切地感受到了财务人员的风险，也感受到了心情的沉重和压抑。有的财务人员确实很冤，我们也相信他（她），但就是没有有效的证据来澄清相应的事实。每遇此情此景，我总有一种难以名状的难过——这可能是由于自己有多年财务工作经历的缘故吧。在这种状态下，我将自己在办案中的体会、心得记在纸上、本上，甚至在半夜里突然有了好的想法也是如此，总是想如果当初怎样做，就不至于有今天的结果。

随着接触的案子越来越多，我发现，其实财务人员的风险是有规律可循的，很多被牵连或冤枉的情形也是有办法避免的。于是，就有了把以前自己零星记录下来的心得、体会整理出来的想法。为确信自己的工作是有价值的，我曾在“中国会计视野”网站发贴谈了我的想法，出乎意料的是，大家都非常支持，“强烈支持”、“大好人”、“看到这个消息很振奋”、“热盼”等等字眼充满着期待和鼓励之情，我于是下定决心利用休息时间，将自己多年来积累的财务、监管、审计、纪检和法律的工作体会进行总结，把那些笔记本、小纸条翻出来，使之系统化，融合成财务人员如何才能有效防范法律风险这方面的内容，希望对大家能够有所帮助。

财务人员在整个社会职业体系中，是很有特点的一种职业。它的职业特点，我理解有三个：一是其处在国家、企业和个人利益的交汇点，向国家缴税不能少，不能让员工吃亏，更不能少了企业的。财务人员在三者利益分配的过程中充当着执行者而非最终决定者，但却被法律赋予相当重要的职责这样一种角色。“丫环拿钥匙——当家不作主”，不同的是这个“丫环”在这个利益分配中被法律赋予了一定的权利和义务，尤其是在国有企业、企业在处理与国家的利益分配以及分支机构较多的企业处理分支机构与总公司利益这三种情况下，这个特点就更为明显。二是单位犯罪，企业财务人员往往会受到波及，常常是单位负责人“进去”了，财务负责人也会“进去”，甚至是单位负责人没“进去”但财务人员却“进去”了。这与其他部门如人事部、总裁办等这些同为后勤保障部门人员的处境截然不同，这也是财务人员的一个职业特点。三是财务人员负责保管资金，某些别有用心的人想多捞钱却还想建“防火墙”，总想把自己隐藏起来，财务人员明知有风险却又常常在最后照办了，他们的意志并没有得到体现，这也是其职业的一个特点。这些职业特点，决定了我们必须对财务人员的法律风险给予足够的重视。

我相信绝大多数财务人员对自身的风险是给予了足够重视的，但问题是，并非所有的财务人员都明白如何才能有效地防范，如何才能有效地进行自我保护。这其实是一个很复杂的问题，财务人员不只是需要财务领域的丰富经验，还需要有审计、法律，甚至是纪检等外部监管、检查的工作经验，这样才有可能以更广阔的视野来重新分析其财务工作策略和技巧，分析怎样做才能在履行好职责的同时防范自身的法律风险。坐在屋里是想不出来的，这更多的是一种多重经历和经验的融合，见得多、爱思考才可能悟出一些门道。

我想，如果别人是我，经历如此之多，也爱思考、见到不平事就考虑怎样才能避免的话，他的心得和体会也一定不会少的。而现在这个“机会”（从另一个意义上看，也是“波折”）给了我，那我就应当对大家有所贡献，不管是大是小。

我写作本书的指导思想是，授人以鱼更要授人以渔，因而将本书分为四大部分：首先是财务人员的风险根源和法律责任分析；其次是防范法律风险的十六种策略、财务人员应当掌握的基本法律理念和知识，以及大型案例剖析，其中对大型案例的剖析，将会使我们以一个全程的视角对案件进行判断和分析，也是对防范策略、基本法律理念和知识的融会贯通；再次是公安、检察机关侦查的一般程序性规定，以及法律责任的认定，它使我们财务人员对公检法机关分工办案有一个较为全面的认识；最后则从企业制度建设的角度，提出财务人员应积极推动单位建立和完善哪些制度才能更好地保护自己，这也是实践经验的总结。

由于时间、精力和能力所限，本书难免会存在不足之处，在此恳请读者批评指正。

张国峰

2007 年 12 月 26 日 · 北京

目　录

第1章

财务人员的法律风险来自哪里

财务人员的法律风险无疑是具有明显职业特点的，但它究竟来源于哪里？迫于压力为什么会带来风险？无意行为为何会带来风险？这是财务人员理解和防范法律风险的基础。

1.1 引子：两个案例

1.1.1　出纳代签字案

某公司总经理上班时交给单位出纳5000元的餐费发票，说是前几天陪客户吃饭的发票，要她拿去帮着把票贴一贴。我们都知道，这种事情其实财务人员干得多了，也是不足为怪的。该出纳拿到发票后，自己找了“票据报销单”和“粘贴单”贴好后，找财务经理签字，并向财务经理说明这是总经理拿过来的，要帮忙贴一下，财务经理也并不怀疑，就把字签了，然后拿着去找这位总经理签批，自然很顺利就签了字。之后，出纳从自己保管的保险柜中拿出5000元直接给了总经理。但这里面有一个问题：出纳只是让总经理在“批准人”一栏中签了字，而“报销人”和“领款人”两栏都是出纳代这位总经理签了字——其实她是出于好心，既然是总经理安排的，并且已经过他批准了，其他这些“小事”就帮着做了吧。可事实上，这是她经验严重不足，后来事情的发展也证明了这点。大约一年后，这位总经理离任，总公司安排做离任审计，在离任审计中很重要的一项内容就是要查清总经理在任期内所报销的所有事项，包括金额、内容等。审计人员最后拉出一个清单，要总经理确认，这位总经理发现有一笔5000元的餐费报销，却怎么也想不起来。审计人员说这事好办，立即就把那笔5000元的报销单子找了出来，总经理仔细一看，马上就说：“报销人和领款人虽然是我的名字，但都不是我签的字。”这时，审计人员也发现“批准人”一栏的字体明显与“报销人”、“领款人”的字体不相同，又把财务经理叫过来，财务经理一看就说这是出纳的笔体，那就把出纳叫过来，出纳一看就知道这笔单子是怎么回事，说“这是哪年哪月哪日总经理交给的餐费发票，要我帮忙贴一下，我贴好领出钱来就给老总了。”

但现在的问题是总经理怎么也想不起来了，他不承认领过这笔钱。这可真把出纳给急坏了，因为总经理说是出纳自己把钱领走了，还要报案，说出纳贪污公司财产；而从目前的证据来看，对出纳是很不利的，因为出纳并不能证明她将这笔钱交给总经理了，而“领款人”一栏又确实是她签的字。通过这个案例，我们能够看到财务人员法律风险的一种类型。

1.1.2 晓庆公司偷税案①

2002 年 4 月 2 日，北京市地税局第一稽查分局对北京晓庆文化艺术有限责任公司、北京刘晓庆实业发展公司和北京晓庆经典广告公司涉嫌偷税立案调查。4 月 24 日，北京市公安局根据获取的证据，依法对涉案责任人总经理兼财务总监靖军（刘晓庆妹夫）和前任会计方利刑事拘留，5 月 30 日，上述二人被依法逮捕。6 月 20 日，公司法定代表人刘晓庆被北京市公安局依法刑事拘留。2003 年 8 月 16 日，刘晓庆因有悔过表现和筹款补缴税款的愿望，被取保候审。2003 年 12 月 12 日，该偷税案在北京市朝阳区人民法院公开开庭审理。公诉方指控晓庆公司及靖军涉嫌偷税共计 848 余万元。最后法院以偷税罪处公司罚金 600 多万元，判处公司总经理兼财务总监靖军有期徒刑三年。

我们可以看到，在这个例子中，法定代表人刘晓庆没有被判刑而总经理兼财务总监靖军被判刑，以及前任会计方利曾被刑事拘留，它揭示了财务人员法律风险的另外一种来源，至于为什么，我们会在后面详细讲述。

通过上面这两个真实的案例，我们能够得出这样两个结论：

第一，无论在企业中处于什么样的层级，财务人员都会面临法律风险。从最基层的出纳到高层的 CFO、总会计师、单位财务负责人，都不例外。

第二，不论企业的规模大小，在其中工作的财务人员都会面临法律风险。

---

① 人民网（www.people.com.cn）转载《广州日报》，“律师：证据不足？刘晓庆可能会被免予起诉”，2003 年 2 月 27 日；新浪网（www.sina.com.cn），“刘晓庆税案大事记”，2004 年 7 月 5 日。

大企业有大企业的法律风险，小企业有小企业特有的法律风险，大企业尤其是国有大中型企业的压力主要在于对国有资产进行保值增值，小企业的压力主要在于尽可能快、尽可能多地使股东得到回报，而这些压力常常是财务人员法律风险的导火索。

总之，所有财务人员无论层级、无论所处企业的规模，都会面临或多或少的法律风险。那么，财务人员法律风险产生的根源究竟在哪里呢？

1.2 财务人员法律风险的根源

从根源上讲，财务人员法律风险产生的原因主要有三种：一是故意犯罪行为；二是单位或单位领导发生经济犯罪，财务人员受到波及或牵连，这种情况往往是财务人员迫于工作压力而形成的法律风险，也是最常见的财务人员法律风险类型；三是财务人员的无意行为所造成的法律风险。

我们在这里所说的“法律风险”，主要是指被行政处罚或刑事制裁的风险，并且更多地关注财务人员承担刑事责任的风险。这是因为从我国目前的现实情况看，财务人员受到行政处罚要远少于受到刑事处罚的人数，并且刑事处罚对一个人的影响是巨大的，它甚至会断送一个人的职业生涯和前途，也正是因为如此，本书用了更多的篇幅来分析和解决财务人员所面临的刑事责任问题。

1.2.1 以身试法自会带来风险

毋庸置疑，任何人以身试法、故意犯罪都会带来法律风险和法律制裁，并不只是财务人员如此。对于财务人员而言，故意犯罪多表现为贪污、挪用、侵占、提供虚假报告、偷漏国家税款等行为，如截留收入，私刻印章将单位资金转入自己的私人账户，以为职工谋福利为名私分国有资产等等。这些现象的产生，主要是财务人员私欲膨胀、铤而走险或侥幸心理过重的结果。

有些人自以为很聪明，设计了重重机关非法敛财，不相信以身试法会有什么后果，却正应了那句话——“机关算尽太聪明，反误了卿卿性命”，下面的一起案件就很有代表性。

一天早上，我们一行几人对某下属单位的财务部会计钱某[①]进行突击检查，因为事前接到举报反映钱某截留收入，并且我们在外围调查后也掌握了有力的证据。正巧当天钱某上班较早，他刚刚打开电脑我们就到了。我们当即要求：只要是他桌子上和抽屉中的东西暂时都不能动，全部接受检查。但更巧的是，该单位的领导王某当天早上上班时因内急，来不及开自己办公室的房门，就将随身携带的一个公文包随手放在刚打开办公室房门的钱某的办公桌上，但正是在王某去厕所这段时间，我们来了。由于公文包在钱某桌子上，自然也成了我们检查的对象，等我们打开公文包后，发现领导王某竟然有两个身份证！就是由这两个身份证入手，我们查出了以前毫无线索和迹象的王某贪污案。

从这个案例我们看到，以身试法所带来的风险是不以个人的意志为转移的，它说不清什么时候就会爆发，上个厕所就导致“前功尽弃”，虽然有一定偶然性，但偶然之中透着必然，容不得有半点侥幸心理。

可见，在任何情况下，以身试法、故意犯罪都会带来法律风险。但是，这并不是我们关注和研究的内容，也不是现实中财务人员产生法律风险的主要原因。我也不可能告诉大家如何规避或防范故意犯罪带来的风险，或者说如何规避法律制裁。如果一个人真的犯了罪，最好的办法就是尽早自首。前一段时间看过一个电视纪实节目，有一个人开车撞人后驾车逃逸，在外面东躲西藏了六年后，终于回来自首了。当记者问她在外面躲了这么些年，有什么感想啊？她说的第一句话就是：“还是自首好啊！”虽然有些好笑，但却是心里话。开开心心做事、堂堂正正做人，本身就是人生的一种乐趣。当然，

① 为避嫌起见，本书所有姓氏和人名均隐去真实姓名，如有巧合纯属偶然。

我们财务人员绝大多数是不会主动犯罪的，以身试法者只是极少数。

1.2.2 “迫于压力”——多数风险的缘起

这种情况是财务人员所面临的法律风险的大多数情形。多数财务人员仅是为了能有一个工作而不得不屈从于单位领导的压力，比如在老板的强制要求下将部分收入不入账而偷漏税款、提供虚假报表骗取银行贷款等。这种情况，用财务人员的话说就是“肚子安了，良心不安；良心安了，肚子不安”。

在法律上真正的“被迫”并不会遭受刑事处罚，比如被认定为符合《会计法》第四十五条规定的“授意、指使、强令做假或隐匿、销毁会计资料”的情形（关于会计人员的法律责任及对本条的分析，详见第2章中“违反《会计法》应担何责”的内容）；从法理上讲，没有主观犯罪故意也是不能被认定为犯罪的。但问题是大多数财务人员往往并不清楚如何才能拿出有效证据证明“被迫”这一事实，不明白如何有效地进行自我保护，因而为自己带来了风险。

我们举一个例子来说明，某公司因涉嫌偷税被当地税务局立案稽查，后该案被移交当地公安部门。公安部门在获取该公司偷税罪的充分证据后将其法定代表人赵某、总经理孙某、财务总监李某和会计钱某依法逮捕，经当地检察院起诉，最后法院判决：该公司犯偷税罪，补交税款并处罚金；对孙某、李某和钱某分别判处了有期徒刑。在庭审中，财务总监李某和会计钱某称其偷逃税款均是受赵某指使，但却无任何证据；而赵某则称公司日常经营均交由总经理负责，其管理成员内部也有职责分工，对此类事务不干涉，也从未见到公司打给他的报告，也无口头报告，因而全不知情。因为没有证据，对赵某的指控法院最后没有予以认定；而财务总监、会计同样也辩称是受某某领导指使和要求，但没有证据。法院根据现有证据认定孙某、李某、钱某三人共同犯偷税罪。

在这个例子中，法定代表人没有判刑而总经理、财务总监、具体经办的会计被判刑，主要的原因就在于他们没有证据证明偷税行为是受法定代表人授意或指使而为，在偷税行为已经发生的事实下，法律对责任人员的认定只能依据能够被现有证据证明的事实。在这种情况下有证据能够认定该公司的偷税行为是在总经理孙某的指挥下三人共同参与来运作，而没有证据把法定代表人赵某拉进来并作为主犯，从而对三人判刑也在意料之中。这实际上就是“大家喝凉水为何只有几个人肚子疼”的问题，我们会在后面进行更为详细的讲述和分析。

另外，有必要提及，对于一个负责执行工作的财务人员而言，如果能够有证据证明其参与违法行为是被迫而不是积极参与的，此时他违反的是会计人员职业道德中的“坚持原则”的要求。违反职业道德与触犯刑律是完全不同的性质，《会计法》明确规定，违反职业道德并且“情节严重的”，所受的处罚是吊销会计从业资格，这与被判处刑罚是完全不同的两个概念。同样道理，如果财务总监能够有充分证据证明：第一，他在行使决策权时对偷税的做法持反对意见；第二，他在具体运作层面并不是积极参与其中，那么他是应该被免于刑事处罚的。只不过与一般会计不同的是，他有一定决策权，他要能证明在决策过程中他是否有犯罪的故意。这些问题及其包含的深层次原因、如何具体操作，我们在后面会深入讲解，并通过具体案例进行剖析。

1.2.3 无意也会酿风险

外部没有人强迫，财务人员自身也并非故意要这样做，却惹来了麻烦，这本质上是由于财务人员知识或经验的不足，即无意行为造成的。前面引子中讲述的出纳代签字的案例，就是这种情况（之所以说该案例是由于出纳无意造成的风险而并非是真贪污，是后来总经理终于在私下向我们承认，他后来想起来应当是有这么一回事，但事情后来弄得很大他也没法很快承认，只好以后找个机会向我们承认了）。大家不要小看无意行为造成的风险，它所占的比例并不是很低，这方面也有不少典型的案例（详见第 3 章和第 5 章）。

1.2.4　现实中的风险根源更为复杂

通过上面的分析，读者可能会说了，我们把这三种情况研究透了，财务人员法律风险的问题就解决了。然而，现实中的情况要复杂得多，常常是三种情况的汇合，多数先是被迫，然后又掺杂进财务人员的主动和故意，在整个过程中还可能会有无意行为。下面这个关于“小金库”的案例就很能说明问题。

某公司的省级分公司领导曾让财务经理以收取地市级公司参会人员会议费的形式搞一个“小金库”（实际上该省级分公司的会议费已得到总公司批准并将在分公司管理费用中全额报销，但参会人员并不知情，以为还要交包括住宿费、资料费等在内的会议费），收上来的这笔会议费都由财务经理保管——很多单位的“小金库”就是这样搞出来的。开始财务经理并不同意，但在领导的坚持下不得已也这样做了。由于“小金库”现金量较大，财务经理就用他的名字开了个账户，专门存放“小金库”的资金，后来总公司进行内部审计，该财务经理知道肯定会盘现金、查财务室，就把那个存折和记录本藏起来了——这个时候，其实他的风险正在转化，由原来的“完全被迫”转化为“有意隐藏”。等审计查完财务室后，他认为安全了，不会再查财务室了，就把那个存折和记录本又拿出来了放到他的抽屉里。可是，没想到在一天上班的早上，审计人员突然再查财务室，要求所有财务人员将自己的抽屉打开，所有的铁皮柜打开，于是很快就找到那个存折和记录本了。这里面，就是财务经理一开始是被迫，后来成为主动藏起来，再后来则是抱有侥幸心理，但最终被发现。可见，财务人员法律风险的成因，其实是很复杂的。

因而，财务人员要深刻地意识到自身因为职业原因而产生的法律风险，并对其产生的根源要有清醒、总括的认识，这样才可能有效地进行自我保护，而这也是有效进行自我保护的基础。

本章小结

财务人员的法律风险是一个不能视而不见的客观问题，它具有一定的职业特点，从根源上讲是由财务人员的故意、被迫和无意行为三种情况所造成。但现实中的情况却更为复杂，常常是先被迫然后故意，最后可能还会有无意行为，并且更为突出的问题是财务人员的“被迫”常常没有有力证据加以证明，这无疑造成了认定其法律责任的复杂性。本章从财务人员法律风险产生根源的角度进行了深入分析，这是财务人员理解和防范自身法律风险的基础。

第2章

套在财务人员头上的“紧箍咒”有哪些

作为财务人员，可能会对繁杂的法律条文一头雾水，但实际上它们是有内在逻辑联系的。我们怎样才能梳理清楚具有财务人员职业特点的法律责任？金额具体达到多少才会构成犯罪？

总体来说，我国法律、行政法规对财务人员法律责任的规定，主要包含在《会计法》、《刑法》、《总会计师条例》、《税收征收管理法》、《审计法》、《证券法》、《商业银行法》、《保险法》、《公务员法》、《现金管理暂行条例》等法律法规中，其中以《会计法》和《刑法》为统领。对于这些规定中所表述的“构成犯罪”的认定标准，则是依据最高人民检察院、公安部于2001年4月18日公布并实施的《关于经济犯罪案件追诉标准的规定》这部司法解释。

对于财务人员的法律责任，主要是行政责任和刑事责任（注意：一般不会涉及民事责任）。其中行政责任又分为行政处罚和行政处分（仅对国家工作人员），对行政处罚的程序性规定则主要在《行政处罚法》中，对行政处分的规定则体现在《会计法》、《公务员法》和《企业职工奖惩条例》中。对于刑事责任，无疑是由《刑法》来作出规定的。

2.1 财务人员的“紧箍咒”：法律责任

2.1.1 违反《会计法》应担何责

《会计法》中“法律责任”一章，明确了单位、会计机构和会计人员的行政责任；对于刑事责任，只是有所提及（即以“构成犯罪的……”这种形式表述），并不明确，对刑事责任的明确是在刑法领域。因而，该章对我们的意义主要在于它明确哪些行为承担责任、由哪个行政单位实施处罚、行政处罚的具体形式和范围等这些问题，它对于界定财务人员行政法律责任至关重要，并明确了哪些行为可能会涉及刑事责任。具体来讲，在《会计法》第四十二至四十五条（参见附录1）对以下几个问题进行了明确规定。

1. 界定了主观恶性不大的会计违法行为处理

《会计法》（第四十二条）规定的违法行为，由于主观恶性并不大，多数会以行政处罚处理，但如情节极为恶劣也可能构成犯罪。例如“会计人员有第一款所列行为之一，情节严重的，由县级以上人民政府财政部门吊销会计从业资格证书。”可见，“情节严重”才是吊销会计从业资格证。此外，我们应当明确，县级以上人民政府财政部门［即县（市、区）财政局、财政厅和国家财政部］是《会计法》规定的有权实施行政处罚的部门，这点相信多数财务人员并不陌生。

对应案例：较典型的案例，如第3章中的“单位小金库　处理有学问”、“用途最关键　罪非分水岭”；第5章中的“阴阳发票套出资金：为何公安撤销案件?”、“费用花不完‘红人’们报销忙：为何财务部经理全身而退?”等。

2. 界定了做假账、提供虚假会计报告的违法行为处理

《会计法》（第四十三条）侧重讲伪造、变造凭证和账簿、提供虚假财务报告的行为，由于主观恶性较大，因而一旦达到犯罪标准（在本章第2节中讲述）便会受到刑事处罚。在犯罪标准之下的，处以行政处罚。

对应案例：较典型的案例，如第3章中的“证据要备份　独份成大错”、“拿住证据证清白　当心人证不可靠”、“职责分工要明确　消极却比积极好”；第5章中的“向行政监管部门提供虚假收入资料：为何没被移送司法机关?”、“虚报注册资本：为何会计也被判刑?”等。

3. 界定了隐匿、销毁会计资料的违法行为处理

《会计法》（第四十四条）侧重讲隐匿或故意销毁凭证、账簿、报告的行为，达到犯罪认定标准的追究刑事责任；达不到标准的以行政处罚处理。

对应案例：较典型的案例，如第3章中的“职责分工要明确　消极却比积极好”；第5章中的“销毁会计资料：真正的作茧自缚!”等。

4. 界定了财务人员受人指使从事违法行为的处理

《会计法》（第四十五条）侧重讲授意、指使、强令财务人员作假或隐匿、销毁会计资料的行为，处理方法同四十三、四十四条，即，构成犯罪标

准的处以刑罚，不构成标准的处以行政处罚，这并不难理解。需要引起特别注意的是：如果能认定符合该条所讲的情形，则是追究授意、指使、强令者的责任，而非财务人员的责任——而这里最关键的是如何证明，即取证问题。

对应案例：较典型的案例，如第 3 章中的“证据要备份　独份成大错”、“拿住证据证清白　当心人证不可靠”；第 5 章中的“大家喝凉水为何几个人肚子疼：谋福利还是私分国有资产?”、“中国证券死刑第一案：为何财务经理受此牵连?”等。

上述四项的关系可用图 2－1 来简明表示：

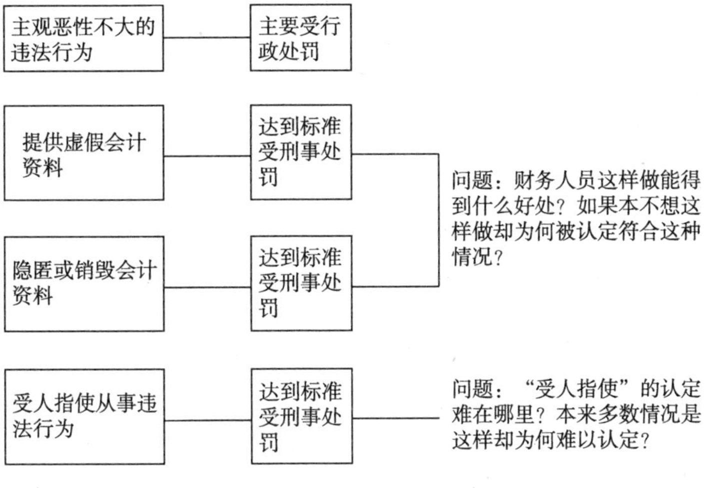

图 2－1　各种违法行为之间的关系

上图中提出的问题是要我们大家仔细想一想：现实中财务人员被认定为犯罪的，多是因提供虚假会计资料或隐匿、销毁会计资料而引起，但企业又不是财务人员自家的，他这样做能得到什么好处？从现实情况看，之所以被认定为犯罪，多数是因为被认定为企业负责人的共犯，这也正是我们平时常见的“单位负责人进去了，多数财务负责人也会进去”这种现象的原因（关于什么是“共犯”及怎么会被认定为共犯的问题将在后面详细讲述）。这一点极为重要，本书中的多数内容包括自我保护策略、案例剖析、财务人员应当具备的基本法律理念和知识等都与这个问题有关，请大家务必带着这个问题阅读本书、深入思考。

我们大家已能感觉到，认定是否构成犯罪的标准至关重要，它关系到财务人员的切身利益。但是，《会计法》等这类法律规范却未予以明确（当然也不可能由它来规范），是否构成犯罪在《关于经济犯罪案件的追诉标准》中有明确规定，将在第三节中予以详述。

最后，作为财务人员，还有一项十分重要的内容值得我们关心：在何种情况下会被吊销会计从业资格。此种情形，由三种情形引起，一是没有坚持会计人员职业道德引起；二是因犯罪引起，即被追究刑事责任则今后也不能重新取得；三是一般违法纪行为引起，在5年内不得重新取得。具体而言，这方面的规定主要体现在《会计法》第四十条和第四十二条。

《会计法》第四十条对何种情况下不能取得或重新取得会计从业资格证书进行了明确："因有提供虚假财务会计报告，做假账，隐匿或者故意销毁会计凭证、会计账簿、财务会计报告，贪污，挪用公款，职务侵占等与会计职务有关的违法行为被依法追究刑事责任的人员，不得取得或者重新取得会计从业资格证书。除前款规定的人员外，因违法违纪行为被吊销会计从业资格证书的人员，自被吊销会计从业资格证书之日起5年内，不得重新取得会计从业资格证书。"在此，需要说明的是，该条中"因违法违纪行为被吊销会计从业资格证书的人员"中"违法"是指违反行政法的行为，即不违反刑事法律，不构成犯罪的行为。关于《会计法》第四十二条，它规定的是一般违法行为所可能引起的吊销会计从业资格的具体情形，前面已有解读，在此不再赘述。

2.1.2 违反《会计法》同时违反其他法律规定应担何责

除了《会计法》以外，其他法律对相关单位的会计工作也作出了相应的规范，并赋予税务、审计、人民银行、证券监管、保险监管等部门对有关会计工作实施监督管理并对相关会计违法行为进行处罚的职权。

根据《会计法》第四十九条的规定，“违反本法规定，同时违反其他法律规定的，由有关部门在各自职权范围内依法进行处罚”。它的意思是说：对违反《会计法》同时违反其他法律规定的行为，除构成犯罪的，由司法机关依法追究刑事责任外，其他对会计违法行为依法享有行政处罚权的机关（如证监会、保监会、税务局等），对尚不构成犯罪的会计违法行为，应当按照法定职权作出相应处罚。

但应当知道的是，根据《行政处罚法》的规定，对同一违法当事人的同一违法行为，不得给予二次以上罚款的行政处罚。意即：如某一个处罚机关已对违法行为人给予了罚款处罚，其他机关不得再对同一违法当事人的同一违法行为给予罚款处罚（仅限于“罚款”这一种行政处罚）。

除《会计法》外，其他常见法律法规对财会人员可能会涉及的法律责任进行了规定（以主管人员或直接责任人员的界定出现），主要是《税收征收管理法》、《审计法》、《商业银行法》、《证券法》和《保险法》中的相关规定，详见附录2～附录6。

特别说明的是，本书附录中列出的处罚规定，一是考虑要涉及的是企业方这一主体；二是涉及的是财务人员（尤其是负责财务工作的高级管理人员），而上述各法律法规中针对税务机关、银行业监管机构、证券监管机构、保险监管机构等这些特殊主体的处罚规定多数并未列出。

此外，根据《现金管理暂行条例》第二十三条的规定，银行工作人员（如财务人员，笔者注）违反本条例规定，徇私舞弊、贪污受贿、玩忽职守纵容违法行为的，应当根据情节轻重，给予行政处分和经济处罚；构成犯罪的，由司法机关依法追究刑事责任。该条例对企业的法律责任规定，均为对单位的法律责任，没有规定对自然人的法律责任，这是我们要清楚的。当然，有人会说，这个条例在实践中并没有得到多么严格的执行，企业内部审计部门也很少会依据此条例进行内部处罚或责任追究，这可能与该条例的实施时间——1988年——已与现在有近20年之隔有关吧。

2.2 金额达到多少才算构成犯罪

前面我们也讲过，对财务人员法律责任的规定是以《会计法》和《刑法》为统领的，之所以有《会计法》，是因为它是关于会计机构、人员及会计工作的根本大法；而《刑法》则是刑事领域的根本大法，只有刑事法律才能规定一个人的刑事责任，《刑法》不仅是界定财务人员刑事法律责任的依据，也是界定所有人员刑事责任的依据。本书在兼顾财务人员行政责任的同时，侧重研究财务人员的刑事责任，并且财务人员自然犯罪的刑事案件（如杀人、放火、投毒等这类案件）并不能反映财务人员刑事案件的特殊性，当然并不能成为本书研究的重点，我们侧重研究的是财务人员带有职业特征的经济案件。根据《关于经济犯罪案件追诉标准的规定 》，对具有财务人员职业特征的常见案件立案标准汇总如表 2－1 所示。

表 2－1　　具有财务人员职业特征的常见案件立案标准汇总表

涉嫌罪名	认定时掌握的具体标准	典型案例
虚报注册资本案（刑法第 158 条）	申请公司登记使用虚假证明文件或者采取其他欺诈手段虚报注册资本，欺骗公司登记主管部门，取得公司登记，涉嫌下列情形之一的，应予追诉：1. 实缴注册资本不足法定注册资本最低限额，有限责任公司虚报数额占法定最低限额的 60% 以上，股份有限公司虚报数额占法定最低限额的 30% 以上的；2. 实缴注册资本达到法定最低限额，但仍虚报注册资本，有限责任公司虚报数额在 100 万元以上，股份有限公司虚报数额在 1000 万元以上的；3. 虚报注册资本给投资者或者其他债权人造成的直接经济损失累计数额在 10 万元以上的；4. 虽未达到上述数额标准，但具有下列情形之一的：（1）因虚报注册资本，受过行政处罚两次以上，又虚报注册资本的；（2）向公司登记主管人员行贿或者注册后进行违法活动的	如第 5 章中的“虚报注册资本：为何会计也被判刑”等

续表

涉嫌罪名	认定时掌握的具体标准	典型案例
虚假出资、抽逃出资案（刑法第159条）	公司发起人、股东违反公司法的规定未交付货币、实物或者未转移财产权，虚假出资，或者在公司成立后又抽逃其出资，涉嫌下列情形之一的，应予追诉：1. 虚假出资、抽逃出资，给公司、股东、债权人造成的直接经济损失累计数额在10万元至50万元以上的；2. 虽未达到上述数额标准，但具有下列情形之一的：（1）致使公司资不抵债或者无法正常经营的；（2）公司发起人、股东合谋虚假出资、抽逃出资的；（3）因虚假出资、抽逃出资，受过行政处罚两次以上，又虚假出资、抽逃出资的；（4）利用虚假出资、抽逃出资所得资金进行违法活动的	同上
违规披露、不披露重要信息案（刑法第161条）①	公司向股东和社会公众提供虚假的或者隐瞒重要事实的财务会计报告，涉嫌下列情形之一的，应予追诉：1. 造成股东或者其他人直接经济损失数额在50万元以上的；2. 致使股票被取消上市资格或者交易被迫停牌的	如第3章“证据要备份　独份成大错”、“拿住证据证清白　当心人证不可靠”；第5章“向行政监管部门提供虚假收入资料：为何没被移送司法机关”等
隐匿、销毁会计资料案（刑法第162条之三）②	隐匿或者故意销毁依法应当保存的会计凭证、会计账簿、财务会计报告，涉嫌下列情形之一的，应予追诉：1. 隐匿、销毁的会计资料涉及金额在50万元以上的；2. 为逃避依法查处而隐匿、销毁或者拒不交出会计资料的	如第5章“销毁会计资料：真正的作茧自缚”等

① 2006年6月29日发布并实施的《刑法修正案（六）》对该条进行了修正，可见，该条的罪名与犯罪构成都有变化，但依据该条制定的追诉标准尚未修正，故而追诉标准中的表述与修正案中表述会有所不同。

② 2006年6月29日发布并实施的《刑法修正案（六）》对该条进行了修正，该罪名已为刑法第162条第3款规定。

续表

涉嫌罪名	认定时掌握的具体标准	典型案例
非国家工作人员受贿案（刑法第163条）①	公司、企业的工作人员利用职务上的便利，索取他人财物或者非法收受他人财物，为他人谋取利益，或者在经济往来中，违反国家规定，收受各种名义的回扣、手续费，归个人所有，数额在5000元以上的，应予追诉	如第3章“费用贿金须分明 行贿受贿是犯罪”等
对非国家工作人员行贿案（刑法第164条）②	为谋取不正当利益，给予公司、企业的工作人员以财物，个人行贿数额在1万元以上的，单位行贿数额在20万元以上的，应予追诉	同上
国有公司、企业、事业单位人员失职案（刑法第168条）	国有公司、企业、事业单位的工作人员，严重不负责任，涉嫌下列情形之一的，应予追诉：1. 造成国家直接经济损失数额在50万元以上的；2. 致使国有公司、企业停产或者破产的；3. 造成恶劣影响的	如第5章“中国证券死刑第一案：为何财务经理受此牵连”
内幕交易、泄露内幕信息案（刑法第180条）	证券、期货交易内幕信息的知情人员或者非法获取证券、期货交易内幕信息的人员，在涉及证券的发行，证券、期货交易或者其他对证券、期货交易价格有重大影响的信息尚未公开前，买入或者卖出该证券，或者从事与该内幕信息有关的期货交易，或者泄露该信息，涉嫌下列情形之一的，应予追诉：1. 内幕交易数额在20万元以上的；2. 多次进行内幕交易、泄露内幕信息的；3. 致使交易价格和交易量异常波动的；4. 造成恶劣影响的	参考第3章“矛盾要当心 常是重地雷”、“支票背书要当心 知与不知性不同”等
偷税案（刑法第201条）	纳税人进行偷税活动，涉嫌下列情形之一的，应予追诉：1. 偷税数额在1万元以上，并且偷税数额占各税种应纳税总额的10%以上的；2. 虽未达到上述数额标准，但因偷税受过行政处罚两次以上，又偷税的	如第5章“从匡达偷税案看：哪些人要为刑事责任‘买单’”等
抗税案（刑法第202条）	以暴力、威胁方法拒不缴纳税款的，应予追诉	同上

① 2006年6月29日发布并实施的《刑法修正案（六）》对该条进行了修正，可见，该条的罪名与犯罪构成亦有变化，但依据该条制定的追诉标准尚未修正，故而追诉标准中的表述与修正案中表述会有所不同。

② 2006年6月29日发布并实施的《刑法修正案（六）》对该条进行了修正，可见，该条的罪名与犯罪构成亦有变化，但依据该条制定的追诉标准尚未修正，故而追诉标准中的表述与修正案中表述会有所不同。

续表

涉嫌罪名	认定时掌握的具体标准	典型案例
逃避追缴欠税案（刑法第203条）	纳税人欠缴应纳税款，采取转移或者隐匿财产的手段，致使税务机关无法追缴欠缴的税款，数额在1万元以上的，应予追诉	如第5章“从匡达偷税案看：哪些人要为刑事责任‘买单’”等
骗取出口退税案（刑法第204条第1款）	以假报出口或者其他欺骗手段，骗取国家出口退税款，数额在1万元以上的，应予追诉	同上
中介组织人员提供虚假证明文件案（刑法第229条第1款、第2款）	承担资产评估、验资、验证、会计、审计、法律服务等职责的中介组织的人员故意提供虚假证明文件，涉嫌下列情形之一的，应予追诉：1. 给国家、公众或者其他投资者造成的直接经济损失数额在50万元以上的；2. 虽未达到上述数额标准，但因提供虚假证明文件，受过行政处罚两次以上，又提供虚假证明文件的；3. 造成恶劣影响的	参考第3、4、5、7章内容
中介组织人员出具证明文件重大失实案（刑法第229条第3款）	承担资产评估、验资、验证、会计、审计、法律服务等职责的中介组织的人员严重不负责任，出具的证明文件有重大失实，涉嫌下列情形之一的，应予追诉：1. 给国家、公众或者其他投资者造成的直接经济损失数额在100万元以上的；2. 造成恶劣影响的	同上
职务侵占案（刑法第271条第1款）	公司、企业或者其他单位的人员，利用职务上的便利，将本单位财物非法占为己有，数额在5000元至1万元以上的，应予追诉	实践中遇到较多，如第3章“单位小金库 处理有学问”、“用途最关键 罪非分水岭”、“公私要分明 否则会污身”等
挪用资金案（刑法第272条第1款）	公司、企业或者其他单位的工作人员，利用职务上的便利，挪用本单位资金归个人使用或者借贷给他人，涉嫌下列情形之一的，应予追诉：1. 挪用本单位资金数额在1万元至3万元以上，超过3个月未还的；2. 挪用本单位资金数额在1万元至3万元以上，进行营利活动的；3. 挪用本单位资金数额在5000元至2万元以上，进行非法活动的	实践中遇到较多，思路与案例也基本同上

续表

涉嫌罪名	认定时掌握的具体标准	典型案例
挪用特定款物案（刑法第273条）	挪用用于救灾、抢险、防汛、优抚、扶贫、移民、救济款物，涉嫌下列情形之一的，应予追诉：1. 挪用特定款物价值在5000元以上的；2. 造成国家和人民群众直接经济损失数额在5万元以上的；3. 虽未达到上述数额标准，但造成人民群众的生产、生活严重困难的	实践中遇到较多，思路与案例也基本同上

注：1. 上述规定中"在……以上的"包括本数；规定中"虽未达到上述数额标准"是指接近上述数额标准且已达到该数额的80%以上的；规定中"货币"包括人民币、外币和流通纪念币，凡是没有标明货币名称的都是指人民币。

2.《刑法修正案（六）》对上述有关条文的修改为：（1）将刑法第一百六十一条修改为："依法负有信息披露义务的公司、企业向股东和社会公众提供虚假的或者隐瞒重要事实的财务会计报告，或者对依法应当披露的其他重要信息不按照规定披露，严重损害股东或者其他人利益，或者有其他严重情节的，对其直接负责的主管人员和其他直接责任人员，处3年以下有期徒刑或者拘役，并处或者单处2万元以上20万元以下罚金。"（2）在刑法第一百六十二条之一后增加一条，作为第一百六十二条之二："公司、企业通过隐匿财产、承担虚构的债务或者以其他方法转移、处分财产，实施虚假破产，严重损害债权人或者其他人利益的，对其直接负责的主管人员和其他直接责任人员，处5年以下有期徒刑或者拘役，并处或者单处2万元以上20万元以下罚金。"（3）将刑法第一百六十三条修改为："公司、企业或者其他单位的工作人员利用职务上的便利，索取他人财物或者非法收受他人财物，为他人谋取利益，数额较大的，处5年以下有期徒刑或者拘役；数额巨大的，处5年以上有期徒刑，可以并处没收财产。公司、企业或者其他单位的工作人员在经济往来中，利用职务上的便利，违反国家规定，收受各种名义的回扣、手续费，归个人所有的，依照前款的规定处罚。国有公司、企业或者其他国有单位中从事公务的人员和国有公司、企业或者其他国有单位委派到非国有公司、企业以及其他单位从事公务的人员有前两款行为的，依照本法第三百八十五条、第三百八十六条的规定定罪处罚。"（4）将刑法第一百六十四条第一款修改为："为谋取不正当利益，给予公司、企业或者其他单位的工作人员以财物，数额较大的，处3年以下有期徒刑或者拘役；数额巨大的，处3年以上10年以下有期徒刑，并处罚金。"

根据最高人民检察院《关于人民检察院直接受理立案侦查案件立案标准的规定（试行）》，对在国有企业人员身份的财务人员的常见案件立案标准如表2－2所示（我国法律规定对具有特定身份的人由检察机关侦查，下述罪名对应的典型案例与表2－1所列示的公安机关在侦查过程中的追诉标准认定中的内容类似，在此表中不再一一列示）：

表2－2　具有国有企业人员身份的财务人员常见案件立案标准汇总表

涉嫌罪名	认定时掌握的具体标准
贪污案（第382条、第383条，第183条第2款，第271条第2款，第394条）	涉嫌下列情形之一的，应予立案：1. 个人贪污数额在5000元以上的；2. 个人贪污数额不满5000元，但具有贪污救灾、抢险、防汛、防疫、优抚、扶贫、移民、救济款物及募捐款物、赃款赃物、罚没款物、暂扣款物，以及贪污手段恶劣、毁灭证据、转移赃物等情节的
挪用公款案（第384条，第185条第2款，第272条第2款）	涉嫌下列情形之一的，应予立案：1. 挪用公款归个人使用，数额在5000元至1万元以上，进行非法活动的；2. 挪用公款数额在1万元至3万元以上，归个人进行营利活动的；3. 挪用公款归个人使用，数额在1万元至3万元以上，超过3个月未还的。各省级人民检察院可以根据本地实际情况，在上述数额幅度内，确定本地区执行的具体数额标准，并报最高人民检察院备案
受贿案（第385条、第386条，第388条，第163条第3款，第184条第2款）	涉嫌下列情形之一的，应予立案：1. 个人受贿数额在5000元以上的；2. 个人受贿数额不满5000元，但具有下列情形之一的：（1）因受贿行为而使国家或者社会利益遭受重大损失的；（2）故意刁难、要挟有关单位、个人，造成恶劣影响的；（3）强行索取财物的
行贿案（第389条、第390条）	涉嫌下列情形之一的，应予立案：1. 行贿数额在1万元以上的；2. 行贿数额不满1万元，但具有下列情形之一的：（1）为谋取非法利益而行贿的；（2）向3人以上行贿的；（3）向党政领导、司法工作人员、行政执法人员行贿的；（4）致使国家或者社会利益遭受重大损失的
对单位行贿案（第391条）	涉嫌下列情形之一的，应予立案：1. 个人行贿数额在10万元以上、单位行贿数额在20万元以上的；2. 个人行贿数额不满10万元、单位行贿数额在10万元以上不满20万元，但具有下列情形之一的：（1）为谋取非法利益而行贿的；（2）向3个以上单位行贿的；（3）向党政机关、司法机关、行政执法机关行贿的；（4）致使国家或者社会利益遭受重大损失的
介绍贿赂案（第392条）	涉嫌下列情形之一的，应予立案：1. 介绍个人向国家工作人员行贿，数额在2万元以上的；介绍单位向国家工作人员行贿，数额在20万元以上的；2. 介绍贿赂数额不满上述标准，但具有下列情形之一的：（1）为使行贿人获取非法利益而介绍贿赂的；（2）3次以上或者为3人以上介绍贿赂的；（3）向党政领导、司法工作人员、行政执法人员介绍贿赂的；（4）致使国家或者社会利益遭受重大损失的
巨额财产来源不明案（第395条第1款）	涉嫌巨额财产来源不明，数额在30万元以上的，应予立案

续表

涉嫌罪名	认定时掌握的具体标准
隐瞒境外存款案（第395条第2款）	涉嫌隐瞒境外存款，折合人民币数额在30万元以上的，应予立案
私分国有资产案（第396条第1款）	涉嫌私分国有资产，累计数额在10万元以上的，应予立案

需要说明的是，贪污罪实际上与职务侵占罪的客观方面有许多相似之处，只是前者的主体（即犯罪实施者）是国家工作人员，后者的主体是公司、企业工作人员；同理，行贿、受贿案件与对公司、企业人员行贿案、公司、企业人员受贿案的主要区别，亦在于犯罪主体之不同，这反映了我国刑事领域对国家工作人员职务行为的廉洁性的保护力度，国家工作人员手中掌握着法律赋予的职权，而公权力是不可出卖的，公权力掌控者理应受到更为严格的监督和制约。

对于其他犯罪行为，如欺诈发行股票、债券案，妨害清算案等等，财务人员可能会单独犯罪，也可能会成为共犯，但从我国目前法院判决的情况看，此类案件较上表列出的案件数量要少得多，并且也鲜有人卷入其中，因而并未列在上表中，读者如欲了解，可通过互联网搜索“经济犯罪案件追诉标准”即可一目了然，此处不再占用过多篇幅。

2.3 会计责任和审计责任：谁的孩子谁抱走

2.3.1 问题的由来

我以前接触到某些财务人员，他们有一种错误认识，认为只要对外提供的报表是经过注册会计师审计的，即便是虚假的（事实上单位财务人员非常清楚是不是虚假资料），也不会有什么责任，到时就推说“我不知道，我看到经过审计了就认为肯定是没有问题的”。这种认识实际上是不对的，对造假负有责任的主管人员、其他责任人员（均可能涉及财务人员）想以此推卸自己应负的责任也是行不通的。也就是说，想以审计责任推卸会计责任是走不通的。

一个典型的例子是，科龙案发后，顾雏军认为对外披露的会计报表，一是经过德勤会计师事务所审计的；二是其中关于虚假确认收入的事实是德勤“逼”他做的。也就是说，他认为责任在会计师事务所这边。有这种指望以审计责任规避会计责任想法的人还并不是少数，从国外看，有1931年的阿尔特迈公司（Ultramares Corp）诉塔契会计师事务所案件，1938年初的罗宾斯公司破产事件；从国内看，则有“深圳原野”案件、“长城案件”、“衡水诈骗案”旧三大案件，以及“琼民源”、“红光实业”、“东方锅炉”新三大案件等。

我也曾亲身遇到过这种类似的情况。一家企业在接受某会计师事务所审计过程中，总是想让会计师事务所帮着出一份虚假的“应收账款账龄表”，虽然该单位有关负责人和会计师事务所项目经理都“同意”将一项近亿元的大额应收账款账龄由3年调为1年（这样可少提坏账准备），但问题是：这份大家都认可的“原始”表由谁先做出来呢？你也许会说，既然大家都同意了，谁做不都一样吗？或者本来就是应当由企业来做嘛！但企业那边的财务部经理却私下告诉我，“这张表一定要由事务所来做，一旦发生问题就说是事务所做的，我们从来没这样做过。”看来，这种博弈还是很激烈的，但与上市公司和会计师事务所关于会计责任与审计责任的博弈相比就要略逊一筹了。

说白了，就是会计信息欺诈（或证券市场中所讲的“虚假陈述”）由谁来“买单”的问题。此处，我们将监管最为严格的证券市场会计信息欺诈作为剖析的对象，将上市公司和会计师事务所各自应承担的责任这种复杂的情形搞清，即分清谁是上市公司的“孩子”、谁是会计师事务所的“孩子”，而对于非上市公司的此类问题则比照此思路自然会迎刃而解。财务人员真正明白了自己的“会计责任”，才会消除不正确的认识和做法。

2.3.2 如何认定会计信息欺诈

1. 会计信息欺诈的认定

在搞清会计信息欺诈之前，我们需要先弄清楚什么是“欺诈”。根据我国民法的相关规定，欺诈是指在民事行为中一方当事人故意隐瞒有关真实情况或故意告知对方虚假情况，使对方做出不真实的意思表示。一个行为要构成欺诈必须符合如下四个条件：一是主观上存在故意，即有欺诈行为之人有其特定的目的和动机，比如，牟取暴利、非法筹资等，而不是由于疏忽大意、过于自信等过失；二是在客观上实施了欺诈行为，即故意向对方隐瞒有关真实情况或者故意捏造虚假事实；三是对方当事人在被欺诈的情况下做出了有背于自己真实意愿的选择；四是对方当事人对被欺诈是不知情的。这样就易理解会计信息欺诈，它只不过是限定了其手段，即利用会计信息，包括会计报表及临时报告等对外提供的会计信息而实施的欺诈。目前，在我国证券市场上利用会计信息进行欺诈的方式主要有：

（1）虚增利润。如“红光实业”就是通过这种方式改亏为盈，欺诈上市的典例。该公司1997年5月上市一年后便巨额亏损，净利润为 -1.984 亿元，每股收益为 -0.863 元。

（2）虚增资产。如蓝田股份为申报上市索性伪造土地使用批文，虚增银行存款，缩减股本。

（3）虚增注册资本。有的公司为了达到上市的目的，故意虚增注册资本，待上市后再将其抽回。

（4）钻会计准则的空隙操纵利润。有些上市公司利用会计准则的不完善，通过债务重组、资本重组、资产重组操纵利润，突击扭亏。

当然，以上是会计信息欺诈的主要方式，现实中的“花样”要多于此，并且也是不断翻新的。

2. 会计信息欺诈的实施主体

会计信息欺诈的实施主体有两个：第一个自然是公司本身，这个毋庸置疑；第二则是会计师事务所等中介机构（包括会计师事务所、资产评估事务所、律师事务所、证券公司、主承销商、财务顾问、上市推荐人等）。如果注册会计师未能遵循独立审计准则的要求而出具不实报告，则应当承担审计责任；而如果与上市公司合谋提供虚假财务报告实施会计信息欺诈，则应与上市公司一起成为会计信息欺诈的共犯。

3. 适用法律

这里面有个关键性问题，无论是会计信息欺诈还是虚假陈述，均不是《刑法》中明确使用的用语，那么应当适用哪一条款处罚呢？从判例来看，依据我国《刑法》，对于上市公司实施的会计信息欺诈，应以“违规披露、不披露重要信息罪”［《刑法》修正案（六）］处罚，构成犯罪的具体标准正如前面一节所讲的，即公司向股东和社会公众提供虚假的或者隐瞒重要事实的财务会计报告，涉嫌下列情形之一的，应予追诉：（1）造成股东或者其他人直接经济损失数额在50万元以上的；（2）致使股票被取消上市资格或者交易被迫停牌的。

对于会计师事务所等中介机构实施的会计信息欺诈，对故意行为，则以“中介组织人员提供虚假证明文件罪”（刑法第二百二十九条第1款、第2款）追诉和处罚，即承担资产评估、验资、验证、会计、审计、法律服务等职责的中介组织的人员故意提供虚假证明文件，涉嫌下列情形之一的，应予追诉：（1）给国家、公众或者其他投资者造成的直接经济损失数额在50万元以上的；（2）虽未达到上述数额标准，但因提供虚假证明文件，受过行政处罚两次以上，又提供虚假证明文件的；（3）造成恶劣影响的。对非故意但因严重不负责任而出具了重大失实文件的，则以“中介组织人员出具证明文件重大失实罪”（刑法第229条第3款）追诉和处罚，即承担资产评估、验资、验证、会计、审计、法律服务等职责的中介组织的人员严重不负责任，出具的证明文件有重大失实，涉嫌下列情形之一的，应予追诉：（1）给国家、公众或者其他投资者造成的直接经济损失数额在100万元以上的；（2）造成恶劣影响的。

除了刑事责任以外，根据2007年5月30日至31日在南京举行的全国民商审判工作会议最高人民法院副院长奚晓明对证券民事赔偿案件曾做出重要指示，今后各级人民法院在受理证券民事赔偿案件时，范围已经不再仅仅局限于虚假陈述，内幕交易和操纵市场的行为同样可以在法院立案。明确人民法院应当参照虚假陈述司法解释前置程序的规定来确定案件的受理（即以中国证监会的行政处罚作为受理的前置程序），并根据关于管辖的规定来确定案件的管辖。

我们单从公司高管包括财务高管人员的角度看这个新的规定，对那些在违法违规上市公司任职的高管来说，实在是具有了极大的风险。因为他有可能会倾家荡产，我国《公司法》第二十一条规定：“公司的控股股东、实际控制人、董事、监事、高级管理人员不得利用其关联关系损害公司利益。违反前款规定，给公司造成损失的，应当承担赔偿责任。”第一百五十条规定：“董事、监事、高级管理人员执行公司职务时违反法律、行政法规或者公司章程的规定，给公司造成损失的，应当承担赔偿责任。”

同时，《证券法》第六十九条规定：“发行人、上市公司公告的招股说明书、公司债券募集办法、财务会计报告、上市报告文件、年度报告、中期报告、临时报告以及其他信息披露资料，有虚假记载、误导性陈述或者重大遗漏，致使投资者在证券交易中遭受损失的，发行人、上市公司应当承担赔偿责任；发行人、上市公司的董事、监事、高级管理人员和其他直接责任人员以及保荐人、承销的证券公司，应当与发行人、上市公司承担连带赔偿责任，但是能够证明自己没有过错的除外；发行人、上市公司的控股股东、实际控制人有过错的，应当与发行人、上市公司承担连带赔偿责任。”第七十六条第三款规定：“内幕交易行为给投资者造成损失的，行为人应当依法承担赔偿责任。”第七十七条第二款规定：“操纵证券市场行为给投资者造成损失的，行为人应当依法承担赔偿责任。”

这些赔偿足可以让一个人一无所有，它让我们看到了在此类上市公司任职以及为此类上市公司服务的中介机构及其签字人员的潜在风险，并且随着法院受理此类案件闸门的放开风险在逐步变得清晰和现实，而这种情况更会加大会计责任与审计责任之间的争执。

2.3.3　会计责任与审计责任的准确表述和区分

根据中国注册会计师执业准则的有关规定，被审计单位的会计责任包括：建立和健全内部控制制度；保护资产的安全和完整；保证提交审计的会计资料的真实、合法和完整。我国《会计法》规定，单位负责人对本单位的会计行为负责，是承担会计责任的主体。

对于审计责任，注册会计师应对出具的审计报告的真实性、合法性负责。审计报告的真实性主要包括以下三方面内容：一是审计报告要如实地反映注册会计师的审计范围、审计依据、实施的审计程序和应表示的审计意见；二是不偏不倚、不受任何偏见的影响，对影响会计报表公允表达的所有重大方面都应予以披露；三是具有可验证性，即事后如需验证，可按相同的审计程序，获得相同的审计结论。审计报告的合法性，是指出具的审计报告必须符合《中华人民共和国注册会计师法》和独立审计准则的规定，而我国《注册会计师法》第二十一条、三十九条规定的，注册会计师、会计师事务所必须按照执业准则、规则确定的工作程序出具报告。这也就是说，如果注册会计师和会计师事务所不按照执业准则、规则的要求执行业务，则应承担相应的法律责任。这是对审计责任的准确表述。

我们以一个更大的视野来看这个问题也许更容易理解，从国际范围看，对于审计责任的界定可分为三类。第一类是以瑞士为代表的欧洲国家，对审计师查找重大差错和舞弊方面的责任极少规定。在瑞士，审计目标是使审计师能够对财务报表的合规性发表意见。审计师并不鉴证账目的真实性与公正性，而是鉴证账目的合法性、合规性，审计师不必系统地查找舞弊。第二类是以美国、加拿大、墨西哥、日本为代表的国家，法律严格规定了注册会计师的法律责任与查找舞弊的责任。如美国财务报表审计的目标是："对财务报表的公正性发表意见，表述财务状况与一般公认的会计原则相一致"。审计师对能导致财务报表重大差异的舞弊和差错负有责任。至于查找舞弊和差错的法律责任，如果审计师因疏忽造成损失，就要对客户和第三者负责。第三类则是没有具体准则与法律规定，主要是中东一些国家，如约旦、科威特等。

从以上的分析可以看出：各国对于会计责任、审计责任的界定不同，分歧的焦点在于对审计师是否有责任查找舞弊的认定不同。国际审计准则在协调各国分歧的基础上，指出："注册会计师应能为检查出对会计报表有重大影响的舞弊和错误，提供合理的保证。"同时也指出："未检查出会计报表的重大错误和舞弊，并不表示审计工作未按一般公认审计准则执行，而将承担相应的责任和后果"。我国注册会计师行业起步较晚，在两者界定上，更多地借鉴了国际审计准则的意见，即只要注册会计师严格按照审计准则执业，就不应负审计责任；对于报表中的虚假信息所造成的影响，由被审计单位承担会计责任。

我们已能够明显看出，无论在内容还是性质上，审计责任均有别于被审计单位的会计责任，两者不可以互相代替或免除。

既然表述清楚了，但为何实务中还是会发生争议呢？这里面的原因很多，除了外部公众与注册会计师对审计报告的理解不同（外部公众倾向于从最终结果的角度来看待审计失败，而不是以是否遵循审计准则为判断标准）、对审计重要性等职业判断不同（审计过程中需要对重要性水平进行判断、对资产可利用状况、公允价值进行职业判断等）外，主要原因在于企业与事务所之间的利益分歧。会计责任与审计责任共生于受托经济责任，财产所有者（股东）将财产交给具有经营才能的企业家经营，财产所有者处于企业外部，不参与企业的日常经营管理，公司管理当局向财产所有者提供财务报告，对于上市公司由于信息不对称及股东数量众多等原因，法律强制要求财务报告报出前经独立的注册会计师进行审计，之后才能对外披露。但是，如果一旦出现会计信息欺诈问题，股民往往会损失惨重，追究企业管理当局和会计师事务所的责任也是在情理之中，此时两者间极可能互相推诿，自然会引起会计责任与审计责任的争论。

这种争论也是可以理解的，但争论归争论，到头来还是谁的“孩子”谁抱走。

2.4 不只是定责：法律对财务人员的保护

《会计法》考虑到财务人员有切实的难处，在加大单位负责人法律责任以及明确财务人员责任的同时，也明确和加强了对财务人员的保护。《会计法》第四十六条规定：“单位负责人对依法履行职责、抵制违反本法规定行为的会计人员以降级、撤职、调离工作岗位、解聘或者开除等方式实行打击报复，构成犯罪的，依法追究刑事责任；尚不构成犯罪的，由其所在单位或者有关单位依法给予行政处分。对受打击报复的会计人员，应当恢复其名誉和原有职务、级别。”该条是对财务人员的极大保护，它包含了以下三层含义：

第一，单位负责人对依法履行职责、抵制违反《会计法》规定行为的会计人员实行打击报复的刑事责任。

根据《会计法》第四十六条的规定，单位负责人对依法履行职责、抵制违反《会计法》规定行为的会计人员实行打击报复，构成犯罪的，依法追究刑事责任。根据《刑法》第二百五十五条的规定，公司、企业、事业单位、机关、团体的领导人对依法履行职责、抵制违反《会计法》规定行为的会计人员实行打击报复，情节恶劣的，构成打击报复会计人员罪，处3年以下有期徒刑或者拘役。

构成打击报复会计人员罪有以下几点：（1）打击报复会计人员罪的主体是公司、企业、事业单位、机关、团体的领导人。（2）打击报复会计人员罪的侵害对象是依法履行职责、抵制违反《会计法》规定行为的会计人员。这是所说的会计人员是指在公司、企业、事业单位和其他组织所设置的会计机构及其他机构中，或者在国家机关、社会团体中从事会计工作的人员，包括会计机构负责人、总会计师等。(3) 打击报复会计人员罪在客观方面表现为对依法履行职责、抵制违反《会计法》规定行为的会计人员实行打击报复情节恶劣的行为。这里所说的打击报复主要是指对依法履行职责、抵制违反《会计法》规定行为的会计人员，通过降级、调动工作、撤换职务、进行处罚、开除以及其他方式进行打击报复的行为。这里所说的情节恶劣，主要是指多次或者对多人进行打击报复，或者打击报复手段恶劣，或者打击报复造成严重后果，或者打击报复影响恶劣。

第二，单位负责人对依法履行职责、抵制违反《会计法》规定行为的会计人员实行打击报复，情节轻微，危害性不大，按照有关规定，不构成犯罪的，应当依照《会计法》及有关法律、法规的规定，由其所在单位或者有关单位依法给予行政处分。

也就是说，对不构成犯罪的情形，应当对单位负责人，由其据单位或者其上级单位或者行政监察部门，视情节轻重，给予相应的行政处分。行政处分主要有警告、记过、记大过、降级、降职、撤职 、留用察看和开除等八种。

第三，对受打击报复的会计人员的补救措施。

对会计人员进行打击报复的，除对单位负责人依法进行处罚外，还应当按照《会计法》的规定，采取必要的补救措施。主要包括：(1) 恢复其名誉。受打击报复的会计人员的名誉受到损害的，其所在单位或者其上级单位及有关部门应当要求打击报复者向受打击报复的会计人员赔礼道歉，并澄清事实，消除影响，恢复名誉；(2) 恢复原有职位、级别。会计人员受到打击报复，被调离工作岗位、解聘或者开除的，应当在征得会计人员同意的前提下，恢复其工作；被撤职的，应当恢复其原有职务；被子降级的，应当恢复其原有级别。

此外，《会计法》还对国家财政部门及其工作人员的法律责任进行了明确，第四十七条规定：“财政部门及有关行政部门的工作人员在实施监督管理中滥用职权、玩忽职守、徇私舞弊或者泄露国家秘密、商业秘密，构成犯罪的，依法追究刑事责任；尚不构成犯罪的，依法给予行政处分。”而根据《刑法》第三百九十七条的规定，财政部门及有关行政的工作人员滥用职权或者玩忽职守，致使公共财产、国家和人民利益遭受重大损失的，构成滥用职权或者玩忽职守罪，对犯本罪的，处3年以下有期徒刑或者拘役；情节特别严重的，处3年以上7年以下有期徒刑。财政部门及有关行政部门的工作人员徇私舞弊，犯上述罪行的，处5年以下有期徒刑或者拘役；情节特别严重的，处5年以上下10年以下有期徒刑。根据刑法第三百九十八条的规定，财政部门及有关行政部门的工作人员违反《保守国家秘密法》的规定，故意或者过失泄露国家秘密，情节严重的，构成泄露国家秘密罪，对犯本罪的，处3年以下有期徒刑或者拘役；情节特别严重的，处3年以上7年以下有期徒刑。

《会计法》第四十八条规定：“违反本法第三十条规定[1]，将检举人姓名和检举材料转给被检举单位和被检举人个人的，由所在单位或者有关单位依法给予行政处分。”《会计法》的这两条规定，侧重从规范行政机关、主管单位或领导的角度强调了对财务人员的保护，与对财务人员打击报复的惩治共同构成了对财务人员群体特有的保护体系。

本章小结

我国法律、行政法规对财务人员法律责任的规定，主要包含在《会计法》、《刑法》、《税收征收管理法》、《审计法》、《证券法》、《商业银行法》、

① 《会计法》第三十条是：“任何单位和个人对违反本法和国家统一的会计制度规定的行为，有权检举。收到检举的部门有权处理的，应当依法按照职责分工及时处理；无权处理的，应当及时移送有权处理的部门处理。收到检举的部门、负责处理的部门应当为检举人保密，不得将检举人姓名和检举材料转给被检举单位和被检举人个人。”

《保险法》等法律法规中，其中又以《会计法》和《刑法》为统领。财务人员的法律责任，分为行政责任和刑事责任，其中行政责任又分为行政处罚和行政处分（对国家工作人员）。对是否构成犯罪的认定标准则是依据最高人民检察院、公安部发布的《关于经济犯罪案件追诉标准的规定》，它对是否构成犯罪给出了具体可衡量的标准。在明确财务人员法律责任的同时，本章在最后同样阐述了我国法律对财务人员群体特有的保护体系。

第3章

源自实战的十六大策略：财务人员之“正当防卫术”

“实践出真知”，本章所谈的“正当防卫术”，均出自于对真实案件的总结和思考，虽成稿出自我之手，但它实际上是很多财务人员经验和教训，欢欣和眼泪的结晶。

企业一旦发生经济犯罪，财务人员往往会受到波及，他们或不知情或被动参与或主动参与，此时能够界定罪与非罪的只能是证据。正如第一章所讲到的，本书所讲的财务人员法律风险，主要是指财务人员因职业原因被迫或无意而产生犯罪的风险，这样界定下来常见的法律风险有：职务侵占罪、贪污罪、受贿罪、行贿罪、挪用资金罪、提供虚假财务报告罪、偷税罪等。下面通过发生在财务人员身边的真实案例来阐述如何应对这些风险。

在开始阐述之前，再次重申：谈防范风险的策略，并不意味着违法的做法本身就是对的，比如“小金库”、职务侵占、提供虚假报告等这些行为无论何时都是违法的，而不可能使其合法。相反，这里讲的策略，会更有助于认定犯罪事实，使被迫或无意这一重要事实能够得到法律的承认，从而能够更有效率地打击真正的犯罪分子。从司法机关讲，也有助于其调查取证，提供更多认定事实的线索和证据。正如我的一位朋友所讲的，人们发明了锁具，并不意味着偷盗就是合法的；人们创造了自卫术，也并不意味着承认了挑衅，相反却是对挑衅的遏制和威慑！

3.1 单位“小金库”　处理有学问

单位“小金库”，其实是很多单位都有的，所以许多人肯定见识过，甚至有的人还保管过。单纯的“小金库”属账外资金、账外核算，如果将“小金库”资金用于非法目的，如私分、挪用、贪污、行贿等用途，达到一定数额则会触犯刑事法律，但无论哪种形式，都是违法的，财务人员都应当予以抵制，这是毫无疑问的。但从我们查办的案件来看，许多人实际上并不知道如何处理才能有效防范因“小金库”产生的问题，由于被迫或知识和经验的不足而带来法律风险，片面地认为领导让咋办就咋办。在十余年的工作中，我经手查处过约十几个“小金库”。在这个过程中，我见到过水平很高的人，也见到过无知无畏的人，总结了以下几点处理的技巧，可以有效防范财务人员因被迫或无意而带来的风险，同时也能为内部审计部门、纪检部门或国家司法机关认定事实提供有效的证据。

一是记账一定要清楚。有人可能会说了，这“小金库”本来就不是什么正规的事，找个本子记一下收入和支出不就行了，其实这是不对的。一方面，你这个本子可能类似于日记本，上边全是你写字的地方，没有明确标出别人签字的位置；另一方面你可能在当时记得就不是太详细，时间一长，你本人也说不清了——这就更麻烦了。我见过一个会计，他掌管着单位的“小金库”，也正经八百地搞了一个“现金日记账”和“银行存款日记账”，对于那些凭证也和正式账一样装订得好好的，“小金库”被发现后，他把这些资料拿出来，我们都大吃一惊！竟然还有这样的“小金库”！因为这些资料很齐全，他不但没有被涉及进去，后来还被重用。

二是存折存放问题。请牢记，一定不能将存放“小金库”的存折放在家里，而应放在单位。放在单位和放在家里有本质的区别，为什么？因为这不是你的钱，而仅是以你的名字开户而已，如果放到家里，而你有没有占有这笔钱的意图时就不易说清了，从而为认定事实带来困难。有一些财务人员是有这个意识的，知道不能把这个烫手的山芋放在家里，而一定要放在单位自已的抽屉或铁皮柜中藏起来，这也正是审计财务室时能发现“小金库”的原因之一。但是，也有一些财务人员却没有这个意识。我曾查过一个案子，一名出纳保管存放“小金库”的存折（该存折以其名字开立），她总是放在随身带的坤包里，从单位到家里，每天都这样带着——用她的话说是“怕丢了”（本案好在存折中的资金很少且是刚开立不久即被查出，并且资金并未动用，总之这也算是尽早给她上了一课，避免了更大的风险）。

三是对于领导从“小金库”拿钱却不肯签字的要注意找其他证据（如录音、旁证等）。我见过这样一位领导，他口口声声跟财务经理说单位搞这个“小金库”是为了给大家谋福利——确实也给大家从里边发了一些小钱，但更多的则是他自己经常往里边扔票换钱，换钱就换钱吧，还不签字！搞得这个掌握“小金库”的财务经理特别郁闷。后来由于一个举报，我们查到了这个“小金库”，这位领导竟然完全不承认自己单独往里边放过发票，只承认用里边的钱给大家发过“过节费”、“加班费”什么的，他还说“发过节费都有领用人签字的，你们若是不信可以找员工核实”——他的证据意识倒很强！最后搞得这个财务经理特别狼狈，因为他没有证据证明这些票是谁的，并且他也没有一个详细记录，他认为“小金库”就是“钱加票”，从里边拿钱那就放进去票，“小金库”的规模就是现在的钱加上历史累计扔进去的票，有这个就行了，他这个思路是个典型的出纳思路。为什么出纳这样可以？那是因为有会计还和他有个核对——尤其是收入情况，但“小金库”从来就是一个人管的，哪有两个人管的“小金库”？这个例子告诉我们：对于有些很狡猾的人，他只领钱不签字，越是这种人你就要越小心，他不君子你也别太教条了，注意搜集和保留证明自己清白的证据；再者要注意将记录记清楚，这样就能有效防范可能因此而产生的法律风险。

在这里，再次强调，“小金库”都是违法的，轻的违反了《会计法》等法律法规，重的则触犯了刑律，提出以上风险防范的策略还是为能有效保留证据、为有关部门或机关查清和认定事实服务的，否则这些策略也毫无用处。正如大家都对因恶习感染的艾滋病人鄙视，但从未对研究艾滋病疫苗的科研人员持否定态度一样，因为我们更能看到很多人同样是受害者，他们是无辜的。

此外，关于“小金库”管理方面，还有一个注意事项需提醒大家：某些财务人员可能会突然受到领导宠幸，平时领导对待自己也一般，怎么一下子变得这么好？这时你就要分析受宠为哪般。有这样一个案例，领导安排出纳管理一个“小金库”，但该出纳由于“过于胆小怕事”（至少在领导看来是如此），就对她不满意了，想把她手中保管的“小金库”让另外一名会计管起来，在让其管之前，领导对这名会计多次在众人面前夸奖，甚至见面还主动打招呼、开玩笑，一时间那位会计成了领导的红人，这名会计还真以为自己工作很出色，领导终于“发现自己了”，平时也是美滋滋的。时间不长，领导有一天把他叫到办公室，说认为他可以信任、工作也很出色，因而由他来保管一笔“资金”，自然他一听就明白这是“小金库”，但想到领导对自己的信任以及今后的前途，就答应了。之后，领导安排出纳将“小金库”交给这名会计保管，由于他过于听从领导的话（确切地讲是“盲听”），领导还安排他私下找些票据放在“小金库”中“奖励”一下，但一年后“小金库”的事情败露，领导对这里面的票据一问三不知，甚让这名会计伤心，并且由于他自己也在里面放票套钱，有些心虚，承认了两笔，其余不承认但也说不清，真是跳到黄河也洗不清。作为办案人员，我们对该领导对这些票据毫不知情、没有从里边拿一分钱的说法是持保留态度的。但现在的问题是，没有证据证明“小金库”的实际控制人从里面拿钱，甚是难办。而后来，该会计与领导几乎成了仇人。这是一个基本真实的案例，只是隐去了有关其他细节，希望大家仔细体会，“受宠为哪般，不可不分辨”。

作为单位领导来讲，也不要以为“小金库”让别人拿住，自己建了一道“防火墙”就全没有坏处。我曾看到过这样一篇报道①，想来既有些可笑，却又很有道理：出纳遗物中发现大额存折，家属、单位为此争执不下。某单位的出纳刘先生因病去世后，清理遗物时，在办公室保险柜里发现一个7万余元的个人存折。公司说是公司的公款，家属说是个人财产，双方相持不下。

具体案情是这样的：刘先生生前是郑州市某科技集团有限公司的出纳，2005年6月30日去世。7月2日，公司在进行物品交接时发现，刘先生办公室的保险柜里有一个以刘先生为户主的存折，公司遂交于刘妻卫女士，但不久又从卫女士处要回了存折。

在别人的提醒下，卫女士随后要求丈夫的公司到银行进行查证，结果发现存折内有存款70332.81元。随后，因存折被公司拿走，卫女士遂向银行申请了挂失，公司无法取出存款。公司遂向金水区人民法院提起诉讼，要求法院依法判令被告卫女士返还现金70332.81元。

---

① 法律教育网（www.chinalawedu.com）转载《郑州晚报》：“出纳遗物中发现大额存折家属单位为钱争执不下”，2006年4月27日。

该公司说，存折上的存款汇款方是某联络办，他们曾与公司发生电脑交易，货款原为70400元，相关金融机构扣除80元手续费后，成为现在存折上的70332.81元。卫女士则认为，是公司的公款就应该汇入到公司的账户上，但这本存折却是她丈夫的私人存折。

金水区法院审理认为，公民私人账户上的存款应认定为公民的个人财产，除非有足够证据证明该存款的取得没有法定根据和合理依据。但原告所举的业务往来，不足以证明刘某存折上的存款70321.81元系原告公司货款。因此驳回原告的诉讼请求。

公司方面不服一审判决提出上诉。该集团公司辩称，这笔存款是公款私存，这种现象是公开的秘密，目的就是操作起来方便省事，可以减少许多不必要的麻烦，刘某的存折上总共有3次汇款，前两次到账后，他都及时交到了公司。

“请你回答，既然你称这笔汇款是你丈夫的个人财产，那你能说明对方为什么要汇这笔款吗?”卫女士迟疑了一下说：“我说不清楚。”卫女士的代理律师马上表示，存折上的户主是卫女士的丈夫，这就是最有力的证据。最终，因双方分歧较大无法调解，法庭宣布择日宣判。

对于公款私存的现象，承办法官坦言，这确实是一个普遍现象。然而，一旦发生与本案相类似的纠纷，单位或企业往往处于极为不利的处境。

这正是聪明反被聪明误，也是对公款私存、让财务人员打掩护保管“小金库”资金的一个提醒，甚至是一个讽刺。

3.2 财务代签名　万万要慎重

在本书第1章讲的那个出纳代签名的案例中，出纳事实上并没有侵占或贪污这笔款项，但却实实在在地为自身带来了风险，这本质上是由于其自身经验不足造成的。财务部门作为单位资金的流出方，要对资金进行一个监管和控制，如果资金在一个部门流出又流入，本身就是缺乏监管的，财务人员要主动避开这个嫌疑，意识到这点就好了。

但在现实工作中，财务人员代领导贴票报销这些事项又是经常碰到的，我们该怎样处理呢？出纳应当尽可能地避免直接给总经理现金，而是通过银行将此类报销款打入总经理的银行卡中（如工资卡），并保留一份银行打款回单的复印件，这样就可万无一失，不会产生说不清的问题。

另外，在此有必要提醒一下，现实中发生的财务人员冒充领导签名套钱的事并不是没有，因而这也不能全怪上面案例中的那个领导"固执"。《法制周报》曾有这样一篇报道[1]，说是在 2000 年 1 月，戴琴从湖南省轻工业学校电算会计专业毕业后，在湖南富丽华大酒店做一名前台收银员。因为表现不错，2001 年 5 月，她被长沙市芙蓉区湘湖街道办事处借调过去，委任为会计。起初，戴琴工作细致、认真，在账务上不敢有半点马虎。但时间一长，面对每天从手上进出的大笔钱物，她的心开始不安分起来。2002 年 1 月的一天，她第一次模仿办公室主任和局长的签字报账，成功套取公款 2000 元。

"我经常看到别人来报账，自己就也想搞一点钱，以为反正别人不会知道。"戴琴回忆道。不过，当初的戴琴是异常小心的，所以只报了 2000 元。

第一次得手了，单位果然没人察觉，戴琴心里暗暗高兴。慢慢地，她的胆子大了起来。她开始购买假发票、私刻印章，并用在假发票或单位自制报账单上自行填写金额和模仿单位财务主管领导的审批签名等手段，疯狂进行敛财。2004 年 5 月，她分两次套取公款 8 万元；9 月，她又分两次将 12 万元据为己有……而且，随着时间的推移，她贪污的数目也越来越大，最后竟达上百万元。

还有一则案例，《京华时报》中曾刊出这样一篇新闻[2]，出纳员赵丽（化

---

① 法律教育网（www. chinalawedu. com）转载《法制周报》报道："26 岁女会计模仿领导签字侵吞百万公款"，2006 年 8 月 7 日。

② 中国经济网（www. ce. cn）转载《京华时报》报道："女出纳为发泄不满伪造领导笔迹签字报销 117 次"，2006 年 8 月 28 日。

名）仿造领导笔迹签字，为自己的私人消费报销117次，达到5万多元。海淀法院以贪污罪判处赵丽有期徒刑3年，缓刑5年。

赵丽在一家国有外贸公司曾工作了几十年，先后做过会计和出纳，可以说是老财务人员了。2005年8月，海淀区检察院反贪局接到该单位举报，称在核实一笔报销款项时，发现有人冒充领导签字私自报销。反贪局随即展开调查，赵丽很快浮出水面。证据显示，赵丽伪造领导签字为个人消费报销117次，达5万余元。面对办案人员，已过中年的赵丽交代了事情经过，并很快将5万余元归还单位。海淀法院以贪污罪判处赵丽有期徒刑3年，缓刑5年。以下是记者与赵丽的对话：

记者：办案人员和你接触后认为你挺实在的，怎么会干这样的事？

赵丽：我在单位干了几十年了，表现也不错，但没和领导搞好关系。2003年年初，我做了腿部手术，不宜走动，却被安排负责需要经常跑动的出纳工作。工作负担也越来越重，可收入越来越少。从2003年七八月开始，我模仿领导笔迹签字报销一些消费。我实在太闷了，给自己报销是唯一发泄的方式。

记者：听说你模仿几位领导签名，连他们自己都认不出来。

赵丽：我上学时爱好美术，模仿领导笔迹对我来说不算难。

记者：想没想过会被抓住？

赵丽：想过，我私下攒了一笔钱，就是准备被人发现时补上的。

通过这两个案例，财务人员就应当更加清楚绝对不能轻易代他人尤其是领导签字，别弄得“假作真时真亦假”，不趟这种混水。

3.3 用途最关键 罪非分水岭

在犯罪领域，讲一个主观恶性，对于经济犯罪即是指要有主观故意。我们还是从很多人都熟悉的例子看起，为什么“小金库”很多，但真正被追究犯罪的却很少，而是多数以“违反财经纪律”定性？这就涉及到了资金的用途问题，它常是犯罪与否的分水岭。

企业里最常见的犯罪是职务侵占或挪用资金罪（对国有企业则是贪污罪和挪用公款罪），二者均是要求犯罪人“利用职务之便，将单位的财产或资金据为己有”，这里面很重要的一点是要求“据为己有”，给大家分了或给客户了不能定为此罪。某公司负责人和财务负责人被查实合伙以阴阳发票的形式套取资金（也就是开“大头小尾”票，比如客户交来100元，给客户的发票联写上100元，但存根和记账联却写成80元，这样就可以留出20元），共达20余万元，比如查实有一笔客户交来16万元，存根和记账联却是9万余元。这样都是铁的事实，没有任何疑义。公司报案，公安机关审查了这些材料后当即立案，但能否证明他们犯罪还是不能确定，于是，首先进行外围取证，比如把银行、客户单位等这些都搞清楚了，最后一步是在当地公安机关的配合下与嫌疑人（先找的是公司负责人）谈话，在谈话中她哭了很多次，说是套出来的这些钱有一部分付了房租（因为上级给的预算不够），还有一部分交了手续费，还有一部分实在记不清了。因为她总讲她多么无辜、压力多么大，所以耽误了很多时间，谈的时间很长，直到很晚了，就说先休息一下明天继续接着谈。可第二天，一见面，她就讲她想起来了，所有这些钱全都是用在公务开支上了，并且还有许多发票或收条（比如是买办公用品、付房租、付手续费等等，但全是公务开支）证明，我们怀疑这是有人出主意了。这样一来，问题的性质就变了，由原告的职务侵占或挪用资金变为一种违规行为而不是犯罪行为。后来，公安机关核实了发票和收条的真伪，但由于我们国家发票管理不严，证明其作伪证非常困难，不能定罪，只好撤案。

现在，我们返回头来想一想，如果当初这两个当事人没有这些用以证明用在公务开支上的证明，她们能证明其无罪吗？当然是不能的！

我们再来看一个法院的判例，申某曾任某中心医院医药药房部主任，在任职期间多次采用虚开假发票的手段，套取公款十余万元，申某拒不向检察机关交代支出去向。此案侦查终结后，检察机关以申某涉嫌贪污罪提起公诉，一审法院以申某犯贪污罪判处其有期徒型10年，后申某以赃款部分用于公务开支，应从贪污款额中扣减为由上诉，中级法院将此案发回重审，一审法院判处申某有期徒刑八年。申某仍不服，再次提出上诉，二审法院审理后，判处申某有期徒刑两年缓刑两年。

从此案的全部审理过程可以看出，由于检法两院对贪污案件中赃款的去向是否影响定罪问题认识上的不同，导致这一案件的处理上的不同结果，但最终是一个折中的结果，并且更多地倾向于法院对该类案件的认定，因为贪污罪的认定主要是看其是否将国有财产“据为己有”，申某称其部分用于公务开支，但他也拿不出全部且有力的证据；而检察院指控其“据为己有”，同样也是需要举出证据的。

因而，作为财务人员，一定要注意保留好这些开支的证明，哪怕是“白条”，虽然这在财务上不能入账，但并不防碍其作为自己无罪的证明——这个区别请财务人员一定要记住，不要以为财务上不能入账的东西如“白条”没什么价值。

在实践中，我们也见过个别人铤而走险，做一些假证据，但最终却是得不偿失，“莫伸手，伸手必被捉”。

3.4 公私要分明　否则会污身

在很多大中型企业，尽管总公司管理很规范，但基层机构却非常混乱。总公司高高在上，不了解下边的疾苦却什么都要管，连开个账户都要管，客观上造成了下级机构的管理混乱。很多基层机构在刚开业的时候，开个账户得申请、层层上报，需要等很长时间，但经营业务收上来的钱总以现金放着，难道就等上边审批下达账户再拿着几十万甚至几百万去存银行吗？这显然是不可能的。多数情况下，其直接上级会同意其以财务部门某个人的名字先开一个账户，将这些钱存上，等上级审批下达后，再将这些钱转过去。

这种情况在我国的很多大中型企业里面，简直是司空见惯。但很多财务人员，并不知道这样做的风险。大家一定要记住：尽管是以个人名义开的户，第一，这个户一定要新开，不能用自己原先的存折；第二，从此以后这个存折只能存取公司的钱，个人的任何资金都不能通过这个存折存取，否则你就会面临讲不清楚的风险，因为你这个存折并不像单位账户那样要银行印鉴、领导批准才能支取，你只要拿着存折知道密码就可以取，根本就没有什么批准手续。我经手过一个案例，某基层机构出纳以其名字开户存单位的资金，在后来上级批准转资金时，领导详细看存折上的每一笔收支情况——领导是不能记住每一笔收入的，况且收入也是每一天的汇总存入数，甚至还是坐支后的汇总数，但他对存折上的每一笔支出却记得很清楚，查到一笔 2 万元的支出时，他感觉没印象，就问出纳这是干什么用的，出纳说是原先有位同学借过她 2 万元，那天还了她，因为当天还要存单位的钱，反正是自己的折子，就和单位的钱一起存上了，过两天方便时再取出来。领导很不高兴，心里面也总有个疙瘩，他要查所有的收入，但基层机构的收入账也很混乱，查了半天也没查清，心里更不舒服，无疑他对这 2 万元是有怀疑的。事实上，这位负责人还是不错的，他至少没有让出纳一定要证明这 2 万元就是她自己的。

从这个例子，我们能看出，作为财务人员，有时会遇到单位管理很混乱的情况，但不要以为这种情况很少见，正如我开始说的，大企业的基层机构这种情况很多，而小企业的管理也并不是很规范，此时就要求我们在越是混乱的情况下，就越要谨慎，尤其是财务上要严格做到公私分明。

3.5 证据要备份 独份成大错

我给大家讲两个例子，大家就知道今后该怎么做。我们在查一个案子的过程中，财务经理承认存在“小金库”，并且一直是由他保管的，但他同时又说就在我们来检查的前几天，一次中午吃完饭总经理和他聊了会儿天，然后就要求他把“小金库”的存折的账本还有报销资料这些都拿过来，他俩一起看看，俩人研究了一会儿，到了下午上班时间，总经理说你先回你办公室，我再看一会儿，但后来就一直没给他。听到有这种情况，我们立即找总经理，要求他将“小金库”的这些资料拿出来，但他承认有“小金库”，但却说没拿这些东西，一直是由财务经理保管，并且说“小金库”的收入情况他基本是清楚的，因为这些基本都是由关系单位多开发票套出来的钱，之后就放在财务经理哪里了，并说这些钱应当还没有怎么花！这一下，财务经理可急了，说现在这些钱已经所剩无几了，但你让他说是谁领走的、干什么花的，这些他既记不全也根本无证据。究竟是谁说谎，目前很难判断，但有一点两个都是承认的：那就是套出来的资金都放在财务经理哪里！并且，按照目前的证据来讲，财务经理要么将钱补成没用前的数额，要么承担侵占流入资金和现有余额之间差额的责任。最后，他是拿自己的钱补了一个差额，将“小金库”重新入到单位大账中，才没有追究他的刑事责任。

第二个例子，是关于财务室失火的例子。我刚参加工作那年，一次随检查组到下边检查，下午到后，与被检查单位进行了进场会谈后也快要到下班时间了，对方单位说各位一路这么辛苦，也快下班了，回宾馆休息休息，明天上午再工作吧。我们也认为明天再工作吧，就回宾馆了。半夜，突然接到电话说财务室起火了，119 消防队也去了，报案也报了，最后公安查实是财务室垃圾筐中的一个烟头引燃的，但这个烟头是谁扔的、是有意还是无意扔的无从查起。这样一来，财务资料残缺很多，自然很多事情都没办法搞清。

从这两个例子我们看到，对于证明自身清白的证据一定自己要有备份，否则有人把这些证据拿走或销毁了，你就说不清了，尤其是与你利害相关的人，更是要小心，因为你有这些证据就能证明他有罪。在公安或检察部门办案的过程中，也都会有毁证的事情发生，大家接触的少，感性认识也就少。在历史上，想必大家都听过秦桧吃证据的故事，这样一来大家可能就印象深刻些了，大家不要以为这些事情不会发生而为认是天方夜谈，否则到时后悔都来不及。下面这个例子，也是犯罪嫌疑人“吃”证据的案例，并且还把检察官的手指给咬伤了。

据《重庆晨报》报道[①]，检察人员连夜搜查有重大犯罪嫌疑的某家具公司老板别墅，获得两张“工程款汇总表”，汇总表上详细地列明了该公司给多家业务单位有关领导支付的“工程款”。但就在检察官向贺某的妻子开具有关文书时，老板娘突然抓起“汇总表”撕碎后往肚子里吞，欲吞下肚销毁，办案的胡检察官立即伸手去夺，大拇指被该女老板咬破鲜血长流，但浸满鲜血和口水的两张汇总表却被保住了。当晚，办案检察官围坐在台灯下，一缕一缕地拼着两张 A4 大小的纸。当看到两张完整修复的“汇总表”时，贺某的精神防线崩溃了。

据其交代，这两张表，正是其向客户领导行贿的花名册！该花名册一下子打开了局面，由此挖出了多起腐败窝案串案，数个处级及厅级干部受贿行为败露。而南岸区检察院职务犯罪侦查局因连年连破反腐大案，屡获市检察院嘉奖，大家想想有这样机敏的检察官，能不得到嘉奖吗？（当然司法机关遇到的当事人销毁证据的例子也不是没有，但司法机关工作人员普遍还是有这个意识的）

像这位老板这样“吃”证据的，并不在少数，而且不仅中国有，国外也有。据俄罗斯媒体 2005 年 10 月 21 日报道，一名俄罗斯人因为种植大麻而被警方指控，于是他向负责调查和的人员行贿 10 万卢布以求开脱，没料到正在行贿的时候被抓了个现行，这名嫌疑犯情急之下想要销毁证据，以免自己罪上加罪，于是他试图将自己的贿赂款吃到肚子里面。当警方逮捕他的时候，这名男子正在大嚼着百元美钞。有趣的是，这在俄罗斯并不是第一起嫌疑犯惊慌失措的时候，绝望地拼命试图吞食自己的钞票的事件了。

通过上面的案例我们可以看到，这种销毁证据的事并不是极个别的情况，

---

① 《重庆晨报》：“重庆挖出腐败窝案：疑犯吞食行贿名册咬伤检察官”，2006 年 9 月 20 日。

检察官毕竟是检察官，他是有这方面意识的，作为财务人员也要有一定的证据意识。

3.6 矛盾要当心　常是重地雷

财务人员为什么难当？就是因为他处在国家、单位和人个利益的交汇点，少了国家的是偷漏税，少了单位的领导肯定不满意，少了个人的对方肯定对你有意见。比如说简单的报销，有的人拿过来的票就不合格或并不是这件事发生的票，你审出来后，让他改，他会很不乐意，有的人还会认为你是在有意难为他；但如果你放得很松，在税务机关或内部审计部门来查时，你又得承担审查不严的责任。事实上财务人员无非是在履行职责而已，但有些人却不理解。作为财务人员，由于所处的位置特殊，承担的职责也具有特殊性，因而一定要当心类似的“内部矛盾”。正如俗话所讲的，“害人之心不可有，防人之心不可无”。

某些财务人员以“因坚持原则，对方不予配合，从而与对方闹僵”而引以自豪，事实上，坚持原则是对的，但坚持原则的方式却并不一定要生硬，以灵活的方式坚持原则是智慧的表现。这样，既润滑了部门之间的关系，也使万一自身受到无辜波及时能有人为你作证，提供证明你清白的事实。

3.7 同是谋福利　科目能定性

我就碰到过这样的单位，单位的钱多得实在花不完，光卫生纸、洗衣粉一个月就发两次，这些都是消耗品，单位账务好处理，但家里不好处理——因为他用不完占地方啊；发钱吧，但还不愿交个人所得税（国家机关或事业单位还受工资总额限制想在工资总额中交个人所得税也不行），于是便开动脑筋巧立明目，什么“白菜费、大米费”都出来了，甚至还搞出个“休假费”，休假除带薪以外还再给钱。总之，这些财务人员就以为是只要在什么名词后边加个“费”字，然后造个表就能光明正大地发钱了。

这样的单位，现实中还是不能算太少的，财务人员也是有一定风险的。事实上，财务人员也完全不必这样做。我这里有两点建议：一是各个单位加班其实都是很多的，但严格领取加班费的却并不多，一方面该领的加班费不领，而另一方面根本不存在的白菜费却领了，因而此种情形，一定要严格按照《劳动法》、《公务员法》等有关法律规定，在法律框架内严格执行，该给工作人员的加班费一定要到位，按每个人员的加班情况发给加班费，这样一方面合乎法律规定，不必再使用乱设的科目而招致无谓的风险，另一方面也体现了单位对员工的奖惩分明。当然，如果没有加班的人也领取加班费，则是违法的，万勿如此操作。

第二个建议，一定要注意发给大家的钱或为大家搞的福利，入到“管理费用”与入到“福利费”科目中是完全不同的，尤其是对国有企业更是如此。北京有一家国有企业，单位领导班子看到年底利润较多，就花600多万元为职工按级别不同购买了5年期的一款分红保险，入到“管理费用”科目中了，后来这件事被上级查出来，并被检察院起诉，最终以“私分国有资产罪”将单位一把手、总会计师和党委书记判刑，这里面检察院指控证据中的重要一环，是为职工谋福利的资金入到“管理费用”中而不是“福利费”中，从而减少了公司的利润，造成国有资产的流失。如果当初入到“福利费”中，就不会有这种问题了，也不会减少企业的利润总额了——从而不会使国有资产减少。也许是总会计师业务不精吧，没意识到一个小小的科目问题竟是违法与违纪问题的界限。

财政部、监察部于2004年9月16日下发《关于党政机关及事业单位用公款为个人购买商业保险若干问题的规定》，对党政机关和事业单位用公款为个人购买商业保险的险种、人员范围、财务列支等问题做出了严格规定，明确购买险种仅限于旨在风险补偿的人身意外伤害险，人员一般仅限于单位在职的干部职工（离退休人员参加单位组织的集体活动，赴外就医的，可购买交通意外伤害险），保费通过差旅费、职工福利费、职工福利基金，不足的党政机关通过人员经费中列支。

3.8 大股东分利润 走程序又何妨

有一家企业，共五位股东，只有一位大股东，其余四位股份较少，这位大股东兼任公司总经理，另有一位股东兼任单位财务负责人，还有三位股东并不直接参与经营。某一年，由于公司业务开拓得好，公司利润较多，这时大股东就私下和财务负责人商量，以单位税后利润的50%直接转增他俩的股份，其余50%再分配给全体五位股东，那位财务负责人当然同意。后来，那位大股东又将这件事告诉了其余三位股东中的一位，那位股东也认为今年利润高与他们经营有关系，并表示同意这种处理方法。但后来，另两位股东发现后，并不同意，但那笔50%的资金已经转增了注册资本并在工商局做了变更（转增资本的决议是由单位负责人代其他三位股东签的），另两位股东以二人侵占公司资金为由向公安机关报案，因为公司资金在未分配以前均属公司的资金而非他二人自己的资金。

这其实是他们二人贪心的下场，但在客观上，如果通过走正常的股东会决议，完全可以达到同样的结果，而他们却并没有这个意识，最终造成了被动的局面。我们财务负责人应当有这个知识和经验。

3.9 有人安排把光沾 沾沾自喜是祸端

有时财务人员会碰到这样的领导，他总想多拿一些，但是他多拿又要经过财务，因而他就想让财务负责人也沾一点（一般的财务人员是没有这个份的），或者是所有因某件事涉及的人都有份，这时财务负责人就要当心的，你不要以为这是领导在搞福利，而是你们这几个人在搞贪污、在搞侵占。

某科研所系国有事业单位，以科学技术优势扶植民营、私营经济，提供科技服务创收，很多民营、私营企业主为降低使用科技服务的费用，利用科研所规定的不要发票并以现金支付可获得一定折扣的优惠条件，以现金向科研所支付费用。而该科研所将此类收入未列入财务账，全部放入私设的“小金库”中，用于职工福利、发奖金等。该科研所的正、副所长及保管“小金库”的财务科长，在国庆节、中秋节、春节前夕，与全体职工享受正常奖金分配后，三人又私自决定，每人从“小金库”中私分2万元。

该案例中私设“小金库”给职工发福利、奖金，属于违反财经纪律，是违纪行为。而正、副所长及保管“小金库”的财务科长小范围私分“小金库”资金则属于贪污行为。因为，虽然“小金库”是该科研所的额外收入，未列入财务账，但仍是单位的收入，正、副所长和财务科长利用决定和保管“小金库”的职务之便侵吞公款，构成贪污罪。

“小金库”资金的性质，是由资金来源的性质决定的，多数情况也是由单位的性质决定的，属国有单位、国有公司，资金一般应当也是国有资金。“小金库”资金由于脱离了单位财务部门、财务人员的正常管理，从而使该部分国有资金失去了有效的财务监督，一些觉悟低、素质差的领导干部容易在随意使用公款的同时产生谋取私利的想法——而此时由于财务人员保管“小金库”，也会分给财务人员“一份”，这其实是“烫手的山芋”。

总之，正常情况下的福利——即便是违规为大家发放福利（只要确实是“福利”而非其他），则是属于违规问题、违反财经纪律问题，一般不会涉及犯罪；而如果是私分，尽管可能数额也不是很大，这时无论怎样入账，都是违法甚至是犯罪行为（达到追诉标准的即构成犯罪）。

作为财务人员，一方面要有这个意识，知道福利和私分的不同，不要以为领导安排的都对；另一方面要能禁得住诱惑，领导实在让拿而又为了不把关系搞僵，就办一个存折，单独存这些钱，不要花、不可用（可向上级的上级反映）；同时将存折放在单位，一旦东窗事发，一方面要全交待，另一方面将存折拿出来，真实表明自己没有贪污或侵占的意图，这就不会有什么大的问题，法律也不会对一个没有贪污或侵占故意的人判处刑罚。

3.10 拿住证据证清白　当心人证不可靠

当财务人员面临被迫作假账、调账龄、调表、虚增银行存款、偷税、挪用客户资金、收入不入账等等压力时，一定要注意以下几点，我们就可以有效地防范自身的风险：

首先，最好是拿住批准人签字的东西。这个最有力度。但现实中领导在这种事情上，更多的时候是“面授机宜”。

其次，在没有书面证据的情况下，要寻找和保存其他证据（如录音）。这里的“其他证据”是指能够证明财务人员是被授意或指使甚至被迫而为的即可。很多财务人员因为“不好意思”而拿不出或没有保存有利的证据导致被动。最近法院判决的银河证券北京望京西园营业部财务经理章蓉，因为在营业部总经理杨彦明贪污过程中未尽到财务主管的监管职责被判处6年有期徒刑，甚至在庭审过程中，杨还称“现在没有直接证据证明，这么多钱都给到我手里了。”而杨被控贪污的资金，根据检方指控多数是由财务经理提现后交杨，并在检察院侦查阶段杨是承认的，由此可见财务人员的法律风险。

有的人说了，我有人证，可有谁谁作证。但从个人经验来讲，一旦涉及到大事大非，一般的同事很难出来作关键性的人证，并且人证还存在翻证的可能，他会说后面讲的是事实或说记不清了，而你总不能不让他讲事实吧，对于财务人员而言，将证明自己清白的证据全靠人证是不可靠的。这也是需要大家注意的。

另外，现实中还有一种被迫的情况，就是上级公司的规定与国家法律规定矛盾。很常见的一种情况是，单位为减少业务人员或职工的个人所得税，规定他们可以用费用票据报销，如果是极个别人税务机关还不易发现，但如果是很多人都这样，税务一眼就能看出来，这样就给财务人员带来风险。此时，要有意识保存上级公司规定的文件，如果有合适的机会，还可以向上级单位反映你有不同意见——多数上级也不会听你的，但即使是这种形式上的反对意见对于区分你的责任也是有极大帮助的。总之，要保存好上级的这种规定，因为现在很多单位实行了OA（办公自动化），某些文件过一段时间就删除了，当你想找时可能就找不到了。

最后，有必要澄清大家心中可能会存在的一个误区：偷拍偷录的证据会不会不合法？它是否可以作为证据使用？其实这个问题已经是个老问题了。最高人民法院曾于1995年出台《关于未经对方当事人同意私自录制其谈话取得的资料不能作为证据使用的批复》，要求将录音资料的证据合法性标准限定在经对方当事人同意的范围内（证据的取得必须合法，只有经过合法途径取得的证据才能作为定案的根据。未经对方当事人同意私自录制其谈话，系不合法行为，以这种手段取得的录音资料，不能作为证据使用）。但这样的标准太过严格，几乎等于否定了偷拍偷录的证据效力，因而在2001年《最高人民法院关于民事诉讼证据的若干规定》第六十八条规定："以侵害他人合法权益或者违反法律禁止性规定的方法取得的证据，不能作为认定案件事实的依据。"

这样的规定意味着，只要取证过程没有侵害他人权益或者违反法律禁止性规定，偷拍偷录的证据效力就可以得到认可，实践中一般只有以下两种情况的偷拍偷录法院不予采用：一是偷拍偷录违反法律的一般禁止性规定，比如擅自将窃听器安装到他人住处进行窃听获取的证据。二是偷拍偷录不得侵害他人合法权益，不得违反社会公共利益和社会公德。

至于在“偷拍偷录”的过程中，怎么就叫“侵犯了他人的合法权益”或违反了“法律强制性规定”，怎样才是“合法的”偷拍偷录（私自拍录），法律及司法解释未作明确规定。在民诉法领域很多专家持有这种观点，即除了以犯罪行为和以严重侵犯他人权益的行为取得的证据不合法外，在一般情况下进行偷拍偷录取得的证据应该作为合法证据采用。事实上，这从法理上也是完全讲得通的。而我们财务人员在事关身家性命时，所被迫进行的偷拍偷录，一般根本不会涉及到犯罪或严重侵犯他人权益的行为，其合法性是不容置疑的。

3.11 支票背书要当心　知与不知性不同

有很多违法违规的事都是通过支票背书实现的，这是因为很多人包括财务人员都认为支票背书很安全，因为这个过程就是用了一下财务印章，如果不登记的话，没有资料会显示曾有过这么一回事。但事实上，支票背书对于没有权限的部门确实难查，但对于公安、检察院以及税务、金融监管等部门而言，资金流向通过银行很容易查出来。我曾经带队查过一起案件，一家分支机构通过阴阳发票的形式套取资金，当对方单位开过来支票时，如果将支票全额入账则会与该分支机构留存的发票联不符，因而需将支票背书至另一公司的账户，提现后再交到单位财务部门。在这个过程中，如果财务人员并“不知情”而以为是正常的业务手续则不会被追究责任（这里强调必须是确不知情）；相反，如果你明明知道他（多数是业务人员）这样做的目的，而加盖印章，在犯罪的认定上就极可能被认定为共犯，至少也是没有尽职，因而此时财务人员一定要坚持原则，坚决不能加盖印章使其得逞。支票背书这个常见的情况，大家一定要清楚。

我曾看过一篇报道[①]，30岁的肖沛林曾经是广州白云山制药总厂的出纳，在2003年2月至2005年7月间，肖利用担任出纳的职务便利，采取截留客户支付给白云山制药总厂的货款、白云山制药总厂支付给客户的原料款以及虚构支出用途和金额等方法，以支票形式挪用了白云山制药总厂的款项22笔共计人民币2028多万元，用于赌博。但是，支票需要提现才能当赌金，于是他找到了吴玉峰——原广州市番禺沙园集团有限公司的会计。期间，吴为肖沛林转账或套现了其中的人民币1500多万元，并从中收取费用27万元。

2005年8月，因欠赌债，既怕被单位发现其犯罪行为，又怕被庄家追债，所以肖沛林只好选择逃跑。两个月后，自知罪孽深重，难脱法网，2005年10月12日，他到广州市白云区人民检察院投案自首。破案后，司法机关扣押肖沛林现有的赃款和房产。

法院审理认为，肖沛林无视国家法律，利用职务之便挪用所在单位资金用于赌博，数额巨大，而吴玉峰明知肖沛林挪用资金仍然提供帮助为肖沛林转账及套现其中的1500多万元，数额巨大，二人的行为均已构成挪用资金罪，其中肖沛林是主犯。

除此之外，肖沛林为了潜逃，还利用职务便利，将本单位的资金占为己有，数额巨大，其行为又已构成职务侵占罪。广州市中院二审判处肖沛林有期徒刑十四年，吴玉峰有期徒刑二年六个月，并且判决肖沛林在30日内退赔广州白云山制药总厂1700余万元。这里面，肖沛林被判处刑罚并不意外，而吴玉峰之所以同样被判刑，是因为其“明知”肖沛林行为的性质，而仍然予以协助，最后被认定为挪用资金罪的共犯。

事实上，不只是在发票背书方面，知与不知性质是不同的，在其他方面

---

① 新浪网（www.sina.com.cn）转载《信息时报》：“药厂出纳挪用2000万公款赌博”，2007年4月24日。

也是如此。云南省人民检察院思茅分院于2002年以思检诉字（2002）第7号起诉书指控被告人余家俊、姜云朴犯挪用公款罪（该起诉书还指控余犯有其他罪名，以及同案还有其他被告，为说明问题同时并不影响对事实的剖析的情况下，此处略去余的其他罪名指控及其他被告）。被告人余家俊原系思茅地区行署民政局农村社会养老保险科科长，被告人姜云朴原系思茅地区林业局林产品公司恒安制板厂厂长。1998年3月15日，被告人余家俊擅自与租赁思茅地区林业局林产品公司恒安制板厂的姜云朴签订借款协议书，于4月21日、7月29日、8月28日先后3次从思茅行署民政局农保科在思茅市农行开设的账户上转入姜云朴在思茅市农行开设的私人账户上52.3万元农保基金，转入恒安制板厂账户上21.5万元农保基金，共计73.8万元农保基金被余家俊借给姜云朴使用，至案发至今尚有70.7万元没有追回。但被告人姜云朴的辩护人提出，姜云朴的借款行为是民事行为，姜在主观方面没有犯罪的故意，借款手续完备，借款用途正当，姜云朴没有与余家俊共谋挪用公款，也没有指使或者参与策划挪用公款，姜在客观方面没有刑事违法性，不构成挪用公款罪。云南省思茅地区中级人民法院经审理认为，被告人余家俊利用职务上的便利，挪用422万元公款给他人使用不退还的行为，已构成挪用公款罪；指控被告人姜云朴与余家俊共谋挪用公款，指使或策划取得挪用款的证据不足，因而公诉机关指控被告人姜云朴挪用公款的犯罪不能成立，不予确认。一审判决被告人余家俊犯挪用公款罪，判处有期徒刑十五年；被告姜云朴无罪。一审宣判后，云南省思茅地区人民检察院对姜云朴的判决部分提起抗诉，云南省人民检察院对姜云朴的行为做出撤回抗诉的决定（上级检察院作出撤回抗诉决定，下级检察院必须服从，从而姜无罪的认定无论在法院还是检察院均得到了认可）。

在这个案件中，我们看到被告人姜云朴虽然使用了余家俊挪用的公款，并且至案发绝大部分款项也未归还，但由于没有证据证实其与余家俊有过共谋、指使或者策划取得挪用款，并且借款手续也是完备的，因而最终被认定不构成挪用公款罪的共犯，这里面我们就再一次体会到“知与不知性不同”

这个道理。

也就是说，你明明知道这是违法犯罪还继续干，那正如我们在本书开篇讲的，“以身试法自会带来风险”，它是不以人的意志为转移的，万万不可以身试法。

3.12 没有发票实无奈 以防万一有四招

作为财务人员，一个很烦心的事就要找发票，因为单位总有些事它就是没发票。我给大家举一个小例子，外部单位来检查了，常常在会议室接待时还要放些水果，这些水果多数并不是从超市买的而是从集贸市场买的，大家都知道集贸市场哪里有什么发票，也就是说你为单位花了钱但却没有发票。这只是一个小例子，还有很多事情都会没有发票或这种发票是不能入账的。有的单位，像这种没有发票的事会安排财务部经理来处理，他也只能是找票处理，这实在是无奈之举。在找票时，它的风险主要来源于两个方面：

一是原先的数额不确定，比如你买水果究竟花了多少钱并不清楚；

二是你找的票常常会有漏洞，比如你找的外地出租票，但考勤记录却显示你在单位上班。

这样一来，如果金额小还行，金额大了，你就要考虑风险问题。为防备以后的风险，有以下五招：

第一，最好不经手，让其他部门人员经手，比如接待最好能让办公室出面，财务部门就做配合就行了，这些尽力争取。

第二，在不得已而经手时，白条也要保存住，这是证明金额和用途的有力证据。比如陪外边的人旅游，景点门票往往是不能报的，但也要留住，这也是证明你没有多贴票的依据。

第三，如果还有其他人在场的情况，尽量争取第三人能签字，或者因某事发生的费用专门写一份内部报告，在内部报告上请第三人签字，这个报告也算是你们俩人打的。在领导批示后，保留好。

第四，如果是通过银行流出去的资金但却没有票，一定要保留好银行给这些人打卡、转账的银行回单，这证明了尽管是财务人员贴的票，但资金并没有流到贴票人银行卡上或由贴票人领取的有力证据。

作为财务人员采取上述变通的处理办法，实在是无奈之举，现实中还是要面对的。笔者在此提醒：一定要公私分明，越是在金额不明确的情况下越要如此——因为即便如此也还会存在一定的风险，财务人员一定要意识到。

3.13 费用贿金须分明 行贿受贿是犯罪

大家如果平时爱思考问题，可能尽管不是搞法律的，也会发现在工程建设、医药购销、产权交易、土地出让、出版发行、货运代理等商业贿赂易发高发的领域和行业[①]，其实被认定为犯罪的并不多。这有两方面的原因，一是我国的法律法规还不是很完善，对业务人员的报酬不好界定一个范围标准；二是对资金流向的监控并不能做到如西方国家那样严密，西方国家的资金都是通过银行转账而很少使用现金。单位将资金以手续费或报酬的形式给了业务员，业务员并不是一个单位，无论什么都是现金交易，单位给业务员多少手续费一般没有行业标准，即使有标准，多付手续费本身也仅仅是违反行业监管规定而不是违法犯罪——当然，如果业务员再将收到的报酬或手续费付给某人（业务员也并不见得会这样做，这里只是一个假设，业务员做下来业务主要是因为一是单位产品或服务好，二是因为对业务员认同而不会是因为

① 中国上海网（www. shanghai. gov. cn）：“市政府新闻发布会发布本市治理商业贿赂专项工作进展情况”，2007 年 2 月 13 日发布。

这些小钱），则可能会涉及业务员违法犯罪的问题而非单位犯罪的问题；而如果是由单位将资金直接给客户单位，则应认定行贿受贿，并将责任人绳之以法，这是不容置疑的。

作为财务人员，资金都是从这里出去的，一定要注意不要因无意给自己带来风险或故意以身试法，宁可没有业务也不能做违法的事情。当然对于财务人员来讲，多数没有业务的压力，而更应关注受贿的风险，即有人给你钱（比如要求早日结清款项、多在某个账户存款等），此时要严格把握住一点：不该自己拿的钱一定不要拿，万一当时推脱不掉，也要及时向单位如实反映，这样即便以后查出这些事情，因已向单位如实反映也不会有什么风险，从我经手的两起案件看，此种情况常常还会受到领导信任而予以重用。

3.14 发票背面要签字　假票泛滥要当心

很多财务人员其实并不理解要求报销人在发票背面签字的重要性，我举个真实的案例，大家就清楚了。我们在查某一机构时，发现了很多张内容写着“办公用品”，金额很多是“9900 元”、“9600 元”等这些票，并且还发现了两张发票流水号与开票日期颠倒的异常情况，我们怀疑是假发票，于是申请税务机关鉴定，税务机关拿来一摸就说这是假的，我们就报案了。因为事实很清楚，最后检察院也正式向法院起诉，但在法庭上当事人的律师提出：这些发票是假的没错，但这些假发票并不是当初他的当事人报销的那些发票！在发票报销后，这些资料就在财务部保管了，现在出示的发票并不是当时提供的票据，因为这些发票并没有当事人的签字证明是当事人所提供的发票的证据——按照证据链来讲，这中间确实缺少一环。最后该案以证据不足为由，判决当事人无罪。

从这个例子，我们能看到要求当事人在发票背面签字是很有必要的，这与我国当前假发票较易取得也有关系。我们财务人员，尤其是财务部经理或单位财务负责人，在制定制度时，一定要加上一条：所有报销票据都要求经手人签字并注明日期，并严格执行，防范日后可能会出现的风险。

3.15 单位个人名不同 勿使好事变坏事

当前我国的很多私营企业、中小企业，管理很不规范，开办公会多数也没有一个办公会议纪要；财务负责人员多数也是单位负责人的铁哥们，财务负责人的权力相对较大。在借给外单位资金时，往往单位负责人一个人说了算，至多和财务负责人商量商量，然后就说“你安排借给他10万元，我们以前还借过人家的钱。”这本也正常，互相帮助并不是什么坏事。财务负责人大笔一签，10万元从财务账上转到了对方企业，过两天银行回单也回来了，又打电话问对方，对方说收到了，然后财务就根据财务负责人的签字和银行回单做“其他应收款”挂账了。

但如果是这种情况：单位的负责人并不是老板而只是受聘的总经理，并且如果对方单位后来一直还不上款，问题就会来了。如果老板当初并不知道或不同意（这些情况也许财务负责人并不知情），他完全有理由追究你们挪用资金罪，并且批准人还只有你一个财务负责人的签字，会议纪要也没有，财务负责人就会面临很大的风险。

其实，财务负责人完全可以采取一个很简单的办法即可解决这个问题：让对方单位收到资金后，出具一个书面的收据，并且重要的是收据中写明“收到某某单位汇来资金”，注意写明是以单位名义汇给对方的；或者，作为财务负责人提出要搞一个简单的借款合同附在记账凭证后面，而不能只是以银行汇款回单作为对方收到款的证据，这样这笔资金就是单位之间的借款而并不存在争议，有效防范自身风险。

最后需要说明的是，目前我国《贷款通则》对于企业间的借贷是不允许的，企业需要资金应通过直接融资或通过金融机构的间接融资的方式解决。但现实中却存在着企业间的借贷行为，对企业间借贷的利息，税务机关认定的税前扣除标准也是参照同期银行贷款利率加以确定，而并不是全部不能税前扣除，可见我国企业借贷正处在这样一种类似中间地位的境地。

3.16 职责分工要明确　消极却比积极好

北京有一家企业，公司总经理陈某安排人将某几批产品不入库，同时这几批产品的销售收入也不入账，以此种方式偷逃国家税款计50余万元。年底，事务所审计时发现了这个问题，陈某便让财务负责人李某与事务所协商，不要披露这个事情。经过陈某所谓的积极“协调”，最终事务所没有披露该违法事项，后因单位内部举报而事发。经公安机关调查后，检察院起诉了该公司董事长王某、总经理陈某和财务负责人李某，在诉讼中董事长王某称，根据公司章程，其并不直接参与经营，所有这些事项并不知情且安排收入不入账这些事并不是其指使的，因而不应承担责任，最后法院认定王某并不是该偷税罪的直接主管人员，未受到刑事处罚；而陈某和李某则受到刑事处罚。

从这个例子，我们看到，并不是单位犯罪后法定代表人一定会受到刑事追究，为什么？这是以领导层的职责分工来确定的，这是第一点要说明的。第二，单位犯罪中处罚的人员有两类，一是直接负责的主管人员，二是直接责任人员，王某就是被认定为直接责任人员而受到处罚的。王某是听总经理安排才做的，他为什么受到刑事处罚？法院认定其为直接责任人员，主要的原因是他明知偷税在外部发现后还积极“协调”！如果他并不是积极协调，而是消极应付、拖着不办甚至加以抵制，最终定会是另外一个结果。这就是“消极却比积极好”的原因，事实上，如果涉案人员都能“消极”应付，也就不会有偷税、私分国有资产等这种违法犯罪行为发生了——这也正是刑法惩治经济犯罪的立法本意。

这里面我们要注意的一个问题是，在很多单位推行财务人员委派制（或垂直管理体制）的情况下，只是“消极”应对是不行的，因为在这种制度中，职责中有一条是受派的财务负责人受上级财务部门直接领导，在发现问题时要向受派的部门汇报——这是其职责所在，即此种制度加大其权限的同时也加大了责任，很多犯罪分子在出了资金上的问题时，都会称财务经理是委派的，作为分支机构单位负责人无权指使他——而恰恰就是这分支机构负责人指使的，但现在他用这条来辩解，无疑是加大了财务人员的责任。因而，“既来之，则安之”，受派财务负责人在受到指使或发现违法问题时，要向上级汇报，我们不妨称为踢“皮球”，这样一旦有了问题，财务人员的责任会大大减轻（这里的“踢皮球”是一种形象化的说法，并不是说要大家推诿责任，而是指要将根据职责分工自己处理不了的事情及时向上汇报、请示，实际上这是在“汇报”、“履行职责”）。

我们再来看一个财务人员因为“积极”被判刑的例子，2006年河北省衡水市桃城区人民法院对省高院指定管辖的石家庄鑫麟房地产开发有限公司偷税案作出一审宣判①，判决石家庄鑫麟房地产开发有限公司犯偷税罪，判处罚金3000万元；该公司董事、总经理邵雪凌犯贪污罪、偷税罪，判处有期徒刑十五年，剥夺政治权利四年；该公司财务总监兼财务部经理刘京革犯偷税罪，判处有期徒刑二年，缓刑三年。

原来，在1996年至2001年期间，被告单位石家庄鑫麟房地产开发有限公司（以下简称“鑫麟公司”）总经理邵雪凌为达到单位偷逃税款之目的，指使该公司财务人员以设置“账外账”隐藏经营收入的手段，进行虚假的纳税申报，从而累计偷逃营业税110.55万余元、城市房地产税358.72万余元、所得税（企业所得税和地方所得税）553.38万余元，几项共计1022.66万余

① 中国法院网（www.chinacourt.org）：“石家庄鑫麟房地产公司偷税千万老总被判刑”，2006年1月20日。

元，其中1998年、1999年度偷税数额占应纳税额比例均达30%以上。被告人刘京革于1998年11月底到鑫麟公司上班后，在被告人邵雪凌的指使下，积极参与单位偷税行为。

1995年11月，邵雪凌受石家庄新华集贸市场管理委员会（国有事业单位，以下简称“新华管委会”）委派，担任鑫麟公司（中外合资企业，国有股份占35%）董事、总经理，行使公司管理职权，并负责国有资产的保值、增值。2004年6月至10月间，邵雪凌利用职务之便，先后四次用白条支取“小账”（公司的临时摊位费、铁皮房租金及其他临时收入）资金160万元，存入个人账户135万元。后邵雪凌指使财务人员将“小账”账簿及收、支款凭证销毁，从而将135万元公司资金据为己有。案发后，被告人邵雪凌将赃款及利息全部退出。

法院认为，被告单位石家庄鑫麟房地产开发有限公司故意违反税收法规，采取隐匿经营收入的手段，少缴应纳税款，已达法律规定的犯罪数额，其行为已构成偷税罪。被告人邵雪凌在受国有事业单位委派到国有参股的中外合资公司从事公务的过程中，利用职务之便，以白条支款、销毁账目等手段，侵吞公司巨额资金；作为被告单位的主管人员，组织单位偷税，其行为已分别构成贪污罪和偷税罪。被告人刘京革在被告人邵雪凌的指使下，积极参与单位偷税，其行为已构成偷税罪。

刘京革被判刑的一个不可或缺的要件是其“积极参与”行为。

也许有人会说，在单位工作不听领导的话怎么行？但这里，听领导的话要有所区别，该听的当然要听，但绝不可盲听，“盲目听从领导换来三年徒刑”就是这样一起典型案例。[①] 曾小健是南丰县某镇计划生育小组出纳，同案被告人危某是南丰县某镇党委副书记，分管计划生育工作。危某为了个人使用和赌博挥霍，于2003年4月11日至2003年10月24日期间，陆续向曾小健借用其保管的计划生育款总计人民币22.3万元，还向该镇计划生育小组

① 中国法院网（www.chinacourt.org）：“盲目听从领导换来三年徒刑”，2004年6月22日。

其他干部分别借公款 15 万元，总计 37.3 万元，其中有 3 万元未及使用被追缴，其余大部分被危某用于赌博。案发后，危某退清了全部赃款。江西省南丰县人民法院认为，二被告人的行为均构成挪用公款罪。被告人危某在本案中起了主要作用，是主犯，被判处其有期徒刑六年；曾小健在本案中起了次要作用，系从犯，依法予以减轻处罚。鉴于被告人曾小健归案后认罪态度较好，且有悔改表现，判处其有期徒刑三年，缓刑四年。

有的人可能觉得曾小健有些“冤”，其实他“冤”在不分好坏都听从领导的安排，说白了在大是大非面前，不能正确处理“消极”和“积极”的关系。

本章小结

本章结合笔者多年的财务、法律、审计和纪检工作经历，针对企业的“小金库”、财务代签名、证据保存、为职工谋福利、利润分配、无发票事项、企业借款等等常见问题，从财务人员如何避免被无辜牵连、防范风险、证明自身清白的角度，富有创造性地提出了十六大策略，相信一定会对财务人员有效进行自我保护有所裨益。

第4章

财务人员应掌握的基本法律理念和知识：授人以渔

深入理解并灵活运用前面一章所讲的防范法律风险策略，需要有必备的法律理念和知识作支撑，财务人员也常常会感到很有必要掌握一定的法律知识；但面对一部部法律著作常常感到难有头绪，刑法、民法、行政法……，对于财务人员来讲，应当掌握哪些基本的法律理念和知识呢？

有人可能会说了，我们是财务人员，有必要掌握法律知识吗？以我从事外部监管、内部审计、纪检以及配合公安人员办案的体会来看，财务人员是很有必要掌握基本的法律知识和理念的。

首先，这是由财务人员的职业特点所决定的。许多沉痛的教训已经铁一样地证明了，某些财务人员由于缺乏必要的法律知识而蒙受了不白之冤，或遭受了经济损失，或职业生涯遭受挫折，或飞来牢狱之灾，这通过前面各章的例子以及我们的所见所闻，大家也都会感到遗憾，如果当初这些财务人员掌握必要的法律知识，也许就不会发生这些问题。

其次，它是灵活运用自我保护策略的需要。虽然我们已介绍了财务人员进行自我保护的十六大策略，并且这些策略也已基本涵盖了财务人员常见的现实中存在的风险，但是现实中的情况总是有其特殊性的，而我们财务人员只有掌握了这些基本理念和知识，才会在遇到新问题和新情况时灵活运用这些较为基本的自我保护策略，将他们进行组合或略加变化，甚至进行创新。

总之，掌握法律基本理念和知识，对现代企业财务人员的必要性是毋庸置疑的。现在的问题是，法律博大精深，知识内容非常庞大，我国的法律体系有《宪法》、《民法通则》及民法体系中的多部单行法（如《婚姻法》、《继承法》等等）、《民事诉讼法》、《行政处罚法》、《行政许可法》、《行政诉讼法》、《刑法》、《刑事诉讼法》，还有《劳动法》、《个人所得税法》、《税收征收管理法》，以至国际法、国际商法、战争法等等，这么多法律规范，我们掌握哪些呢？

事实上，尽管法律体系十分庞大，但其中是有基本的法律理念和知识的，我们只要掌握了这些基本的法律理念和知识，对于财务人员而非专业法律人员来讲，满足上面所提到的两项需要，就已足够了。

这些基本的法律理念和知识的提炼、选择和梳理，可以说是自己10余年从事财会、监管、审计、法律和纪检等工作中，主办或参办的一个个活生生案例的内在提炼和升华，希望能引起大家的充分重视和深入思考。此外，这些基本的法律理念和知识，不只是作为财务人员进行自我保护才会有用，它对于我们日常的工作和生活也会是很有指导意义和帮助的。

4.1 打官司就是打证据

我们大家肯定熟知这句话，即“以事实为根据，以法律为准绳”，这句话虽然平淡，但其中的含义却是极为深刻的，不搞法律的人绝大多数并不能体会其中的奥妙。

首先，什么是事实？我们一定要明白，进入司法程序后的“事实”与我们平时所说的事实不同，我们平时所认为的“事实”即是事实的真相——它与能否被证据证明是两回事；而进入司法程序后的“事实”仅是指能够被证据证实了的事实即“法律事实”，因为事实真相不可能重现，它只能靠证据证明。在民事诉讼中，法官所认定的“事实”究竟是什么，要看哪一方提供的证据更有说服力，这种证明标准是“优势证据标准”；在刑事诉讼中，“事实”就不能像民事诉讼中那样认定 ，而是要求证明“事实”的证据“确实充分”证明标准为“事实清楚”。

因而，我们要牢固树立这样一种意识：刑事司法程序中的“事实”与我们平时所认为的“事实真相”不同，进入司法程序后，“事实”只能用证据来证明，证明不了的，尽管确实是“事实真相”，但并不会被法律所认可。这种意识对于我们财务人员正确进行自我保护具有重要的意义，更具体些说，我们财务人员要增强“证据意识”。

其次，我们再来分析，什么是准绳。“准绳”也就是法律，我们总讲“以法律为准绳”这肯定是没错的。但问题是法律有那么多部，每一部又都有那么多条，每条下面可能还有好几款，对一部法律或其中的某一条款，可能还有司法解释等等，而在一个具体的案件中“准绳”只能是选一条或几条规定，作为该案的“准绳”，那么我们选哪一条？用法律术语讲就是法律适用的问题，在很多情况下即使对事实没有争议，对法律适用也常会有争议，比如经常会有是抢劫还是抢夺，是贪污还是挪用，是过失致人死亡还是故意杀人等的辩论，不同的认定自然适用不同的法律条款，对当事人的处罚自然也是有很大不同的。

我给大家举个例子：承认不承认，结果不相同。某公司会计王某收取外单位付给本单位的货款支票后，利用手中经管印章的便利，将支票背书至自己控制的一个账户，在多笔货款中他如此操作的共有两笔，一笔12万元，一笔16万元，他一直向单位反映这两笔货款还未收到，但后来在年底事务所审计向外单位询证时被发现，单位随即向公安机关报案。公安机关通过在银行查询外单位所付这两张支票的最终去向，很快就查明是会计王某所为，在公安人员对王某采取强制措施后，王某仅承认16万元的那笔，是他以背书的形式转到他本人开设的公司账户中了并打算在本人公司周转完后即归还，但拒不承认12万元的那笔也已转至其公司账户。但公安人员已掌握了铁证，王某所聘请的律师也劝他，要承认12万元的那笔，不会有坏处，但王某却始终认为公安机关并没有掌握到有力证据（他认为付款的那家企业已名存实亡，公安机关可能根本就找不到什么证据），因而拒不承认这12万元也是他据为己有。最终，法院判决16万元犯挪用资金罪（王某提供了其他证明其欲归还的证据，亦对16万元供认不讳），12万元犯职务侵占罪，因为有职务侵占罪的罪名，判处了王某所意料不到的刑期，但后悔已晚矣。这就是承认不承认，适用的法律不同的结果。

在“准绳”的选择即法律适用方面，我们的目标是争取适用对我们有利的法律条款，而从本质上讲，能够适用较为有利的法律条款，还是因为我们掌握了更多的适用该条款的“证据”，以及在证明犯罪主观意图的表达和陈述上，符合适用更为有利的法律条款的条件。

可见，“证据”在诉讼中是处于核心地位的。关于证据，财务人员还需要了解以下几点：

第一，根据我国《刑法》的规定，证据分为七种：物证（物证以三种方式来证明案件事实，即存在状态，如笔记本电脑位于桌上；外部特征，如刀伤；内部属性，如胃内有剧毒农药），书证（书证以其记载的内容或所表述的思想，如贪污案件中的账册，反动标语等其内容来证明），证人证言，被害人陈述，犯罪嫌疑人、被告人供述和辩解，鉴定结论（它是证据当中的一种，不是必须要采信，是否采用由司法机关进行判断），勘验、检查笔录（是固定勘验、检查过程的材料），视听资料等。

证据的种类是法定的，即任何证据都必须采取法定的形式，每一种证据都必须按照特定的要求以其法定形式表现出来，例如张三和李四起争执，张三枪杀李四，张三供述杀李四（犯罪嫌疑人供述），隔壁王五描述张三枪杀李四（证人证言），开庭时张三承认以该枪杀李四（枪为物证），这些证据均要符合法定的形式才可称为证据。

第二，强调证据的合法性。证据具有客观性、关联性和合法性，其中尤其是要强调合法性，即任何证据都必须依照法定程序收集，刑讯逼供、诱供等，非法方式收集的言词证据，不能作证据使用。

第三，对一切案件的判处都要重证据，重调查研究，不轻信口供。只有被告人供述，没有其他证据的，不能认定被告人有罪和处以刑罚；没有被告人供述，其他证据充分确实的，可以认定被告人有罪和处以刑罚。同案被告人之间不能互为证人证言，只有同案被告人供述不能定案；孤证不能定案。

第四，证人证言必须在法庭上经过公诉人、被害人和被告人、辩护人双方讯问、质证，听取各方证人的证言并且经过查实以后，才能作为定案的根据。法庭查明证人有意作伪证或者隐匿罪证的时候，应当依法处理。

第五，证明对象和免证事项。依据最高法院的司法解释，需要用证据证明的案件事实包括：（1）被告人的身份；（2）被指控的犯罪行为是否存在；（3）被指控的行为是否为被告人所实施；（4）被告人有无罪过，行为的动、机、目的；（5）实施行为的时间、地点、手段、后果以及其他情节；（6）被告人的责任以及与其他同案人的关系；（7）被告人的行为是否构成犯罪，有无法定或者酌定从重、从轻、减轻处罚以及免除处罚的情节；（8）其他与定罪量刑有关的事实。

免证事项包括：众所周知的事实，自然规律；预决事项，已经生效的判决确定的事实；推定事项，以一个基础事实存在推定另一个事实必然存在，如巨额财产来源不明罪，持有行为的犯罪行为（持有毒品罪，私藏枪支弹药罪）。

我将“以事实为根据，以法律为准绳”这条，放在第一的位置来讲，是有着深刻的含义的，希望大家能够细心领会上面所讲的这些内容（此外，关于证明标准和举证责任的有关内容，也十分重要，将在第7章中进行详细讲解）。

4.2 结合晓庆公司偷税案看何时构成犯罪

《刑法》所规定的每一种犯罪行为，其主客观表现形式都是不一样的，犯罪构成包括主体、客体、主观方面、客观方面四个要件。犯罪构成要件就是从各种不同犯罪行为的主客观表现中抽象出共同的规律，研究犯罪在主客观方面所具有的法定条件，解决构成犯罪的规格和标准问题。因而犯罪构成要件对认定犯罪都具有重要意义，即我们要清楚何时才会构成犯罪。

1. 犯罪构成要件

我国《刑法》规定有四百多种犯罪，从构成要件上进行分析，每一种犯罪都具备四个方面的要件：即犯罪主体、犯罪的主观方面、犯罪的客观方面、犯罪客体。

（1）犯罪主体，是指实施犯罪行为的人。每一种犯罪，都必须有犯罪主体，有的犯罪是一个人实施的，犯罪主体就是一人，有的犯罪是数人实施的，犯罪主体就是数人。公司、企业、事业单位、机关、团体实施犯罪的，构成单位犯罪，即单位也可以成为犯罪主体。

（2）犯罪的主观方面，是指犯罪主体对其实施的犯罪行为及其结果所具有的心理状态。犯罪主观方面的心理状态有两种，即故意和过失。比如犯盗窃罪，犯罪人希望将他人财物窃为己有；犯故意伤害罪，犯罪人希望或放任造成他人身体受到损伤的结果。有的犯罪是过失性质的，如失火罪，犯罪人往往具有疏忽大意的心理状态；交通肇事罪，犯罪人往往有过于自信的心理状态。在单位构成犯罪的情况下，该单位对犯罪行为负有责任的人员也同样具有主观故意的心理状态。

（3）犯罪的客观方面，是指犯罪行为的具体表现。比如犯诈骗罪，犯罪人具有虚构事实、欺骗他人的行为，贩毒罪具有贩卖毒品的行为，等等。

（4）犯罪客体，是指刑法所保护而被犯罪行为所侵害的社会关系。犯罪客体和犯罪对象是不同的，犯罪对象是犯罪行为所直接针对的对象，如故意杀人罪、伤害罪，犯罪对象是具体的被害人，而犯罪客体是指刑法所保护的公民人身权利不受非法侵害的社会关系。

2. 对晓庆公司偷税案的分析

在经济犯罪领域，构成犯罪的主观要件均是直接故意，比如贪污或侵占，它要求犯罪人主动实施某种行为才能构成犯罪，不会存在过失犯。下面，我们还是以案例来进行分析，这其中晓庆公司偷税案十分典型。

在该案中，晓庆公司犯偷税罪，作为总经理兼财务总监的靖军受到了法律制裁，而作为法定代表人的刘晓庆为什么没有一同受审并受到刑事制裁？这是因为，偷税罪是故意犯罪，构成犯罪的主观要件是直接故意，因而是对“单位的直接负责的主管人员和其他直接责任人员”处以刑罚。一般来说是班子成员中分管财务的领导和有关的财务人员，法定代表人是否应该承担刑事责任要看其职责分工和在偷税行为中起的作用，即是否存在直接的指使和授意。如果法定代表人在偷税行为过程中没有直接的指使和授意则不构成犯罪，不承担刑事责任。

刘晓庆一案中，没有人能对刘晓庆的明确指使和授意提出有力的证明，从晓庆公司内部的管理分工上看，靖军分管公司经营和财务，刘晓庆不管公司的具体事务，因而刘晓庆不承担公司单位犯罪的刑事责任。

这里面最关键的问题是，没有一个证据能够证明刘有直接故意行为，即指使或授意，也即缺乏主观构成要件，因而不会构成犯罪。从这条基本的理念中，我们应当能够得到很多启示。

3. 犯罪形态

由于经济犯罪案件为故意犯罪，且绝大多数为直接故意犯罪，因而有必要对直接故意犯罪的犯罪形态进行简单介绍。如果以“着手”和“犯罪完成”分别作为标准，可将直接故意犯罪分为犯罪预备、犯罪中止、犯罪未遂和犯罪既遂（过失犯罪和间接故意犯罪是结果犯，不存在前述三种形态）。

简单地说，行为人实施的犯罪如果已完成，则为犯罪既遂；如果没有完成犯罪，则或属于犯罪预备、或者未遂、或者中止。犯罪预备、未遂、中止的认定关键在于，行为人是否自动停止犯罪，如果是自动停止犯罪，则为犯罪中止；如果是意志以外的原因停止犯罪，则为犯罪预备或者犯罪未遂。而犯罪预备和犯罪未遂的认定，又取决于行为人是否“着手”实施犯罪。如果行为人已经着手实施犯罪而由于意志以外的原因没有得逞的，则为犯罪未遂；如果还没有着手实施犯罪，由于意志以外的原因被迫停止的，则为犯罪预备。中止犯可存在于既遂前的任何一个阶段，只要是自动放弃犯罪且有效地防止危害结果的发生，均可成立中止犯，这是其重要特征，当然，如果没有积极有效阻止危害结果发生的行为，则不能认定中止。

区分犯罪形态的意义在于，对犯罪准备、中止、未遂和既遂的量刑是明显不同的，如某人欲贪污公司资金，私刻了印章，这属于犯罪的准备阶段（如果这时案发则成立贪污罪的预备）；如果后来思前想后决定不做了，则成立犯罪中止；但如果是已经下手，却被银行发现而没能成功，此时构成贪污罪未遂；如果一直做下去最终成功了，则构成贪污既遂，即一般我们称的贪污犯。

4.3 牢固树立证据链的概念

要证明一个人有罪，需要有环环相扣的证据，这些环环相扣的证据就构成了证据链。比如我们要证明某人犯有职务侵占罪，首先，要证明该人是签定劳动合同的单位职工（在现实中，如果未与职工签定劳动合同，使用“工资表”、“签到表”等证据材料也可以）；其次，要取得该人从单位侵占资金事实的证据，如资金通过银行打入其个人的银行卡或其控制的私人账户，或其以报销等形式套取现金；第三，要取得其侵占的资金属于本单位资金的证据，如该笔资金是由上级公司拨下来的，则要提供上级拨入该资金的银行回单、记账凭证和下级公司收到该资金的银行入账通知单、记账凭证，以证明该资金的所有权人是该单位；第四，最为重要的一点，是要举出证明该人将该资金“据为己有”的证据，当然有第二步的证据后，如果该人提不出其将资金用在公务开支的证据，则可认为其“据为己有”；而如果对方举出该资金用在了公务开支（如向客户付手续费、回扣，为本单位职工发福利等）并经侦查机关核实无误后，则指向职务侵占罪的证据链在最后一环断裂。

我们再举一个例子，它虽然是一个故意伤害案，但更能帮助我们理解证据链的要领。某村的丁某和王某平素有矛盾，一日丁某喝酒后到王某家门口叫骂，王某恰巧不在家，其妻在家但也不敢出来，丁某的叫骂引来了很多村民围观。大约半小时后，丁某回到自己家中。傍晚，王某回到家中听妻子说丁某来家门口叫骂，顿时怒火中烧，拿出自制的猎枪就往丁某家中急赶，碰巧在巷子中遇到丁某和他的妻子并排正往巷子外走，王某认准丁某后举起猎枪朝丁某就是一枪并转身急速离开，丁某被击中后撒腿就往邻居家跑，其妻在后面紧追并边跑边喊“有人开枪打人啦!”她的喊声惊动了邻居孙某，孙某从屋里出来一看，丁某满脸是血，丁某之妻这时也赶了过来，对孙某说“有人开枪了！快去找医生。”孙某也来不及多想，急忙去找村里的医生赵某，赵某听说有人开枪打了丁某，急忙背上医疗背包往孙某家中赶，见到丁某后，赵某感觉情况很严重，说：“马上往县医院赶吧。”随后，丁某之妻打通120，丁某被救护车送往县医院，经十余天治疗后出院，并被鉴定为轻伤。本案中，要证明王某故意伤害丁某致其轻伤构成故意伤害罪，需要提供如下证据并形成证据链：

（1）围观村民对丁某在王某家门口叫骂的证言；

（2）王某击中丁某所用的猎枪；

（3）邻居孙某的证言；

（4）丁某妻子的证言；

（5）村医赵某的证言；

（6）丁某住院证明；

（7）丁某被鉴定为轻伤的鉴定结论。

至此，形成王某故意伤害致人轻伤的证据链条。

我们可以看到，证据链条环环相扣，如果中间有任何一环脱节，将不能证明犯罪事实的存在。深刻理解证据链的概念和要领，保持清楚的思路，一方面对于我们保存证据从而证明自己的清白，另一方面对于我们避免无谓的指控，都是大有用处的。

前一段时间，我的一位证券业的朋友，因证券市场的红火而作了多场演讲，后向我咨询起“我现在有些莫名的担心，因为不知对方单位给我的报酬中是不是已扣过个人所得税了。万一税务机关根据报纸打出的广告，找到我，说你某年某月某日在某地讲过什么课，交个人所得税了吗?”我知道，他是不想逃税的，只是担心主办单位不代扣代缴，我就和他说，第一，今后你应当向主办单位了解清楚，是否已代扣代缴，如没有，记着自己申报；第二，税务机关只是依据对外打出的广告就问你缴税与否，从证据上讲明显不足，你不用担心，因为这个广告只是证明曾打出过广告，至于你究竟去还是没去、去了以后讲没讲、讲了又拿没拿报酬、拿报酬又拿了多少、所拿的报酬中主办单位有没有代缴税等等，这些问题税务机关都还没有搞清楚，也就是说按照证据链的要求，“广告中的讲课宣传”离缴个人所得税还差着很远的距离。经过这样一分析，他也就明白了。总之，牢固树立证据链的意识，对于我们正确分析问题、保持清晰思路十分重要。

4.4 哪些人会“肚子疼”

我们十分关心的一个问题是：为何大家喝凉水，肚子疼的却只是几个人？也就是说，为何大家都得了所谓的“福利”，而被抓起来的却只有几个人？并且，并不是将所有领导和有关人员全抓起来，而只是某些人员？也就是说，在单位犯罪中承担刑事责任的自然人的范围如何确定，这个问题大家必须要认识清楚。

我国刑法对于单位犯罪承担刑事责任的自然人，确定为两种人：一是直接负责的主管人员，需要满足以下两个条件：第一，掌握实际领导权，即为领导班子成员；第二，必须和单位犯罪有直接关系，也就是说在班子成员分工中，正好分管这一块。这里面的逻辑是，你既然是班子成员，又分管这部分事务，最后导致单位犯罪，当然你要承担责任。但是，大家要知道，有一种情况例外：你分管这部分事务，但在作决策时持反对意见，最后没办法只能少数服从多数或服从“一把手”的意见。只要这种情况能够被证明，比如办公会议纪要、董事会会议纪要中注明你当时的意见，或虽未注明你的意见但你拒绝在纪要或决议中签字。这时，尽管你分管这部分事务，但也不会承担责任，因为你并没有犯罪故意，即不符合犯罪构成的主观要件。

第二种人是直接责任人员，需要具备以下四个条件：第一，是单位内部人员；第二，亲自实施；第三，主观上明知违法；第四，起积极、重要的作用。在上面这四个条件中，前三个可以说多数情况都是符合的，我们能够把握的就是第四个条件，即尽管领导让你干，你为保住饭碗没有办法只能照办，那你就不要那么积极，要变得消极些。比如，年底事务所来进行所得税审计时，发现了你们单位的偷漏税问题，领导让你这个财务经理去“协调协调”，那你就不要太积极，这种不积极的态度，最后对你来讲都是很有利的证据（公安机关在调查时会询问事务所人员，他们会把你究竟积极不积极的情况说出来的，比如说，你又是找关系，又是请喝酒并且喝起来还特别卖力，那你就完了，你要让你协调的对象感觉出来你并不积极），这样在最后认定的时候，你就可以以此为依据免除或减轻自己的责任，多数此种并不会认定为直接责任人员。

比如，我们最常见的情形是，某一个工厂造假货，最后处罚的并不是那些造假的工人，而是那些作出造假决策的人和积极指挥工作造假货的中层人员。

总之，通过认清这个问题，我们就明白了刑事法律要惩治的是哪些人。

4.5 公检法办理刑事案件如何分工

我们在第7章开头部分会对此项内容进行较为详细的说明，读者可参阅该部分内容。之所以在此处又单独提出，是因为这个问题对我们理解诸多内容具有重要作用，属于基础性的法律知识，希望务必引起足够重视，因为它是我们理解很多问题的一个基础。

4.6 大家同犯一种罪谁判决轻

为什么财务人员还要了解什么是“共同犯罪”这样的问题？这是因为，某些犯罪如私分国有资产罪、偷税罪、行贿罪等，很可能是多人共同实施而成的犯罪，另外如侵占罪、贪污罪等这些虽然一个人就可完成的犯罪，在某些时候也可能是多人参与共同实施的犯罪，在这些情况下均构成共同犯罪。我们分析共同犯罪，最主要的目的就是要区分开主犯、从犯、协从犯和教唆犯，因为它们在量刑时是有很大不同的。

1. 什么是共同犯罪

我国《刑法》第二十五条第一款规定，共同犯罪是指二人以上共同故意犯罪。它突出了共同故意对于构成共同犯罪的作用，是主客观相统一原则的具体体现。

（1）主体要件。共同犯罪的主体必须是二人以上，具体来讲，可以分为下列三种情形：

第一，两个以上的自然人构成的共同犯罪。这种自然人共同犯罪，要求各犯罪人都必须达到刑事责任年龄，具有刑事责任能力。“二人”是量的规定，“达到刑事责任年龄且具有刑事责任能力”是质的规定，根据刑法第十七条的规定，我国的刑事责任年龄的起点是年满 16 周岁，但是，已满 14 周岁不满 16 周岁的人，犯故意杀人、故意伤害致人重伤或者死亡、强奸、抢劫、贩卖毒品、放火、爆炸、投毒罪这 8 种罪，负刑事责任。不具备刑事责任能力，指我国《刑法》第十八条第一款规定的，“精神病人在不能辨认或者不能控制自己行为的时候造成危害结果，经法定程序鉴定确认的，不负刑事责任。”

需要注意的是，不具有特殊身份的人往往不能单独构成特殊主体犯罪，但是可以与具有特殊身份的人一起成为特殊主体犯罪的共同犯罪主体，如非国家工作人员不能单独构成贪污罪，但是可以与国家工作人员一起构成贪污罪的共同犯罪。

第二，两个以上的单位构成的共同犯罪，即刑法理论中所谓的单位共同犯罪。

第三，有责任能力的自然人与单位构成的共同犯罪，这在刑法理论中通常谓之自然人与单位共同犯罪。

（2）客观要件。这是指各犯罪人必须具有共同的犯罪行为。所谓共同犯罪行为，是指各犯罪人为追求同一危害社会结果，完成同一犯罪而实施的相互联系、彼此配合的犯罪行为。可以分为三种情形：

第一，共同作为、共同不作为、作为与不作为的结合。共同作为，即各共同犯罪人均实施了法律所禁止的行为而构成共同犯罪，比如会计甲与出纳乙二人预谋贪污公司资金，属共同作为；还有共同不作为，比如儿子、儿媳共同遗弃年迈无独立生活能力的父母；还有作为与不作为的结合，比如铁道养护工甲与乙事先合谋破坏铁路设施，在乙实施破坏作为时，甲佯装熟睡，不履行其职责。

第二，共同直接实施犯罪。在这种场合中，共同犯罪人没有分工，均直接实施犯罪的实行行为。

第三，存在分工的共同犯罪行为。具体表现为有组织行为、教唆行为、实行行为和帮助行为。

（3）主观要件。这是指各共同犯罪人必须有共同的犯罪故意。所谓共同的犯罪故意，是指各共同犯罪人通过意思联络，认识到他们的共同犯罪行为会发生危害社会的结果，并决意参加共同犯罪，希望或放任这种结果发生的心理状态。其特征是：

第一，共同的认识因素，包括三个方面的要素：一是认识到不是自己一个人单独实施犯罪，而是与他人互相配合共同实施犯罪，这是很多犯罪分子辩解不构成共同犯罪的重要“理由”，因为不构成共同犯罪则不必为共同犯罪行为承担责任。二是不仅认识到自己的行为会产生某种危害结果，而且也认识到其他共同犯罪人的行为也会引起某种危害结果。三是各共同犯罪人都认识到共同犯罪行为与共同犯罪结果之间的因果关系。

第二，共同的意志因素。其中，共同希望危害结果的发生，是共同直接故意；共同放任危害结果的发生，是共同间接故意。

注意下列几种情况均不能成立共同犯罪：

（1）同时犯不是共同犯罪。所谓同时犯，是指没有共同实行犯罪的意思联络，而在同一时间针对同一目标实行同一犯罪，如某公司的两名员工分别实施侵占资金行为，二人事先互不知情。

（2）同时实施犯罪而故意内容不同，不构成共同犯罪，如公司中一人挪用资金而另一人侵占资金。

（3）超出共同故意以外的犯罪，不构成共同犯罪，此种情况，在刑法理论上称做“实行犯过限”的行为，如公司员工甲、乙共同实施挪用资金成功后，甲此后起了贪污不想还的念头并在乙多次催促该归还的情况下仍不归还，此时甲、乙构成挪用资金罪的共犯，甲还单独成立贪污罪。

2. 共同犯罪人的种类及其刑事责任

我国《刑法》实行罪责自负原则，而不承认团体责任，因而对共同犯罪人进行正确的分类，是确定共同犯罪人刑事责任的前提。我国《刑法》以共同犯罪人在共同犯罪中的地位和作用为主，并适当考虑共同犯罪人的分工情况，将共同犯罪人分为主犯、从犯、胁从犯和教唆犯。

（1）主犯及其刑事责任。按照《刑法》第二十六条第一款规定，主犯，是指组织、领导犯罪集团进行犯罪活动的或者在共同犯罪中起主要作用的犯罪分子。根据《刑法》的有关规定，主犯分为三种，一是在犯罪集团中起组织、策划、指挥作用的犯罪分子，也就是组织犯，是首要分子的一种。组织犯的犯罪活动包括建立、领导犯罪集团，制订犯罪活动计划等；二是在聚众犯罪中起组织、策划、指挥作用的犯罪分子，这也是首要分子的一种。聚众犯罪中的首要分子，是犯罪的组织、策划者和指挥者；三是其他在犯罪集团或一般共同犯罪中起主要作用的犯罪分子，既可以是实行犯，也可以是教唆犯。

根据《刑法》第二十六条第三款和第四款的规定：对组织、领导犯罪集团的首要分子，按照集团所犯的全部罪行处罚，对其他主犯，应当按照其所参与的或者组织、指挥的全部犯罪处罚。

（2）从犯及其刑事责任。按照《刑法》第二十七条第一款的规定，从犯，是指在共同犯罪中起次要或者辅助作用的犯罪分子。从犯分为两种：一是在共同犯罪中起次要作用的从犯，即次要的实行犯。所谓次要的实行犯是相对于主要的实行犯而言的，是指虽然直接实行犯罪，但在整个犯罪活动中其作用居于次要地位的实行犯。二是在共同犯罪中起辅助作用的从犯，即帮助犯，它是指未直接实行犯罪，而在犯罪前后或者犯罪过程中给组织犯、实行犯、教唆犯以各种帮助的犯罪人。

根据刑法第二十七条第二款规定，对于从犯，应当从轻、减轻或者免除处罚。

（3）胁从犯及其刑事责任。按照《刑法》第二十八条的规定，胁从犯是指被胁迫参与共同犯罪的犯罪分子，被胁迫参加犯罪，即在他人暴力威胁等精神强制下，被迫参加犯罪，在这种情况下，行为人没有完全丧失意志自由，因此仍应对其犯罪行为承担刑事责任。

按照《刑法》第二十八条的规定：对于胁从犯，应当按照他的犯罪情节减轻处罚或者免除处罚。

（4）教唆犯及其刑事责任。按照《刑法》第二十九条第一款的规定，教唆犯，是指故意唆使他人犯罪的犯罪分子。具体地说，教唆犯是以劝说、利诱、授意、怂恿、收买、威胁以及其他方法，将自己的犯罪意图灌输给本来没有犯意或者虽有犯意但不坚定的人，使其决意实施自己所劝说、授意的犯罪，以达到犯罪目的的人。从教唆犯的概念可以看出，教唆犯的特点是：本人不亲自实行犯罪，而故意唆使他人产生犯罪意图并实行犯罪。成立教唆犯必须具备下列条件：一是客观上具有教唆他人犯罪的行为，即用各种方法，唆使他人去实行某一具体犯罪。教唆的对象是本无犯罪意图的人，或者虽有犯罪意图，但犯罪意志尚不坚决的人。教唆行为只能以作为方式构成，二是主观上具有教唆他人犯罪的故意，故意的内容包括：认识到他人尚无犯罪决意，预见到自己的教唆行为将引起被教唆者产生犯罪决意，而希望或放任教唆行为所产生的结果。因此，教唆犯的主观方面，可以是直接故意，也可以是间接故意。

按照《刑法》第二十九条第一款的规定，对于教唆犯，应当按照他在共同犯罪中所起的作用处罚，这是对教唆犯处罚的一般原则。教唆不满 18 周岁的人犯罪的，应当从重处罚。按照该条第二款的规定，如果被教唆的人没有犯被教唆的罪，对于教唆犯，可以从轻或者减轻处罚，这种情况，在刑法理论上称为“教唆未遂”。此外，教唆不满 14 周岁的人或者精神病患者犯罪的，对教唆者应当按单独犯论处。这种情况在刑法理论上称为“间接正犯”即间接实行犯。

4.7 法律鼓励什么

前面我们也讲过，一旦犯罪最好的办法还是自首，我国《刑法》规定对于自首的犯罪分子，可以从轻或者减轻处罚；对于犯罪较轻的，可以免除处罚。即使不能免除处罚，争取到轻判，比如判处缓刑，还可以减少对自身、对家庭的冲击。当然，争取轻判，还有一种方式就是立功，但问题是并不是所有的犯罪嫌疑人都能立功。只有自首是犯罪嫌疑人都可以做到的。

自首和立功在法律上有严格的界定，它对于量刑十分重要，因而自首和立功的认定也就会成为一个重要问题，比如我们可能会经常通过媒体了解到对于被告是否构成自首或立功常有激烈的法庭辩论，就是这个原因。财务人员如涉及犯罪，多数也是有被迫的成份在里面，如果能被认定为自首或立功，只要情节不是特别严重，一般争取轻判如免除处罚或判处缓刑是完全有可能的。

我们先来看有关“自首”的相关规定。

1. 自首的认定

我国法律对什么是自首进行了明确的界定，《刑法》第六十七条第一款规定，“犯罪以后自动投案，如实供述自己的罪行的，是自首。”最高人民法院于1998年4月6日发布的《关于处理自首和立功具体应用法律若干问题的解释》对自首进行具体的界定：

（1）自动投案，是指犯罪事实或者犯罪嫌疑人未被司法机关发觉，或者虽被发觉，但犯罪嫌疑人尚未受到讯问、未被采取强制措施时，主动、直接向公安机关、人民检察院或者人民法院投案。

犯罪嫌疑人向其所在单位、城乡基层组织或者其他有关负责人员投案的；犯罪嫌疑人因病、伤或者为了减轻犯罪后果，委托他人先代为投案，或者先以信电投案的；罪行尚未被司法机关发觉，仅因形迹可疑，被有关组织或者司法机关盘问、教育后，主动交代自己的罪行的；犯罪后逃跑，在被通缉、追捕过程中，主动投案的；经查实确已准备去投案，或者正在投案途中，被公安机关捕获的，应当视为自动投案。

并非出于犯罪嫌疑人主动，而是经亲友规劝、陪同投案的；公安机关通知犯罪嫌疑人的亲友，或者亲友主动报案后，将犯罪嫌疑人送去投案的，也应当视为自动投案。犯罪嫌疑人自动投案后又逃跑的，不能认定为自首。

这里面会涉及到一个有争议的问题，“双规”（指在规定的时间和规定的地点交代问题）期间交代犯罪事实，如何确定是否自动投案？由于纪检部门不是司法机关，理论界和司法实务对该问题的认识就产生了分歧。一种观点认为，纪检部门不是司法机关，即使被查处人的犯罪事实被纪检部门发觉，也不能视为司法机关已经发觉，而且，“双规”也不是诉讼法规定的五种强制措施之一，被“双规”的被查处人，不能被视为已被采取了强制措施。所以，“双规”期间如实交待犯罪事实的，就当视为自动投案。第二种观点认为，被查处人交代之前，纪检部门已经发现了其犯罪事实，这时的纪检部门，实际上代行的是司法机关的部分职权，就当视同司法机关，因此，在此期间供述自己罪行的情形，不能认定为自动投案。

但从实际判案来看，大多数情况下，在“双规”期间交代犯罪事实，是会被认定为自首的。

(2) 如实供述自己的罪行，是指犯罪嫌疑人自动投案后，如实交代自己的主要犯罪事实。

犯有数罪的犯罪嫌疑人仅如实供述所犯数罪中部分犯罪的，只对如实供述部分犯罪的行为，认定为自首。共同犯罪案件中的犯罪嫌疑人，除如实供述自己的罪行，还应当供述所知的同案犯，主犯则应当供述所知其他同案犯的共同犯罪事实，才能认定为自首。犯罪嫌疑人自动投案并如实供述自己的罪行后又翻供的，不能认定为自首；但在一审判决前又能如实供述的，应当认定为自首。

根据《刑法》第六十七条第二款的规定，被采取强制措施的犯罪嫌疑人、被告人和已宣判的罪犯，如实供述司法机关尚未掌握的罪行，与司法机关已掌握的或者判决确定的罪行属不同种罪行的，以自首论。

2. 自首情节在量刑中的考虑

根据《刑法》第六十七条第一款的规定，对于自首的犯罪分子，可以从轻或者减轻处罚；对于犯罪较轻的，可以免除处罚。具体确定从轻、减轻还是免除处罚，应当根据犯罪轻重，并考虑自首的具体情节。可见，我国对自首犯罪分子是相当宽容的。

3. 单位犯罪自首的特殊之处

单位犯罪是指公司、企业、事业单位、机关、团体等法定单位，经单位集体研究决定或由有关负责人代表单位决定，为本单位谋取利益而故意实施的，或不履行单位法律义务过失实施的危害社会而由法律规定为应负刑事责任的行为。从以上单位犯罪的概念及法律特征我们不难看出，虽然单位是无生命的社会组织体，既不可能自动投案，也不能如实供述自己的罪行，但其行为都是由自然人决定并实施的，所以，我国刑法规定，对单位犯罪实行双罚制，即对单位和单位负责人或直接责任人员予以双重处罚。

单位自首作为单位犯罪后的忏悔行为，当然应是基于单位意志而实施的，比如经过集体讨论决定或主要负责人决定以单位名义自首。如果只是一般的涉案人员哪怕是直接负责的主管人员或者其他直接责任人员在个人意志支配下实施的自首行为，只能认定是个人自首，而不是单位自首。当然单位自首还要有成立自首的其他条件，如必须如实交代单位犯罪的罪行等。

根据《刑法》第六十七条的规定，对于自首的犯罪分子，可以从轻或者减轻处罚；犯罪较轻的，可以免除处罚。我国《刑法》对单位犯罪原则上采用“双罚制”，同时又以实行“单罚制”为例外。因而，对单位犯罪自首的应从轻处罚，即分为对单位的从轻处罚和对其直接负责的主管人员从轻处罚两个方面。这些都是单位犯罪自首的特殊考虑之处。

明白了自首，我们再来看何种情况下会被认定为“立功”。

1. 立功和重大立功的认定

（1）立功。根据《刑法》第六十八条第一款的规定，犯罪分子到案后有检举、揭发他人犯罪行为，包括共同犯罪案件中的犯罪分子揭发同案犯共同犯罪以外的其他犯罪，经查证属实；提供侦破其他案件的重要线索，经查证属实；阻止他人犯罪活动；协助司法机关抓捕其他犯罪嫌疑人（包括同案犯）；具有其他有利于国家和社会的突出表现的，应当认定为有立功表现。

可见被认定为“立功”有两类情况，一是检举、揭发、阻止他人犯罪这类行为（注意是“他人”的罪行，而不能是自身的罪行），二是具有其他有利于国家和社会的突出表现的，如发明创造，才能被认定为立功。

并且，对于检举、揭发者的动机，我国法律未加以限制，也就是说不论犯罪分子出于何种动机，只要犯罪分子有立功的表现，并且达到预期的后果，即应认定为立功。

（2）重大立功。根据《刑法》第六十八条第一款的规定，犯罪分子有检举、揭发他人重大犯罪行为，经查证属实；提供侦破其他重大案件的重要线索，经查证属实；阻止他人重大犯罪活动；协助司法机关抓捕其他重大犯罪嫌疑人（包括同案犯）；对国家和社会有其他重大贡献等表现的，应当认定为有重大立功表现。共同犯罪案件的犯罪分子到案后，揭发同案犯共同犯罪事实的，可以酌情予以从轻处罚。

前款所称“重大犯罪”、“重大案件”、“重大犯罪嫌疑人”的标准，一般是指犯罪嫌疑人、被告人可能被判处无期徒刑以上刑罚或者案件在本省、自治区、直辖市或者全国范围内有较大影响等情形。

也就是说，构成“重大立功”同立功类似也主要有两类，只不过是要认定为“重大”，如发明创造要满足“对国家和社会有重大贡献”的条件。

2. 立功和重大立功在量刑中的考虑

《刑法》第六十八条规定：“犯罪分子有揭发他人犯罪行为，查证属实的，或者提供重要线索，从而得以侦破其他案件等立功表现的，可以从轻或者减轻处罚，有重大立功表现的，可以减轻或者免除处罚。犯罪后自首又有重大立功表现的，应当减轻或者免除处罚。”

即在具体处理时分为三个档次：对于有一般立功表现的，可以从轻或者减轻处罚；对于有重大立功表现的，可以减轻或者免除处罚；对于犯罪后自首又有重大立功表现的，应当减轻或者免除处罚。

另外，在法律上“可以”和“应当”的含义是有重要区别的，“可以”的意思是说“可以这样，也可以不这样”，只是提供了一种可能的情况；“应当”在法律上是“必须”的意思，即只能这样，在此顺便提醒作为非法律专业的财务人员应当对这两个受到用语引起注意。

这些自首和立功在现实中的例子很多，如我前些天在中新网看到一则消息[①]，安徽省卫生厅原副厅长尚军涉嫌受贿、巨额财产来源不明罪一案，在安庆市中级人民法院公开开庭审理，尚军当庭承认了所有被控事实。法院则

---

① 中新网（www. china news. com）：“安徽省卫生厅原副厅长尚军被认定是自首，检举 1 人立功”，2006 年 10 月 26 日。

认定尚军“在案发前能如实供述自己的全部犯罪事实”属“自首”；并因她“积极检举揭发他人的犯罪行为”，同时认定“具有重大立功表现”。虽然该案没有当庭宣判，但可以肯定的是其判决不会很重，因为其是自首且有重大立功表现。

4.8 强制措施：有耳闻但未必知

司法机关在侦查或起诉过程中，可能会采取强制措施，我们平时有所耳闻，但却未必有较全面和准确的了解，比如刑事拘留和拘传有什么区别，刑事拘留和逮捕有何不同，等等这些，我们有必要对其中的重要规定有一定了解。

这些规定可能比较枯燥，但你也要耐住性子看完，一旦认真看起来、读进去，就会发现，其实这些法律规定也饶有趣味，正如法律人常说的一句话“这些规定都不是从石头缝里蹦出来的”。

1. 拘传

（1）对象：拘传是指在刑事诉讼中，公安机关、检察院、法院对未被逮捕、拘留（未被羁押）的犯罪嫌疑人、被告人依法强制其到案接受讯问的强制措施。适用于经过依法传唤，无正当理由拒不到案的犯罪嫌疑人、被告人，或者根据案件情况有必要拘传的被告人。

（2）拘传的法律文书：拘传证（公安机关、检察机关），拘传票（法院）。

（3）拘传的时候记明开始讯问的时间和结束讯问的时间。

（4）应当在12小时内讯问完毕，并不得以连续拘传的方式变相羁押犯罪嫌疑人、被告人（不等于不可以多次拘传）。

2. 取保候审与监视居住

（1）适用对象两者一模一样，但不能同时适用，可能判处管制、拘役或者独立适用附加刑的（有期徒刑以下）；可能判处有期徒刑以上刑罚，采取取保候审、监视居住不致发生社会危险性的。取保候审、监视居住均是由公安机关执行。

（2）可以取保候审的几种情况：

① 应当逮捕的犯罪嫌疑人患有严重疾病；

② 应当逮捕的犯罪嫌疑人是正在怀孕、哺乳自己未满一周岁的婴儿的妇女；

③ 对拘留的犯罪嫌疑人，证据不符合逮捕条件的；

④ 提请逮捕后，检察机关不批准逮捕，需要复议、复核的；

⑤ 移送起诉后，检察机关决定不起诉，需要复议、复核的；

⑥ 犯罪嫌疑人被羁押的案件，不能在法定期限内办结，需要继续侦查的；

⑦ 持有有效护照或者其他有效出境证件，可能出境逃避侦查，但不需要逮捕的。

不得取保候审的几种情况，根据《公安机关办理刑事案件程序规定》第六十三条之规定，对累犯、犯罪集团的主犯，以自伤、自残办法逃避侦查的犯罪嫌疑人，危害国家安全的犯罪、暴力犯罪，以及其他严重犯罪的犯罪嫌疑人，不得取保候审。《人民检察院刑事诉讼规则》第三十八条规定，人民检察院对于严重危害社会治安的犯罪嫌疑人，以及其他犯罪性质恶劣、情节严重的犯罪嫌疑人不得取保候审。

（3）取保候审中的保证人和保证金（不能同时采用）的相关规定：

① 保证人的资格：与本案无牵连；有能力履行保证义务；享有政治权利，人身自由未受到限制；有固定的住处和收入。

② 保证人的责任：监督被保证人遵守《刑事诉讼法》第五十六条的规定，发现被保证人可能发生或者已经发生违反第五十六条规定的行为的，应当及时向执行机关报告。保证上人未及时报告的，经查证属实后，由县级以

上执行机关对保证人处以1000元以上2万元以下罚款。被取保候审人没有违反刑事诉讼法第五十六条的规定，但在取保候审期间涉嫌重新犯罪被司法机关立案侦查的，执行机关应当暂扣其交纳的保证金，待法院判决生效后，决定是否没收保证金。对故意重新犯罪的，应当没收保证金；对过失重新犯罪或者不构成犯罪的，应当退还保证金。根据案件事实，认为已经构成犯罪的被告人在取保候审期间逃匿的，如果保证人与该被告人串通，协助其逃匿以及明知藏匿地点而拒绝向司法机关提供的，对保证人应当依照刑法有关规定追究刑事责任。具有前款规定情形的，如果取保候审的被告人同时也是附带民事诉讼的被告人，保证人还应当承担连带赔偿责任，但应当以其保证前附带民事诉讼原告人提起的诉讼请求数额为限。

③ 保证金的有关规定：采取保证金形式取保候审的，保证金的起点数额为1000元，保证金仅限于人民币现金，向银行交纳；在侦查或者审查起诉阶段已经采取取保候审的，案件移送至审查起诉或者审判阶段时，如果需要继续取保候审，原则上不变更保证金数额，不再重新收取保证金。

④ 保证人的救济措施：保证人被罚款或被取保候审人被没收保证金后，可以向执行机关的上一级主管机关申请复核一次。没收取保候审保证金和对保证人罚款均系刑事司法行为，不能提起行政诉讼。当事人如不服复核决定，可以依法向有关机关提出申诉。

⑤ 其他规定：对同一被告人决定取保候审的，不能同时使用保证人保证与保证金保证；被取保候审人违反刑事诉讼法第五十六条规定，被依法没收保证金后，法院仍决定对其取保候审的，取保候审的期限应当连续计算；检察院、公安机关已对犯罪嫌疑人取保候审、监视居住，案件起诉到法院后，法院对于符合取保候审、监视居住条件的，应当依法对被告人重新办理取保候审、监视居住手续。取保候审、监视居住的期限重新计算。

⑥ 被取保候审的犯罪嫌疑人、被告人应当遵守以下规定：未经执行机关批准不得离开所居住的市、县（离开一个镇可以）；在传讯的时候及时到案；不得以任何形式干扰证人作证；不得毁灭、伪造证据或者串供。

⑦ 被监视居住的犯罪嫌疑人、被告人应当遵守以下规定：未经执行机关批准不得离开所住市县，无固定住处的，未经批准不得离开指定的居所；未经执行机关批准不得会见他人（取保候审没有，不包括律师和共同生活的家庭成员）；在传讯的时候及时到案；不得以任何形式干扰证人作证；不得毁灭、伪造证据或者串供。

取保候审不超过12个月；监视居住不超过6个月。公、检、法各机关对同一案件适用取保候审和监视居住的期限可分别计算。

3. 拘留

（1）公安机关和检察院有权决定拘留（法院是司法拘留，不是刑事拘留）。

（2）公安机关对于现行犯或者重大嫌疑分子，如果有下列情形之一的，可以先行拘留（刑诉法第六十一条）：

① 正在预备犯罪、实行犯罪或者在犯罪后即时被发觉的；

② 被害人或者在场亲眼看见的指认他犯罪的；

③ 在身边或者住处发现有犯罪证据的；

④ 犯罪后企图自杀、逃跑或者在逃的；

⑤ 有毁灭、伪造证据或者串供可能的；

⑥ 不讲真实姓名、住址，身份不明的；

⑦ 有流窜作案、多次作案、结伙作案重大嫌疑的。

（3）检察院直接受理的以下两种案件，有权决定拘留，由公安机关执行：

① 犯罪后企图自杀、逃跑或者在逃的；

② 有毁灭、伪造证据或者串供可能的。

（4）公安机关拘留人的时候，必须出示拘留证。拘留证由县级以上公安机关的负责人签发。

（5）拘留后的处理：

① 拘留后，除有碍侦查或者无法通知的情形以外，应当把拘留的原因和

羁押的处所，在24小时以内，通知被拘留人的家属或者他的所在单位。

② 公安机关对于被拘留的人，应当在拘留后的24小时以内进行讯问。在发现不应当拘留的时候，必须立即释放，发给释放证明。对需要逮捕而证据还不充足的，可以取保候审或者监视居住。

需要逮捕的，3日以内报捕，特殊情况下，延长1~4日，检察院批捕在7日内，流窜作案、多次做案、结伙作案提请批捕时间可延长至30日，故一般刑事拘留的期限为10日或14日，最长37日。

4. 逮捕

（1）权力机关和执行机关：逮捕犯罪嫌疑人、被告人，必须经过检察院批准或者法院决定，由公安机关执行。

法院决定的情形：自诉案件中，对被告人需要逮捕的；公诉案件中，法院在审判阶段发现需要逮捕被告人的；审判中严重违反法庭秩序，构成犯罪的。

对人民代表的逮捕要经所在的人民代表大会批准，闭会期间的批准主体是常委会，开会期间是主席团。

对外籍和无国籍人，若犯有危害国家安全罪由最高人民检察院报经外交部同意后才能批准逮捕；若犯其他犯罪，由省、直辖市、自治区人民检察院征求同级人民政府的外事部门同意后才能批准逮捕。

（2）逮捕的条件和例外。

① 有证据证明有犯罪事实（证据条件），可能判处徒刑以上刑罚（罪责条件）的犯罪嫌疑人、被告人，采取取保候审、监视居住等方法，尚不足以防止发生社会危险性，而有逮捕必要的（人身危险性条件），应即依法逮捕。“有证据证明有犯罪事实”，是指同时具备下列情形：有证据证明发生了犯罪事实；有证据证明犯罪事实是犯罪嫌疑人实施的；证明犯罪嫌疑人实施犯罪行为的证据已有查证属实的。若同时涉及好几个罪，只要有一个能证明有犯罪事实，则可以逮捕。

② 对具有下列情形之一的被告人，应当变更强制措施，决定逮捕：已取

保候审或者监视居住的被告人，违反刑事诉讼法第五十六条、第五十七条的规定，不逮捕可能发生社会危险的；应当逮捕但患有严重疾病的，或者是正在怀孕、哺乳自己婴儿的妇女，疾病痊愈或者哺乳期已满的。

③ 对已经逮捕的被告人，符合下列情形之一的，法院可以变更强制措施：患有严重疾病的；案件不能在法律规定的期限内审结的；正在怀孕、哺乳自己婴儿的妇女。

④ 对已经逮捕的被告人，符合下列情形之一的，法院应当变更强制措施或者释放：一审法院判处管制或者宣告缓刑以及单独适用附加刑，判决尚未发生法律效力的；二审法院审理期间，被告人被羁押的时间已到一审法院对其判处的刑期期限的；因进行司法鉴定而尚未审结的案件，法律规定的期限届满的。

（3）逮捕程序。

① 公安机关要求逮捕犯罪嫌疑人的时候，应当写出提请批准逮捕书，连同案卷材料、证据，在拘留后的3日以内，一并移送同级检察院审查批准，在特殊情况下，提请审查批准的时间可以延长1～4日；对于流窜作案、多次作案、结伙作案的重大嫌疑分子，提请审查批准的时间可以延长至30日。必要的时候，检察院可以派人参加公安机关对于重大案件的讨论。

② 检察院审查批准逮捕犯罪嫌疑人由检察长决定。重大案件应当提交检察委员会讨论决定。

③ 检察院对于公安机关提请批准逮捕的案件进行审查后，应当自接到公安机关提请批准逮捕书后的7日以内，作出批准逮捕或者不批准逮捕的决定。根据情况分别作出批准逮捕或者不批准逮捕的决定。

④ 对于不批准逮捕的决定，公安机关应当立即执行，并且将执行情况及时通知检察院。

⑤ 对于不批准逮捕的，检察院应当说明理由，需要补充侦查的，应当同时通知公安机关，公安机关应当在接到通知后立即释放，并且将执行情况及时通知检察院。对于需要继续侦查，并且符合取保候审、监视居住条件的，

依法取保候审或者监视居住。

⑥ 公安机关对检察院不批准逮捕的决定，认为有错误的时候，可以要求复议，但是必须将被拘留的人立即释放。如果意见不被接受，可以向上一级检察院提请复核。上级检察院应当立即复核，作出是否变更的决定，通知下级检察院和公安机关执行。

（4）逮捕必须遵守的规定。

① 公安机关实施逮捕的时候，必须出示逮捕证（公安机关负责人签发）。

② 逮捕后，除有碍侦查或者无法通知的情形以外，应当把逮捕的原因和羁押的处所，在24小时以内通知被逮捕人的家属或者他的所在单位。

③ 法院、检察院对于各自决定逮捕的人，公安机关对于经检察院批准逮捕的人，都必须在逮捕后的24小时以内进行讯问。在发现不应当逮捕的时候，必须立即释放，发给释放证明。

④ 法院、检察院和公安机关如果发现对犯罪嫌疑人、被告人采取强制措施不当的，应当及时撤销或者变更。公安机关释放被逮捕的人或者变更逮捕措施的，应当通知原批准的检察院。

⑤ 检察院在审查批准逮捕工作中，如果发现公安机关的侦查活动有违法情况，应当通知公安机关予以纠正，公安机关应当将纠正情况通知检察院。

（5）补充说明。

① 公安机关在异地执行拘留、逮捕的时候，应当通知被拘留、逮捕人所在地的公安机关，被拘留、逮捕人所在地的公安机关应当予以配合。

② 对于有下列情形的人，任何公民都可以立即扭送公安机关、检察院或者法院处理：犯罪或者在犯罪后即时被发觉的；通缉在案的；越狱逃跑的；正在被追捕的。

③ 超期羁押的处理：犯罪嫌疑人、被告人被羁押的案件，不能在本法规定的侦查羁押、审查起诉、一审、二审期限内办结，需要继续查证、审理的，对犯罪嫌疑人、被告人可以取保候审或者监视居住。犯罪嫌疑人、被告人及

其法定代理人、近亲属或者犯罪嫌疑人、被告人委托的律师及其他辩护人对于法院、检察院或者公安机关采取强制措施超过法定期限的，有权要求解除强制措施。法院、检察院或者公安机关对于被采取强制措施超过法定期限的犯罪嫌疑人、被告人应当予以释放、解除取保候审、监视居住或者依法变更强制措施。

为方便记忆，可列表（表4－1）对上述各种措施加以对比：

表4－1　　　强制措施的对比

种类	适用主体	适用对象	适用时效	程序要点
拘传	公、检、法	轻罪犯	一次拘传持续的时间最长不得超过12小时	1.《拘传证》 2. 不得以连续拘传的方式变相拘禁犯罪嫌疑人
取保候审	公、检、法	《刑事诉讼法》第51条 第60条 第65条 第69条 第74条	人民法院、人民检察院和公安机关对犯罪嫌疑人、被告人取保候审最长不得超过12个月，监视居住最长不得超过6个月	1.《取保候审决定书》 2. 方式：保证人或保证金 3. 遵守刑事诉讼法第56条禁止性规定 4. 公安机关执行 5.《关于取保候审的规定》第12条 被取保候审人没有违反刑事诉讼法第56条的规定，但在取保候审期间涉嫌重新犯罪被司法机关立案侦查的，执行机关应当暂扣其交纳的保证金，待人民法院判决生效后，决定是否没收保证金。对故意重新犯罪的，应当没收保证金；对过失重新犯罪或者不构成犯罪的，应当退还保证金
监视居住	公、检、法	《刑事诉讼法》第51条 第60条 第65条 第69条 第74条	人民法院、人民检察院和公安机关对犯罪嫌疑人、被告人取保候审最长不得超过12个月，监视居住最长不得超过6个月	1.《监视居住决定书》 2. 遵守刑事诉讼法第57条禁止性规定 3. 公安机关执行

续表

种类	适用主体	适用对象	适用时效	程序要点
拘留	公、检	现行犯或者重大嫌疑分子 公安机关：《刑事诉讼法》第61条 检察院：《刑事诉讼法》第132条	公安机关： 3天+（1天~4天）延长至30天 最长37天 （《刑事诉讼法》第69条） 检察院： 10天+（1天~4天）（刑事诉讼规则第83条）	1.《拘留证》 2. 拘留后的24小时以内进行讯问，把拘留的原因和羁押的处所，在24小时以内，通知被拘留人的家属或者他的所在单位 3. 公安机关执行 4. 第一次讯问后或者采取强制措施之日起，可以聘请律师为其提供法律咨询、代理申诉、控告 5. 被羁押的犯罪嫌疑人及其法定代理人、近亲属和委托的律师有权申请取保候审 6. 拘留的特别程序
逮捕	检察院： 对公安机关立案侦案案件批准逮捕自侦案件决定逮捕 法院： 决定逮捕	《刑事诉讼法》第60条 六部委规定第26条	《刑事诉讼法》 第124条（2个月+1个月） 第126条（2个月） 第127条（2个月） 第140条（1个月+1个月） 最长9个月零7天	1.《逮捕证》 2. 逮捕后的24小时以内进行讯问，把逮捕的原因和羁押的处所，在24小时以内通知被逮捕人的家属或者他的所在单位 3. 公安机关执行 4. 第一次讯问后或者采取强制措施之日起，可以聘请律师为其提供法律咨询、代理申诉、控告 5. 被羁押的犯罪嫌疑人及其法定代理人、近亲属和委托的律师有权申请取保候审 6. 逮捕的特别程序

最后，特别说明一点，在我国政治制度与法律制度的框架下，“党内纪律处分”、“双规”与《刑法》中规定的“强制措施”具有本质的区别：前者为党内纪律措施，后者为刑事法律措施；前者适用于有重大违纪嫌疑的党员干部，后者适用于有犯罪嫌疑的人（当然也包括党员）。

4.9 不可不知的几个重要期限

法律程序中很重要的一点，是对期限、期间的规定，如民事诉讼中不服判决的上诉期为15日，刑事诉讼中不服判决的上诉期是10日，这无疑会影响到当事人实体权利的行使。还有关于期限计算的常识，如邮寄的上诉状如何确定日期等，这些也需要我们了解。

1. 期限的计算

期限的计量单位是时、日、月。期间开始的时和日不算在期间以内（从第二天起计算）。节假日顺延法定假日或休息日后的第一个工作日，但对于犯罪嫌疑人、被告人或罪犯在押期间，应当至期间届满之日为止，不得因节假日顺延。

以月计算的期限，自本月某日至下月某日为一个月，如本月1日收案至下一个月1日、本月最后一日至下一个月最后一日为一个月的审理期限；半月一律按15日计算期限。

法定期间不包括路途上的时间。上诉状或者其他文件在期满前已经交邮的，不算过期。

2. 刑事上诉、抗诉期间

（1）不服判决的上诉、抗诉的期限为10日。

（2）不服裁定的上诉、抗诉的期限为5日。

（3）被害人及法定代理人不服地方法院一审判决的，有权自收到判决书后5日以内请求检察院提出抗诉，检察院应当自收到请求后5日内作出决定和答复。

（4）当事人由于不能抗拒的原因或者其他正当理由而耽误期限的，在障碍消除后5日以内，可以申请继续进行应当在期满以前完成的诉讼活动。申请是否准许，由法院裁定。

3. 期间的延长

（1）强制措施期间的延长。公安机关要求逮捕犯罪嫌疑人的时候，应当写出提请批准逮捕书，连同案卷材料、证据，在拘留后的3日以内，一并移送同级检察院审查批准，在特殊情况下，提请审查批准的时间可以延长1～4日；对于流窜作案、多次作案、结伙作案的重大嫌疑分子，提请审查批准的时间可以延长至30日。必要的时候，检察院可以派人参加公安机关对于重大案件的讨论。

（2）侦查羁押期间的延长。对犯罪嫌疑人逮捕后的侦查羁押期限不得超过两个月。案情复杂、期限届满不能终结的案件，可以经上一级人民检察院批准延长一个月。因为特殊原因，在较长时间内不宜交付审判的特别重大复杂的案件，由最高人民检察院报请全国人民代表大会常务委员会批准延期审理。下列案件在本法第一百二十四条规定的期限届满不能侦查终结的，经省、自治区、直辖市人民检察院批准或者决定，可以延长两个月：交通十分不便的边远地区的重大复杂案件；重大的犯罪集团案件；流窜作案的重大复杂案件；犯罪涉及面广，取证困难的重大复杂案件。

对犯罪嫌疑人可能判处十年有期徒刑以上刑罚，依照《刑事诉讼法》第一百二十六条规定延长期限届满，仍不能侦查终结的，经省、自治区、直辖市人民检察院批准或者决定，可以再延长两个月。

4. 期间的重新计算

在侦查期间，发现犯罪嫌疑人另有重要罪行的，自发现之日起依照《刑事诉讼法》第一百二十四条的规定重新计算侦查羁押期限。

犯罪嫌疑人不讲真实姓名、住址，身份不明的，侦查羁押期限自查清其身份之日起计算，但是不得停止对其犯罪行为的侦查取证。对于犯罪事实清楚，证据确实、充分的，也可以按其自报的姓名移送人民检察院审查起诉。

另外，由于与期间的计算会涉及到起始点的问题，即与送达的确认有直接关系。无论在民事、行政还是刑事范畴，送达都是一项法律文书发生法律效力的必要条件，没有送达法律文书就不会生效。

送达有主要有两种方式：根据《刑事诉讼法》第八十一条第一款规定，送达传票、通知书和其他诉讼文件应当交给收件人本人；如果本人不在，可以交给其成年家属或者所在单位的负责人员代收。此为直接送达，该条第二款规定了留置送达，即收件人本人或者代收人拒绝接收或者拒绝签名、盖章的时候，送达人可以邀请其邻居或者其他见证人到场，说明情况，把文件留在其住处，在送达证上记明拒绝的事由、送达的日期，由送达人签名，即视为已经送达。

4.10 牢固树立法律底线 最终不会吃亏

在讲这个问题前，我们先来看两个案例：

某一个企业的财务经理，工作兢兢业业、勤勤恳恳，也很有些成绩，但领导还是对他不满意，时不时地就和他说："人家王总开的那个企业，和咱们这个企业规模差不多，行业也一样，但人家一千万的利润一年才交一千多元的所得税，你说人家的财务人员怎么就那么能干呢?"过两天，又说："我听说，离咱们不远的那家企业，开业都三四年了，可人家到现在还不知道企业所得税是怎么回事？不是人家企业没利润，而是人家会筹划!"每到这个时候，财务经理就和他说，我们能做的筹划都做了，违法的事我们可不能干啊。但老板却不这么认为，说他胆子太小，并说"不换思想就换人"。可是没过半年，这前面讲的两家企业都被税务机关查出很大的问题，单位负责人、总经理、财务负责人均受到了处罚，企业也关闭了。最后，这个企业的老板才真正意识到，他真是找了一个好财务经理，不但保护了企业，而且也保护了他这个当老板的。

另外，我还给大家讲一个反面的例子，某部委的一个处长手里掌握着一个“小金库”，几年累积下来有一千多万元，这件事是他和司长操作的；后来司长退休了，从外边调来一个新司长，这时这个处长就想了，这个新司长并不知道“小金库”的事情，我倒不如用这些钱买了国债肯定亏损不了，但利息又比活期存款高，等国债到期后，我再把这些钱按活期利息交给单位，单位“小金库”的事情多了，我又没有贪污或拒不交出这笔资金，能有什么事？于是，他就买了三年期的国债。可天有不测风云，有一次新司长和老司长聊天时，老司长提起那位处长手里有个“小金库”，你们有些公务费用处理起来还会更自由些，但这位新司长说根本不知道，这一来事情就暴露了，最后检察院认定该处长贪污利差，但因为资金量大，也够上刑事责任了。后来这位老司长说，这位处长可能就是一念之差，想利用领导更替之时，贪污个利息差，真是一时糊涂啊。

另外，现实中常见的一种情形是，有人认为自己在某事上“吃亏”了，后来便想设法“找回来”，却因没守住法律底线而真正受损。因贪污被河南省获嘉县人民法院判处有期徒刑的张群（化名）[①]。

1997 年 6 月 13 日，张群因犯贪污罪被获嘉县人民法院判处有期徒刑五年，2000 年 1 月 3 日河南省高级人民法院宣告张群无罪。2001 年 2 月 1 日张群被任命为获嘉县某公司经理。张群在任公司经理期间，利用职务上的便利，指使财务人员将他在 1996 年 7 月至 2000 年 12 月被羁押和申诉期间的电话费、交通费、汽油费、医药费、照相费以及他在新乡市看守所的费用等共计 7809. 83 元，分别在 2000 年 12 月份和 2001 年 7 月份的公司账上报销，将该款据为己有。

获嘉县人民法院审理后认为，被告人张群身为国家工作人员，利用职务上的便利，侵吞公款 7809. 83 元，其行为已构成贪污罪。被告人张群犯罪后能如实供述犯罪事实，积极退赃，可以酌情从轻处罚。可见，张某本来是无

① 中国法院网（www. chinacourt. org）：“公司经理指使财务报销其坐牢费用被定罪”，2006 年 6 月 29 日。

罪的，却因为感觉“吃亏”，最终走上犯罪的道路。

贪污公款也不要以为并没有影响到具体某一个人的利益，而肆无忌惮，天下之大，无奇不有，竟有人以“自杀式”行为举报领导犯罪。某公司出纳为举报领导“吃”公款行为，竟挪用单位数十万元公款，带着举报材料进京举报①。出纳何永全在西昌市一家有限责任公司财务科工作，他在归案后交代说，发现公司个别领导利用重复报销接待费等手段“吃”钱，他就萌生了进京举报的念头。去年7月初，为了筹集进京举报所需费用，何永全趁公司保管印鉴的人不注意，偷盖印鉴后，到银行提走现金59万余元。公司发觉后立即向警方报了案。此后一个多月里，何永全带着妻子、孩子辗转成都、福州等地，迂回北京，还没来得及举报就被警方抓获。

警方当场从他身上搜出一份检举提纲，提纲上列举了公司部分领导的姓名和相关犯罪行为。事后，何永全说，他提取公款，一是进京举报需要费用；二是他看到单位个别领导“吃”公款，自己也想“吃”。

西昌市检察院认为，何永全利用担任公司出纳员职务之便，将本单位资金占为己有，数额巨大，已构成犯罪。但检察机关根据何永全提供的重要线索发现查办了职务犯罪案件，涉案金额高达1000万元，应认定有重大立功表现。

你想想，世界上还有这种“宁为玉碎，不为瓦全”的人，也可以说是用自杀式炸弹袭击的人，犯罪事实能藏得住吗？

上面这些都是真实的案例，它从正反两个方面告诉我们，作为一个社会人，尤其是作为财务人员，和钱打交道，要把握住一点：牢固树立法律底线，最终决不会吃亏。否则，你就不要去搞财务，这样在监狱外边呆的时间可能还会多一些。

---

① 法律教育网（www.chinalawedu.com）转载《检察日报》：“出纳员挪用数十万公款进京欲举报公司领导”，2007年5月12日。

4.11 破除一个误区：审计证据与司法证据

从我多年的经验来看，多数的财务人员能理解审计证据，这是因为他们与审计打交道的机会要多一些，而且财务和审计也有相通的地方。由于“审计证据”有“证据”两个字，“司法证据”也有“证据”两个字，很多财务人员就搞不清审计证据和司法证据的区别了，常常把司法证据和审计证据等同，实际上二者有非常大的区别。

我们先说审计证据，审计证据，顾名思义，是审计过程中产生的证据，但它更重要的是“依据审计规则收集起来的证据”，我们国家的审计规则大体上是要求对被审计单位先进行控制测试，也就是看其内控制度是否健全和有效。如果值得信赖，审计人员就会依据一定的抽样方法根据具体的信赖程度选取一定量的样本进行实质性测试，也就是对抽出来的样本进行详查，对样本情况把握后，再对总体情况进行推测或采取其他措施作进一步了解。这是审计证据产生的过程。比如，审计人员在抽查中发现了阴阳单的问题，这时候会找有关人员谈话，如果对方说出了全部的阴阳单，并拿出了一个由他自己登记的清单，经抽查，验证了该清单是可信的。这时，我们在审计报告中就可依据该清单作出结论，即使以后又有证据证明这个清单并不全部真实，那审计人员也是没有责任的，因为他遵循了审计规则。

而司法证据则不同，它要求，除非极个别情况，否则都要详查，根本不能采取抽样方法作为最终的司法证据。在上面那个例子中，司法证据不能依据被谈话人提供的清单来认定最终的数额。该清单可以是个线索，但对其中的每一笔都要找到完备的、能够证明事实的证据，才可将之作为司法证据。这也是为什么有的经济案件，光是卷宗就装了一卡车的原因。

作为财务人员，一定要理解二者的区别：

首先，留证据要尽可能留全，至少要有个清单性的资料，这样才能全部讲清，避免他人讲了你没讲造成被动。

其次，假如司法机关以部分证据类推你的同类其他事项，这是绝对错误的。审计过程中可以以抽样的部分推断整体，但这在司法证据中是不允许的，财务人员要避免以审计思维来看待司法举证。

理解这些对于我们保存证据和有效地保护自己，非常重要。

本章小结

本章归纳了财务人员应当掌握的基本法律理念和知识，包括打官司就是打证据、证据链意识、单位犯罪中承担刑事责任的自然人确定、共同犯罪、公检法在办理刑事案件中的分工、强制措施、自首与立功、期限、司法证据与审计证据的区别等，最终我们既要掌握基本的法律理念和知识，更要牢固树立“坚守法律底线　最终不会吃亏”的强烈信念。

第5章

典型案件回放与剖析

在理解前面所讲的法律风险防范策略和基本法律理念、知识之后，本章将对财务人员常见法律风险所涉及的大型案例进行深入剖析，将使我们财务人员对法律风险的理解和防范提升到一个新的高度。

为了帮助大家更好地理解前面所讲的各种自我保护策略，笔者认真地整理了以前所经历案件的心得、体会，并进行了加工、处理；对典型、新近发生、有媒体报道的有关财务人员的案件也进行了深入剖析，通过对这些案件自发现、检查、报案、司法机关侦查到法院判决等全过程的回放和剖析（部分案件没有走完全程，如经过侦查不能认定为犯罪行为而撤销案件，但这种也是现实中常见的情况，恰恰会从另一个角度反映问题实质），使我们能够以一个全新、整体的视角来观察财务人员在这个过程中的角色——案件本身的知识和经验是一方面，但更多的是其蕴涵的启示意义。

需要特别说明的是，本章中所讲述的案例，对非公开案件（自己亲历案件），为避嫌起见，均隐去了案件的真实地点、人员的真实姓名，并进行了一定的艺术加工和处理，尽管如此，如有雷同，纯属偶然，请勿对号入座。

5.1 阴阳发票套出资金：为何公安撤销案件

1. 案情简介

东北某省 A 市的一家电脑销售 F 分公司，隶属于总部位于北京的 Z 总公司。F 分公司作为 Z 公司的分支机构，负责人王某直接由总公司任命，费用开支（包括房租、人员工资等）亦由总公司以费用下拨的形式定期划至分公司基本账户，分公司所有收入存放于单独开立的收入账户并定期上划总公司，利润或亏损由总公司承担。

2005 年 5 月，F 分公司在一切筹备结束并取得营业执照后开始正式营业。此前，曾与 W 物业公司签订租房协议，租期 2 年，费用为每年 20 万元，报总公司审核时，总公司认为费用过高、面积较大，核定费用不得超过 15 万元，但该分公司筹备负责人王某认为该地段较好，且面积大些有利于今后的销售推广，因而采取了一种变通的办法：与 W 物业公司签订两份协议，即先签订一份租赁费用为15万元的协议，然后再签订一份补充协议约定租赁费用再付5万元（其实很多企业，尤其是分支机构都这样做）。F分公司将15万元的租赁协议报总公司审核通过后，总公司即同其他筹建费用共50万元一并下拨到分公司基本账户，分公司将其中的15万元支付W物业公司，此后不久王某以自己的资金又向W物业公司支付5万元房租。

公司在2005年5月份开业后，王某即与财务部经理李某商量，在对外销售实际价格高于公司规定价格之上时，开具阴阳发票。[①] 刚开始财务部经理李某很吃惊，连连摇头，并说“这样不好，天下没有不透风的墙，这种事被发现了我们俩都得担着，不好。”但王某感觉，自己已经垫付了5万元的房租，不“找回来”怎么可能？无奈，在王某软硬兼施的坚决要求下，李某只得同意。至2005年8月份，共开具“阴阳发票”16份，合计23万元。在需要开具此类“非正常发票”时，都由财务经理李某直接安排会计张某单独操办，套出资金也由张某直接交李某，李某以个人名义在当地信用社开立存折存放这些资金，即“小金库”资金。2005年7月份初，王某以“小金库”中的资金归还了自己原先垫付的房租5万元。平时“小金库”资金大部分用于支付手续费、招待费，还有一部分是发生支出但没有发票的事项，也在这里面支付，程序上均由李某直接将现金交给王某。

2005年12月份，王某发现所租职场的面积确实有些大，完全可以拿出一部分面积来租出去，恰在这时某新成立的Y公司正欲在附近租房，在得知这个消息后与王某进行了协商，最后由F分公司将职场的三分之一面积拿出来，租给Y公司，租期暂定半年，一次性支付F分公司房租6万元（由于该办公场所已经装修，加之地段较好因而租金已有较大上涨）。该6万元资金亦入到李某保管的“小金库”中。

2. 案件发现的由头

---

① 所谓“阴阳发票”也称为“大头小尾票”，比如销售收入和实际收到款项均为100元，但发票存根联和记账联却开80元，而给客户的发票联仍写100元，这样并没有影响到客户的利益，当然很多时候客户也并不知情；同时在公司内部，这些资料，无论是存根联还是财务记账联、财务实际入账记录均一致相符。总之，只要不与客户核对，很难发现这种问题。

其实F分公司开具“阴阳发票”的问题，只有分公司负责人王某、财务部经理李某和会计张某知情，其余人均不知道，签订房屋租赁补充协议更是只有王某和李某知情。但是，由于公司对外出租部分职场，这就让分公司所有员工都知道公司出租房屋了，但因为没有影响到大家的利益，也就没有人向总公司反映。

但在2006年3月份，由于年终奖的分配问题，部分员工对分公司负责人王某产生强烈不满，个别人还议论王某独吞私自出租职场的资金，有人说是5万元，有人说是8万元，更有人说不少于10万元，这些议论一时间沸沸扬扬。这时，总公司内部审计部门突然接到一封反映F分公司私自对外出租房屋的匿名举报信，举报信中指明了F分公司何时出租、面积大约多大、租给了哪家单位，并且该单位还在承租——虽然是匿名举报，但由于线索清楚、事实简单，也很好核实，于是总公司审计部门派出两名人员组成审计组，在没有事先通知F分公司的情况下，赴A市进行现场检查。检查组人员一到公司办公职场，马上发现了F分公司对外承租的事实，并且与举报信中反映的承租单位一致。

3. 检查的过程

在发现F分公司对外私自承租办公用房的事实后，检查组马上找到分公司负责人王某，要求其出示与Y公司签订的房屋租赁合同，在不得已的情况下，王某找到了他自己保管的与Y公司的租赁合同，检查人员发现合同约定租金为6万元，并按合同约定，租金应当已经支付。

检查组马上确定了检查方案：追查资金的去向，尤其要查明该资金是否入账——虽然感觉可能性不大，但也应实际核查一次，以取得确实的检查证据（即专项审计证据）。检查组两名人员立即进行了分工：一人立即到财务部检查2005年12月份之后两个月内的“银行存款日记账”，试图发现入账的记录，在没有发现入账记录后又扩大期间范围并查找了“现金日记账”，但均未发现“房租入账记录”，此后又查了“其他应付款”、“其他应收款”和“营业外收入”科目自2005年至检查日的全部记录；与此同时，另一人则加紧询问负责人王某，要求其说明房租 6 万元是否已收到、如收到放在哪里、是否已入账等问题，一开始该负责人说还没收到，但检查人员马上说：“我们到承租单位问问这件事是不难查清的，你要想好了，讲明总比不讲明好。”实际上，王某的思想斗争是很激烈的，我们猜测主要原因是他那个存放该资金的“小金库”中还有其他资金，此时负责到财务部检查的人员已检查完毕，确认没有入到公司大账。看到王某迟迟不愿交代，检查组当着王某的面提出“到承租单位问一下，如对方说没有付款就依据合同起诉它”，这下王某感觉瞒是瞒不住了，就承认“资金收到后就交给财务部经理李某保管了”。

检查人员顺藤摸瓜，立即找到财务部经理李某，把王某怎么交代的向他进行了说明，并要求李某说明这笔资金现在存在哪里。财务部经理李某是个很精明的人，从他的表情看，他并不太相信检查组人员说的话，因为可能在他看来，检查组人员是“猜的，是在诈他”，他就说“我在外边还有个客人，他等了我好长时间了，一直没时间，我出去和他说一声。”检查人员知道，他肯定是想和王某沟通一下，确认是怎么回事，因为毕竟太突然了，他自己不敢作主将保管资金的这件事说出去。检查组的组长就说“我们陪着你去”，然后我们一起出了财务经理办公室，到了外面在其他各屋，他“找了找”找不到人，就自言自语地说，“没准等不上我们，就又走了”。回到办公室后，他基本上还是不说话，过了一个多小时，检查组人员判断，没有王的发话，他是不敢说，而既然王某都已承认了，不妨让王某过来，当着我们的面和李某讲一直他已承认的问题。于是，安排王某也到了李某办公室，王某说“和他们说了吧，我都和他们说了”，然后就又出去了，李某看到王某的表情，知道检查人员说的是真的了，就承认了现在这笔资金都放在以他个人名义开户的一个存折中了，并一再说明“这里面的钱，他都没动过”，并从他保管的一个铁皮柜中拿出了一个存折，检查人员发现确实在 2006 年 1 月份有一笔 5 万元的存入记录，李某说这就是“收的房租”，但为何这个本上还有其他存入记录？凭经验，检查人员认为是李某个人资金的可能性不大，于是就问：“这些存入是什么资金？”李某很可能是错误地领会了王某的“和他们说了吧，我都和他们说了”这句话的含义，然后就把怎么制作阴阳单的事情也全说了，检查人员听后非常吃惊。为取得更为确实的证据，检查人员根据李某提供的信息，以客户回访的名义电话回访了其中金额较大的一笔客户，证实对方所交资金确实比财务入账资金要多，但检查人员并没有将这个情况告诉客户，以免造成误解；随后检查人员又查了一笔，也是如此。

现在，资金的来源搞清了，那么资金的去向都有哪些呢？因为存折上资金的余额仅为1万余元。财务经理李某讲，这些钱的支配权全在王某，“他有时给我个票，我就拿钱给他，有时他会稍作解释，有时他也不解释是什么事，他给我票我就知道要从这里边付钱，因为正常的报销都是他的司机贴票到出纳那里报。他不说是怎么回事的，我也不问”。这个财务经理实际是个有心人，那些票据，以及何时收入多少资金、资金是怎么来的、何时支出、谁领的款、谁谁说的、干什么用的等这些细节，他都用一个本子记得清清楚楚，检查人员看到，票据基本上全是餐费定额发票，极个别是在超市开出的“办公用品”之类的发票，经统计，该类办公用品发票2087元，餐费发票238216元。

检查人员要求立即封存该个人存折，考虑到是个人存折，李某没有存折只要办理挂失，仍可取出资金，就向李某明确指出：“这是你的个人存折，你如果办理挂失取了钱，这责任你可要负。”李某当即表态，“决不能办这种傻事，放心”。此外，检查人员与王某和李某的谈话记录，均经王、李确认后签字。

现在情况已基本清楚了，但问题是如何处理？检查组人员在向总公司领导汇报后，携带在检查过程中收集到的资料，回到了总公司。

4. 向公安机关报案

检查组回到总公司后，立即向公司领导作了详细汇报（有公司负责法务的人员参加），并初步认为分公司负责人王某和财务部经理李某已涉嫌职务侵占罪，法务人员也基本认同检查组的意见。最后，研究决定，既然已涉嫌犯罪，公司也决不姑息，应尽快向公安机关报案。

在报案中，有两点我们需要事先说明：

第一，由于该公司在性质上属非国有企业，因而必须向公安机关报案，检察院受理案件的范围在前面也已讲述，非国家工作人员构成的职务侵占罪，只能向公安机关报案。

第二，刑事案件管辖一般据“案件发生地原则”，即刑事案件在哪里发生的，由哪个公安机关或检察机关负责侦查，以利于侦查破案。但如果由犯罪嫌疑人居住地的公安机关管辖更为适宜的，可以由犯罪嫌疑人居住地的公安机关管辖。职务侵占犯罪案件也可由被害人公司注册地公安机关管辖。几个公安机关都有权管辖的刑事案件，由最初受理的公安机关管辖。必要时，可以由主要犯罪地的公安机关管辖。对管辖不明确的刑事案件，可以由有关公安机关协商确定管辖。对管辖有争议或者情况特殊的刑事案件，可以由共同的上级公安机关签发《指定管辖决定书》指定管辖。根据上述规定，职务侵占罪向总公司所在地公安机关报案，也是完全合法的。

由于检查人员审计或财务工作经历较为丰富，但多数并不具备法律工作背景，因而对报案具备的材料并不熟悉，或者是认识上存在偏差，最为常见的是：审计人员对当事人身份的核实并不重视，因为他们会想，“既然我们下去检查他，他当然是我们公司的员工”——但在法律上，当事人员工的身份是需要证据证实的。下面还是以本案为例说明报案材料，以便读者理解：

第一，“××公司关于王×和李×共同涉嫌职务侵占的报案材料”，这是一个书面的说明，就类似于如果向法院起诉，你要有个起诉书，格式在某些地方也类似于起诉书，便更类似于一个说明材料。

第二，证明被举报人身份的材料，在本案中要证明王某和李某的员工身份，最好的证明材料就是员工与公司签订的劳动合同；但很常见情况是，许多公司在出了事才发现，公司根本就没有和员工签订合同，如果没有合同使用该员工签字的工资表也可以；但随着银行代发工资及工资保密制度的普及，许多公司通过银行代发工资，工资表也不要员工签字了，连这个东西也没有，此时只好考虑员工考勤记录；而这时你就会发现许多领导并不参加员工的考勤，那此时只好使用公司为员工缴纳社保的记录和清单来证明该人是公司员工这种方式了。

第三，证明是总公司支付租金承租了F分公司所在的职场，包括总公司下划资金给F公司的财务记录、F分公司收到总公司下划包含该笔资金的财务记录、F分公司从该笔资金中支付W物业公司的财务记录，以及F分公司与W物业公司签订的租赁协议。

第四，F分公司与Y公司签订的租赁协议，以及李某保管的存折，其中存入含有6万元的存入记录和检查人员与李某谈话的记录以证明该6万元属Y公司所付房租。

第五，F分公司制作阴阳单所涉及部分发票的存根联、记账联、财务入账记录，电话访谈客户的电话记录，与李某的谈话记录。

第六，公司财务制度，其中包括“分公司应将所有收入资金单独开立账户存放，并定期上划部公司”、“分公司不是独立核算单位，收入上划总公司，费用亦由总公司根据预算及实际发生情况下拨，年终利润应上划总公司，亏损也由总公司承担”的规定，以证明这些收入资金的所有权归总公司，并且分公司并不独立核算。

第七，总公司以公司名义授权检查人员（程某）报案的授权书（加盖总公司印章和法定代表人名章）；法定代表人身份证复印件；程某身份证复印件；公司营业执照复印件。

以上是应具备的报案材料，在收集齐全后，向所在地公安分局经侦队报案，其报案书面材料如下（当然不少公安机关对个人的报案并没有特殊的格式限制，只要能说明情况即可；而对单位的报案，一般还是格式规范些好）：

Z公司关于王×和李×共同涉嫌职务侵占的报案材料

北京市公安局××分局：

我公司在对我F分公司进行检查时发现，公司员工王×和李×共同涉嫌职务侵占嫌疑，特向贵局报告如下：

王×，Z公司F分公司总经理，男，×年×月×日出生，×市人，身份证号：××，家庭住址：××，电话：13××。

王×，Z公司F分公司财务部经理，男，×年×月×日出生，×市人，身份证号：××，家庭住址：××，电话：13××。

2005年5月份F分公司开业至2005年8月份，王某安排李某指使会计张某开具“阴阳发票”16份，共计23万元。该资金均由李某以个人名义在当地信用社开立存折存放，2005年7月份初，王某以该“小金库”中的资金归还了自己原先垫付的公司房租5万元；其余资金据王某和李某交待，大部分用于支付手续费、招待费。

2005年12月份，王某私自转租由我总公司承租的部分办公场所，与Y公司签订租房合同，租期半年，Y公司已一次性支付F分公司房租6万元，该资金亦入到由李某保管的“小金库”中。

我公司检查人员根据王某和李某交待，以及票据情况，统计了“小金库”资金的去向，其中办公用品发票2087元，餐费发票238216元。我公司认为餐费和办公用品的用于公务开支的真实性值得怀疑，且F分公司负责报销王某因公开支的餐费和办公用品，在此之外的报销并不能认定为“公务开支”，其主观上已具有非法占有之目的，客观上实施了以将资金转到“小金库”然后侵占的行为，金额达240303元，其行为已涉嫌触犯《中华人民共和国刑法》第271条之规定，王某和李某涉嫌职务侵占罪，我公司强烈请求贵局立案侦查，追究王×和李×的刑事责任。

此致

敬礼

报案人：Z公司

20××年×月×日

附：(附件为证据材料目录，内容同此报案材料前述的第一至六项，在此不再重复)

在公安分局，检查人员程某向经侦员郑某介绍了情况，并作了笔录，最后确认在每一页笔录签字、并在签名处和修改之处按手印，公安分局也出具了《案件受理通知书》。至此，报案工作已完成。

5. 公安机关介入侦查

公安分局受理该案后，指派两名经侦人员到A市进行了侦查，侦查人员首先找到承租F分公司的Y公司，表明身份后，要求Y公司予以大力配合，Y公司领导表示全力配合，向公安人员提供了与F分公司签订的房屋租赁合同后，又向公安人员说明已于2006年1月份向F分公司支付房屋租赁费6万元，Y公司领导还讲当时他们本想以支票支付，但对方却希望以现金支付，后来也就没坚持以现金支付给F分公司负责人王某了。在Y公司财务人员的配合下，很快就找到了有F分公司负责人王某打的收据和房屋租赁费发票（后证实该发票是王某找其他单位代开的）。公安人员复印了有关资料，并要求该公司加盖印章，同时给负责接待和配合公安人员的Y公司领导范某和财务经理高某作了笔录，二人均确认、签字。

在取得这些证据后，公安人员立即找到F分公司，要求财务部李某查询Y公司所付房租是否已到公司账上，李某在公安所作的笔录中承认没有该资金的入账记录，并暂时封存了公司银行日记账和现金日记账（这实际上是堵王某在侦查期间偷偷入到大账的后路，因为一旦入到公司账上，其侵占的事实就不存在了——当然，假的真不了，作伪证只会使问题更严重，但公安机关需要采取些措施，这也是正常的）；同时由于李某此前已向总公司检查人员承认了资金存在他的存折中及资金去向，因而也在笔录中进行了说明（包括阴阳发票的问题）。随后，经侦人员又找到王某，王某对这些问题全部认可，并作了笔录。

但是，职务侵占罪有一个核心的问题，那就是必须是犯罪嫌疑人将单位财产“据为已有”，这是个核心问题，为公务开销或给了他人均不能构成职务侵占罪（当然给了他人，可能会涉嫌行贿罪；而为公务开销尽管不对，但并不会构成犯罪）。而在本案中，王某坚持称，开销的资金大部分用在与客户吃饭上了，即招待客户花掉了，根据此前检查人员的统计餐费发票238216

元，办公用品发票2087元，还有5万元是W物业公司开给F分公司的租赁费发票。这样问题性质就可能发生变化，即由犯罪行为转化为违反财经纪律和违反公司财务管理制度的问题，而不会构成犯罪——不构成犯罪公安机关就要撤销案件。

为核实上述开销项目的真实性，公安人员做了大量细致的工作，一是到发票中盖章的饭店、餐馆进行了核实，这些饭店证实这些发票确是这里开出的，但由于我国餐费发票管理较松散且为定额发票，因而无法核实王某是否到过这里用餐以及用餐金额究竟是多少；二是到开出“办公用品”的超市进行核实，也因为上述类似的原因无果；三是核实了W物业公司与F分公司所签订的补充协议，证实确有此事并且王某确已支付。由于这5万元是王某先行垫付的，因而其从“小金库”中支出5万元归还自己垫付的5万元，并不构成犯罪。

经侦人员认真分析了上述证据后，认为王某和李某虽然共同从公司收入中拿出资金至账外，但由于并没有证据证明其“据为己有”而侵占，因而并不能认为其二人已涉嫌犯罪。最后，公安作出了撤销案件的决定。

6. 剖析

本案是一个极为典型的“小金库”案件，大家可能会产生一个疑问：为何他们搞了“小金库”为何没有被“抓进去”？并且，谁能说清他们这些发票就一定是为公务开支用的？还有，难道李某就没有往“小金库”中放票取钱？

我一个个地来解答：

第一，为何搞了“小金库”没有进去，这是因为追究侵占、贪污类犯罪，查明资金去向是极为重要的，这类犯罪要求认定犯罪分子将单位财产“据为己有”。如果是将单位资金为公务开销或查不清资金用途的（尽管可能超过公司预算或开销过于铺张浪费，也只能是违反公司规定而不会被追究刑事责任；当然如果将资金搞到账外但没有其他情节，则是违反财经纪律或财经法规），并不会构成犯罪，这就是原因。

在保险行业，中国保监会曾对保险公司制作假赔案如何处理的批复，同样体现了上述思想，为加深读者对这一重要问题的理解，现提供出来供大家参考：

2002年7月16日，中国保监会《关于保险公司假赔案查处问题的批复》（保监函［2002］164号），涉及到保险公司假赔案如何查处（更多的是涉及如何区分行政处罚和涉嫌犯罪移送司法机关的问题），下面是该批复的主要内容：

“一、对于保险公司的工作人员利用职务便利，故意编造未曾发生的保险事故进行虚假理赔，骗取保险金归自己所有的，可以根据《中华人民共和国刑法》第一百八十三条的规定，移交司法机关处理。

二、对保险公司分支机构的虚假理赔行为，如果保险金未归保险公司工作人员私人所有，而用于单位日常开支的，或者无法查清保险金用途的，可以根据《中华人民共和国保险法》第一百四十条的规定，按“提供虚假的报告、报表、文件和资料”论，可根据情节轻重，“责令改正，处以十万元以上五十万元以下的罚款”。

三、对虚假理赔的保险金，保险公司用以支付回扣，涉嫌犯罪的，移交司法机关处理；尚未构成犯罪的，除按《中华人民共和国保险法》第一百四十条处罚外，还可按保险法第一百三十二条的规定，并处一万元以上五万元以下罚款。

四、对虚假理赔行为负有直接责任的高级管理人员和其他直接责任人员，可以依据《中华人民共和国保险法》第一百四十三条予以处罚。

五、保监会的行政处罚不影响其他国家机关的依法处理活动。”

这些规定综合起来，其意思是：如果从保险公司套取的资金据为己有或支付回扣的，在达到上述金额的情况下，则构成犯罪。如果将这些资金用于日常开支或无法查清用途的，则面临行政处罚而非刑事处罚。从这个规定，我们也可例证，无论是国家司法机关还是行政性行业主管部门，对这个问题的认定是一致的。

第二，大家可能会反问，谁能说清楚这些发票一定是为公务开支花销的？

是，确实存在可能这些餐费发票或超市发票不是为公务开销或部分为公务开销但王某虚开了金额，但现在的问题是，“不是为公务开销”这一关键问题，要由公安机关来找出证据证明，而不是要由王某来证明（除非王某自己承认哪些票据不是公务开销），这也就是在前面“财务人员法律责任的认定”一章中讲的“两个理念”的问题，证明嫌疑人有罪是侦查和公诉机关的责任，而不是要他人自证无罪。这样，你就会明白这里边的原因了。

第三，确实谁也不能保证李某没有“监守自盗”，利用自己保管“小金库”的便利条件，放进去些票据再取出些钱，反正一是王某可能也记不清，二是这种事本来就说不清，不拿白不拿，这种可能是很难排除的。但是，作为公安机关，要有证据证明李某往里边放钱了，才能作这样的结论和认定，这点类似于上面的第二个问题，上面也解释得较清楚，在此不再赘述。

理解了这个案例，我们就可以理解为何我国发现的“小金库”非常多，但真正被追究刑事责任的却较少，主要原因就在这里。

5.2 费用花不完“红人”们报销忙：为何财务部经理全身而退

1. 案情简介

西部某省B市有总部位于北京的某国有医药公司的一家分公司G，该G分公司总经理赵某很有魄力，在业内也是工作多年，在加入G分公司前他曾任另一家同类机构分公司的总经理。2004年6月加入G公司任总公司后，利用他在业内工作多年积累的人脉关系，业务开展极为顺利，迅速打开了市场。按照总公司制定的考核办法，分公司可以支配的业务费用（包括业务拓展费用和内部管理费用）与业务量按一定比例关系提取，由于G分公司业务量较大，提取的可以支配的业务费用也就较多，但由于管理费用中的大头，即房租（大约占管理费用的30%）和人力成本（也约占管理费用的30%）是基本固定的，而只有少量费用与业务量呈同比例变动，这样就在年底产生了大量的结余管理费用；业务费用则是基本与业务量呈同比例变动，基本没有发生结余。至2004年底G分公司共结余费用80余万元。

为花掉这80余万元，分公司总经理赵某私下安排分公司中层中的部分人员钱某、孙某、李某以找票报销的形式为他们搞些“福利”，这些人很受感动，并在此后积极“找票”去了；总公司赵某对财务部经理周某的工作并不满意，本不想安排他报销为他“谋福利”，但考虑到这种事瞒不过周某，就想让周某也沾点，这样就告诉他找票报销1万元，作为年底“福利”，周某先是很吃惊，继而又表现得对赵某的安排很感动，因为他在这近一年的工作中，也能感到赵对其不是太满意，此次如此照顾，有些受宠若惊。

此后不久，钱某、孙某、李某相继分次拿来已经总经理赵某签过字的报销单据，要求周某签字，并悄悄对周说“这是赵总安排好的，已签字了”。周某马上就明白了，也就签字了（正常的程序应是财务部会计先核票签字后，找本部门领导签字，然后再找分管领导或总经理签字，最后是财务经理再核一遍的同时签字、报销人到出纳处领款；而这种非正常的报销则是直接由赵某签字，完全是由上而下的）。然后，报销人将单子交给出纳，出纳通过银行将报销资金分别打至报销人的工资卡。

至年底决算前，80万元资金加上正常开支已所剩无几，周某感觉花钱怎么这么快，突然想起这段时间钱某、孙某和李某的报销金额相当大，他初步汇总了一下，每人以这种方式报销的金额可能在十五六万元，尤其是孙某可能近30万元。他吓了一跳，同时又想到自己却只报了1万元，怎么差别这么多?！后来越想越气愤，也渐渐明白毕竟自己不是领导满意的人，安排他报销只是“封口费”而已，就想这个钱我也不要，没准还会出事，但由自己告发也还不至于，于是他就把报销出的1万元放在了自己办公室公务用的铁皮柜中，并用一个信封装上，信封中还放着一个记录本，本上记录着他本人和其他人以此种方式报销的时间、金额和凭证号。

2. 检查经过

2005 年 6 月，在北京总公司审计部安排的一次常规审计中，检查人员发现在 2004 年底管理费用陡然上升，抽查凭证发现，报销主要集中在个别几个人身上，并且检查人员还发现李某所报销的发票中有多张从纸张感觉上与正式发票好像有所不同，然后根据发票上提供的查询网址、发票号码和公司发票印章上的税号，上网进行了查询，经查询该发票是存在的，但检查人员仍感觉不太对。

后来，该检查人员就给他一个在税务机关工作的同学打了一次电话，对方说现在有一种制作假发票的方法，用上网查询的办法根本就发现不了，即造假人员注册一家公司，然后到税务机关领出一本或几本发票，然后采取影印的方法，将一本发票印出相同的十几本发票，这样你在网上查到的就会显示是真发票，但实际上却是假发票，这种方法原来还较隐蔽现在已不算是什么秘密了，对这种情况只能到税务机关验证真伪。

于是两名公司的检查人员到当地税务机关进行了核实，负责鉴定发票的工作人员一看这几张发票，又用手摸了摸，马上就说，“这是假的，如果你们没有单位开具的正式鉴定申请，我们按规定要没收；如果是有权部门如司法机关申请鉴定，则不会被没收”，幸亏检查人员手疾眼快，马上把发票拿在手中说我们回去办理正式手续。随后，两人立即赶回公司，对此类发票的金额进行了汇总，并向总公司作了汇报。总公司要求在将这些证据确保拿住的情况下，与李某谈话验证事实究竟是什么情况，也许可从他那里得到更多信息。果然，李某虽然开始对假发票一事不承认，后来突然说，这是领导安排的，是领导同意的，是年底“奖金”，内部审计人员要求李某在谈话记录上签字后，立即找来分公司领导赵某，赵某听到审计人员介绍情况后，不以为然，说这是公司下拨的费用，怎样花是由他来决定的，安排几个人用票的形式发“奖金”，是考虑到他们去年工作出色的原因，是一种奖励、激励，总公司既然给了我这个费用就不能再管我怎么花；同时他也承认了共安排了钱某、孙某、李某和周某，报销到财务领款，钱、李每人 15 万元、孙某由于贡献最大近30万元，周某1万元，赵某在审计人员谈话记录上也签了字。

内部审计人员随后又找到了孙某、李某和周某，分别进行了谈话，孙某和李某的谈话情况基本与钱某的相似（后来我们分析可能是三人在私下有过讨论，防备以后万一事发，他们都怎么说，否则他们三人的讲述如此相似也难以解释）。对周某的谈话，在我们讲明情况后，他主动进行了说明，并说：“我不想要这笔钱，但领导安排的我也不敢不假装领一下，这1万元钱，我一直就放在办公室里从不动用，现在你们既然来了也发现了，我马上交出来，也早就想交出来了。”随后，他就将这1万元交给了审计人员，审计人员要求财务部先将这笔资金封存，由出纳放在单位保险柜中，有周某、检查组长、出纳人员的签字，并另写了一份证明一式三份，周某、检查组、出纳各一份。

至此，事实很顺利地查清了，这也是审计人员事先所没有想到会查出这种事，也没有想到会如此顺利。

审计小组向总公司做了汇报，经总公司研究认为，G分公司某些人已涉嫌贪污犯罪，要求现场检查人员将资料、证据收集完备后回总部再作进一步研究。

3. 向检察机关报案

总公司召集了有公司法务人员参加的会议，专门研究在G分公司发现的问题，法务人员提出，构成犯罪与否，要看公司对节约费用如何使用的规定。审计人员讲，总公司对分公司可用费用的开支要求是，“用于公务且据实报销”，而从没有规定随着业务量增长而产生的费用就一定归分公司了，并且对节余的费用，总公司会以“内部通知单”的形式，将节余费用的20%奖励给分公司，这部分资金可归分公司自由支配，但也不能使用假发票，因为这也违反了国家有关发票的管理规定。最后讨论认定，G分公司并没有对节约费用的支配权，其安排人员虚构名目列支的行为构成贪污罪，决定向检察院报案（因该公司属国有公司，贪污犯罪要由检察机关负责侦查）。

报案的材料，在准备思路上与前面一个案例中向公安机关报案的材料相似，在此不再赘述。

同前面案例相同，公司派出的报案人员在检察人员所作的笔录上签字、按手印后，检察机关出具了《报案回执》并交报案人员，至此报案工作结束，公司所能做的就是全力配合侦查机关做好所要求配合的工作。

4. 检察机关侦查

检察机关随后派出了三名检察人员，赴B市进行了侦查。由于钱某、孙某、李某三人以报销领取资金的形式是由出纳通过银行打至三人工资卡的形式，而非现金的形式，因而侦查人员首先在出发前即要求公司提供了三人的工资卡号码，到达B市后首先到相关银行，要求银行打印了该号码下的所有资金流水记录，并由银行加盖了印章。其次，直接找到公司，与赵某、钱某、孙某、李某和周某谈话并作了笔录，五人所述完全吻合。同时，钱某和孙某还交待了一个此前向审计人员未讲明的细节：二人曾分别在年底为“感谢”赵某的“厚爱”，送给赵某2万元和1万元，这个情况也在检察人员的意料之中；而孙某还单独交待了他报销的30万元中，有15万元是为赵总找票报销的，在向赵总付钱时担心带这么多现金，就将这15万元分三次通过银行汇给赵总；检察人员得知这个消息后，立即根据孙某提供的汇款卡号，到银行找出了资金流水明细，并由孙某指出哪三笔是由他汇过去的。最后，检察人员取走G分公司有关资料，包括三人报销所用票据、财务支出入账记录的记账凭证，作了复印并由G分公司在复印件上加盖了“财务专用章”。

但是，在做笔录时中间出了个小“插曲”，当检察人员给孙某谈完话的要求其在调查笔录上确认、签字时，孙某拿着笔录突然撕掉了，检查人员紧急抢夺，但由于太突然，只夺回来纸张的三分之一左右，大部分都被他撕掉了，检察人员压住心中的愤怒，对他进行了严肃的批评教育，并指出“这样撕掉有什么用？你只能是再做一份！耽误所有人的时间，并且这也反映了你认罪态度不好”，后来孙某有所悔悟，承认了错误，只得又作了一份笔录。

从这个小“插曲”中我们也可看出，在审计、检查或司法机关办案过程，犯罪涉嫌人销毁证据的行为可能会发生在判决前的任何阶段，有的是突然性的，有的则是有预谋的，本案中证据具有可复制性，而如果是仅存的、只有一份的证据，这种情况就难办了，对于重要的证据，无论是当事人还是办案人员均要有备份、保护意识，否则就可能像我们前面讲的那样“独份成大错”，在证据方面所有参与办案的人员，以及我们财务人员都要提高警惕，增强这种意识。

检察院经过侦查，取得了确实充分的证据，认为赵某、钱某、孙某和李某构成贪污罪的共犯，赵某还犯有受贿罪；而财务部经理周某由于没有证据证明其有贪污所报销资金的主观故意，将资金一直放在办公室且在审计人员问询时主动交待并上交公司，因而并不构成犯罪。

检察机关不久即向北京某区法院递交了起诉状，正式对赵某、钱某、孙某和李某提起公诉，指控四人犯有贪污罪；同时赵某还指控赵某犯受贿罪。

5. 法院判决及给我们的启示

在确凿的证据面前，法院的判决也是预料之中的，赵某犯贪污罪、行贿罪，钱某、孙某和李某犯贪污罪，具体判决结果不再详述，但本例给我们的启示却是良多的。

第一，财务部经理安全脱身，没有被牵连最值得我们深思。从客观上讲，财务经理能够不受牵连有部分因祸得福的成分，他其实并不是领导的“红人”，但领导要用他，就给了他1万元封他的口，后来周某觉得太不公平而“不想要”，最终保全了他。虽然如此，这也启示我们作为财务人员，无论何时不该要的钱一定不能要，但为了保全工作，将这些钱单独存放在办公室并有详细记录何时何原因取得，一点也不用它，在外部检查一旦不能隐瞒时及时交出，或者有的单位还有纪委，如实把这些钱交到这些部门（这并不要求你一定要同时说出别人），一般是不会有问题的，周某这样放在办公室不动并作好记录也是一种可取的办法。

第二，无论是不是财务人员，给他人付款，只要可能就一定要通过银行汇款，这是孙某不被认定贪污30万元的关键证据。本案例中，以孙某名义报销了30万元，但这并不全是孙某贪污的钱，试想如果当初他给赵某资金时以现金方式，而赵某又死不承认，可就会导致认定赵某贪污15万元的证据不足，因为不能只听孙某一个人的口供，还要有其他证据，没有其他证据只有孙某口供则为出孤证，将会对孙某十分不利，也很可能会含冤。但不知是孙某自己有心眼，还是正巧由于资金量大孙某怕带大量现金出门不方便，不管是哪种原因，孙某以银行打钱的方式帮了他，因为银行记录是铁的且现在银行开户实行实名制，这个证据当事人控制不了，而司法机关可方便地调取。

作为财务人员，与资金打交道的机会会更多，这一点尤其要牢记。

当然，现在有些人也发现了这个诀窍和“秘密”，有部分人利用银行开户时身份证的真假不好分辨的缺点，利用假身份证开户，在“需要”时提供给他人用这个假身份证开户的账号，来想法逃避法律制裁，也算是“道高一尺，魔高一丈”吧，但无论如何，通过银行汇款，都会多一道屏障——至少能证明自己没拿这个钱！

第三，再次强调增强证据的备份意识，本案例是检察人员在办案中嫌疑人发生的销毁证据事件，但对于非司法人员尤其是财务人员来讲，也是同样的要求。财务人员手中往往可能会掌握着对他人不利的证据，而这些证据正可证明财务人员自身的清白，证明这些资金虽然经过自己的手，但并不是最终落在自己手中了。这在认定犯罪时是至关重要的证据，且是对他人不利的证据，因而务必要提高警惕，增强证据保护和备份意识，否则后悔晚矣。

5.3 向行政监管部门提供虚假收入资料：为何没被移送司法机关

上面两个案例，侧重于纪检、公安办案的过程及法律认定，下面一个案例则更侧重于讲述行政机关的现场检查内的一些程序性规定（当然这些也是对外公布的），以及为何外部监管部门没有将案件移送司法机关。通过这个案例，我们财务人员一方面要了解外部监管部门（本案例虽然是以金融监管部门为例子，但实际上金融监管部门、税务管理部门、工商管理部门等这些行政执法部门查办案件的思路是有相似之处的）是如何查案的，另一方面要认真体会和理解为何外部监管部门没有将案件移交司法机关。

2006年1月6日，某保监局收到群众举报，举报A保险代理公司（以下简称“A公司”）、B实业有限公司（以下简称“B公司”）违规展业。举报人在信中称，A公司的要求作为业务人员的他，在招揽业务后，应凭工号到公司C营业部出保单，将资金交存到B公司账户，该举报人觉得奇怪，故请求保监局核查。

举报信经局领导批示后，交稽核检查处处理。

1. 如何在前期收集资料

检查处首先查阅了其掌握的监管资料，显示A公司是一家于2003年7月成立的专业保险代理公司，暂未设分支机构；B公司于2002年7月成立，是一家具有保险兼业代理资格的机构。据报表资料显示，A公司2003年7月至11月累计代理保费90万元。

检查处在收集资料过程中还发现，A公司总经理李某在某保险杂志上披露公司2003年将完成代理保费4000万元，并有信心在2004年实现代理保费1亿元。

为进一步核实情况，检查人员根据举报信中提供的手机号码与举报人进行了约谈，了解到A公司的运作方式是：业务员凭工号在C营业部出具保单，保单交给客户收取保费后将款项存入B公司某账户；A公司承诺支付财产险业务手续费比例为20%，且手续费直接从保单中坐扣。

通过上述情况，检查处已初步断定A公司很可能擅自设立营业机构，并利用B公司银行账户设立账外账，上报虚假的业务和财务报表。经局领导批示后，决定对该两家公司进行现场检查。

2. 进行现场检查

（1）现场检查前的准备。首先，成立了检查小组。明确人员分工，并专门配备了1名计算机专业监管干部负责计算机系统检查和数据提取。

其次，制定检查方案。明确了检查依据、目的、对象、范围、内容、分工和步骤。

最后，发出《现场检查通知书》。

（2）实施检查。按照既定的检查方案，检查小组通力合作，每天检查结束后进行碰头会议，沟通情况。

①实地观察被举报的营业场所对外挂牌情况。在正式进入检查单位前，检查人员通过暗访的形式已发现，该营业场所外挂有“A 保险代理公司”、“A 保险代理公司 C 营业部”的招牌。

②检查该营业场所的出单记录。检查人员进入现场后发现有 3 台人保、平安和华安保险公司的联网电脑出单设备，并配备有专门收取保费的财务人员，在出示工作证明表明身份并要求查看计算机出单记录后，该营业场所工作人员很快关掉了计算机联网设备，致使检查人员无法获取有关出单数据。

③抽查该营业场所内财务收据原件。检查人员在财务人员办公桌上发现盖有“B 实业有限公司财务专用章”的保费收据，就随机抽查了 1 本保费收据原件，并要求提供相应复印件。但该营业部提供的复印件是重新填写的、没有 B 公司财务章的保费收据，检查人员当即封存了该本收据原件和所提供的复印件。

④检查 A 公司业务、财务资料的真实性。检查人员查阅了 A 公司代理业务台账和财务账册，汇总后发现：从开业至今至检查日前一个月底，A 公司只与华安保险公司发生代理业务，代理保费收入共 86 万元。

检查组发现此问题后，要求公司打开计算机业务系统，核对有关业务数据，但发现计算机内的所有数据均被删除！检查组使用数据复原软件，恢复了部分业务数据，这样就发现了 A 公司自开业以来与人保、平安、华安等保险公司均有业务往来，代理保费收入合计 2000 余万元。

此时，检查组就发现的问题与 A 公司总经理以及财务、业务、IT 部门负责人进行监管谈话。但上述人员均予以否认，IT 部门负责人更称检查组复原的数据是其个人使用的系统检测数据，与 A 公司无关。

此后，检查人员与其他业务人员进行了谈话，有两名业务人员承认与人保、平安有业务往来。

为核实情况，检查组向人保和平安发出提供业务资料的通知书，要求提供与A公司的业务往来，并说明保费、手续费结算情况。2家公司提供的数据印证了检查人员数据恢复资料的真实性，并指出虽然是A公司代理的业务，但却通过B公司账户划转保费资金，保费结算也是坐扣形式支付（即直接扣除手续费，将余款打至保险公司）。

此外，检查人员还发现A公司以保单或保单发票丢失为由，申请注销了一些保单。为核实情况，检查人员拜访了两名投保人，投保人称已缴纳保费并取得保单，未有注销事项。检查人员详细记录了谈话内容，请投保人签名确认，同时复印了保单正本。

检查人员查阅了A公司账册，发现A公司多次从B公司账户划来资金用以支付场所租赁费、员工工资等。

由于B公司属于兼业代理机构，因而保险监管部门亦有权对其保险代理业务进行检查，检查人员查阅了B公司银行账户情况，发现与保险公司上报的数据基本相同，部分结余资金打至A公司账户以及个人账户。

至此，现场检查事实基本查清。

（3）形成现场检查事实。在此种情况下，检查组再次与A公司总经理谈话，该总经理在无奈之下承认了上述事实，并在检查组形成的《现场检查事实确认书》上签字、加盖单位公章。

3. 行政处罚

检查组认为A公司存在向保险监管部门提供虚假资料、擅自设立营业机构、欺骗投保人等行为，事实清楚、证据确凿，违反了《保险法》的相关规定，经请示局领导并经办公会讨论通过后，向中国保监会请示并批准同意，分别向A公司发出“吊销《保险代理机构法人许可证》”的《行政处罚事先告知书》、向A公司总经理发出“警告、罚款2万元”的《行政处罚事先告知书》、向B兼业代理机构发出“吊销《保险兼业代理机构许可证》”的《行政处罚事先告知书》。

在告知限期内，上述处罚对象均未提出申辩意见，之后保险监管部门依法下达了分别针对A公司、A公司总经理、B公司的《行政处罚决定书》。

4. 本案对我们的启示

（1）掩耳盗铃不可取。本案是一起典型的行政机关办案经过，仔细体会行政机关办案的全程，有助于我们从另外一个角度审视我们的行为，不至于聪明反被聪明误，比如删除电脑记录的行为，事实上这怎么会瞒得住呢？这种行为只会增加最后对相对人更为不利的认定。尚不说现在科技手段很发达，仅就行政机关经常采用的内查外调方法而言，公司内审部门就是无法比拟的，比如可到投保人那里了解情况、到保险机构了解情况、到银行了解等，因而只是瞒住单位的资料则无异于掩耳盗铃。

另外，我们能从一个更为全面的过程来看行政机关办案，也会有助于我们对其作进一步了解，作为经常要与行业监管部门、工商、税务等机关打交道的财务人员来说，也是必要的。

（2）利用关联企业做手脚，看似隐蔽实则最明显。很多人都认为，通过关联企业的账户转进转出资金，很隐蔽，但实际上这是个最明显、最易查处的问题。行政执法部门查办案件时，查一个企业通常会关注其关联企业，关联企业在一开始就被纳入视野。作为企业来讲，不要以为单位内部审计或内部权限不能到达另外一家企业，但你要明白，这是执法机关，而不是某一个公司的总经理，你不能查的它就能查。这就好比抓逃犯，公安机关会立即锁定其近亲属是一个道理。在会计领域，我们国家发布的第一个具体会计准则就是规范关联方关系及其交易的（当然这个准则现已被新《企业会计准则》体系中的具体会计准则替代），在上市公司信息披露中，对关联方和关联交易的披露更是一个重点。可见，我们一定要从更宏观、更高的角度，看待自己的行为，自作聪明只会自陷被动。本案中，A公司利用其关联企业B公司的资金账户隐藏收入，那是一查一个准，即是典型的自作聪明。

在受贿案件中，我们经常可以见到行贿人将贿赂款打给某领导的妻子、儿子，而他自己却装不知情，如果这些不能认定受贿的话，那今后所有的受贿案件就无法搞定了。事实上，领导身边人员对于一个企业来讲，就好比是关联企业，从一开始就是被纳入视野的。2007 年 5 月 30 日，即郑筱萸死刑判决一审宣判后次日，中央纪委印发了《中共中央纪委关于严格禁止利用职务上的便利谋取不正当利益的若干规定》（简称“八条禁令”），7 月 8 日即中央纪委 30 日“反腐大限”到期后的第十天，最高法院、最高检察院联合发布了《关于办理受贿刑事案件适用法律若干问题的意见》（简称“两高意见”），在中纪委“八条禁令”和“两高意见”中，首次出现“特定关系人”概念，它是指“与国家工作人员有近亲属、情妇（夫）以及其他共同利益关系的人”，并且首次将“情妇（夫）”纳入“特定关系人”范围，它正是这种理念的一个完善和体现。

（3）本案中，如果金额达到刑事追诉标准，A 公司、A 公司的总经理、财务负责人、业务负责人、IT 部负责人是否已涉嫌犯罪（销毁会计资料罪、偷税罪）？但并没有被移送至司法机关，为什么？根据 2001 年 7 月 9 日国务院公布的《行政执法机关移送涉嫌犯罪案件的规定》（国务院第 310 号令）第三条之规定，“行政执法机关在依法查处违法行为过程中，发现违法事实涉及的金额、违法事实的情节、违法事实造成的后果等，根据刑法关于破坏社会主义市场经济秩序罪、妨害社会管理秩序罪等罪的规定和最高人民法院、最高人民检察院关于破坏社会主义市场经济秩序罪、妨害社会管理秩序罪等罪的司法解释以及最高人民检察院、公安部关于经济犯罪案件的追诉标准等规定，涉嫌构成犯罪，依法需要追究刑事责任的，必须依照本规定向公安机关移送。”可见，行政机关在查处案件过程中发现涉嫌犯罪并需追究刑事责任的，应当向公安机关移送案件。

本案中当事人在行政部门检查过程中积极配合，坦诚交代问题，这表明行政机关认为行政处罚相对人主观恶性不大，在没有达到刑事犯罪标准时，即不被移送。

同时，需要特别说明的是，无论是单位负责人还是财务人员，一定不要出问题，而万一在单位或个人发生问题后更是要积极配合，坦白交代，万万不可顽抗，从而将损失减少到最低限度，这样为社会减少损失，自己也才有可能得以宽大处理。

5.4 大家喝凉水为何几个人肚子疼：谋福利还是私分国有资产

单位领导为本单位职工谋福利，无可厚非，但问题是私分国有资产与其极为相似，如均有经过单位领导集体研究决定、受益群体广等这些外在的表征。把握不好二者的界限，本以为是为职工谋福利，最后却可能变成私分国有资产，则会出现大家喝凉水只有几个人肚子疼的现象，这肚子疼的人中常会有班子成员中分管财务的领导（如分管财务的副总或财务总监、总会计师），以及财务部门的负责人。作为财务人员，在这些问题上并没有决定权（即便是分管财务的单位领导也多是并不具有实质上的决定权），但却可能要为此承担刑事责任，因而我们必须把握谋福利与私分国有资产的界限，必须清楚如何避免成为肚子疼的一个。下面，我们通过一则案例的剖析，来深入分析这些问题。

1. 案情介绍

2003 年 6 月 25 日，被告人原北京市东城区住宅建设开发公司经理龚伟明、总会计师夏建兰、财务审计部主任李美玲、党委书记兼副总经理张岱雨涉嫌犯私分国有资产罪，由北京市东城区人民检察院向北京市东城区人民法院提起公诉[①]。

---

① 北京市高级人民法院编：《经济犯罪新型疑难案例判解》，法律出版社 2007 年 2 月第 1 版，第 3～10 页。

起诉书指控：2000年7月至2002年9月间，原北京市东城区住宅建设开发公司（以下简称“住开公司”）经“班子会”多次讨论，先后决定为职工购买康宁终身保险、国寿福瑞两全保险、国寿鸿泰两全保险等商业保险，并将本应在“应付工资”科目中列支的商业保险费用及个人所得税共计人民币780余万元列入“管理费”中，造成企业成本增大，利润减少，致使国有资产被私分。在此期间，被告人龚伟明作为公司经理，在“班子会”上提议给职工购买商业保险，并在“班子会”通过其提议后，向负责具体操作的公司总会计师夏建兰、财务审计部主任李美玲介绍保险公司人员；在夏建兰、李美玲向其请示保险费列支问题时，同意将商业保险费用列入管理费。被告人夏建兰作为公司总会计师，在“班子会”上赞同购买商业保险的提议并参与操作，同意公司将商业保险费用列入管理费的做法；当北京市华颂会计师事务所在年度审计报告中要对该公司2000年将商业保险费用列入管理费的事实进行披露时，经龚伟明授意，指派李美玲找人疏通此事，使得该所未将此事在审计报告中予以披露。被告人李美玲作为公司财务审计部主任，积极参与操作购买商业保险；直接执行了将商业保险费用列入管理费的行为，并在龚伟明、夏建兰的授意下，积极与北京市华颂会计师事务所就不予披露商业保险费用列入管理费的事宜进行疏通。被告人张岱雨作为公司党总支书记兼副经理，在“班子会”上赞同购买商业保险的提议；明知公司将商业保险费用列入管理费会造成企业成本增大，利润减少，损害国家所有者权益，在行使决策权时，不予制止，并放弃监督职责，同意了上述行为。

公诉机关依据《中华人民共和国刑法》第三百九十六条第一款，以私分国有资产罪对被告人龚伟明、夏建兰、李美玲、张岱雨提起公诉。并指出，被告人张岱雨在案发前能主动向有关部门如实交代自己的犯罪事实，构成自首。

被告人龚伟明对公诉机关指控其犯私分国有资产罪的事实及罪名不持异议，但辩解，其在征询有关部门、保险公司意见得到肯定答复后决定给企业职工购买商业保险，本意是想为职工解决后顾之忧，并不是想把国有资产私分。其一辩护人提出：（1）在主观方面，被告人龚伟明没有私分国有资产的故意；（2）在客观方面，不能认定“住开公司”在做账时将商业保险的费用列支在管理费中即构成了私分国有资产行为；（3）如果法律对国有企业为职工上商业保险没有禁止性规定，则企业的行为就不属于私分国有资产。其另一辩护人认为，被告人龚伟明不构成私分国有资产性质的犯罪，理由为：（1）以龚伟明为主要领导人的“住开公司”在咨询了保险公司业务人员和会计师事务所专业人士得到肯定答复后，才决定为职工购买商业保险，并在管理费中列支，对“住开公司”在财务报告中列明的保险费在管理费中列支一事，审计、财政等机关均未提出过异议，被告人龚伟明对为职工购买商业保险如何列支的问题及购买保险的资金是否属于国有资产性质均不明知，其主观上没有犯罪的直接故意；（2）根据财政部发布的财企（2003）61号《关于企业职工购买保险有关财务处理问题的通知》（以下称《通知》），“住开公司”的行为不违反法律禁止性的规定，在处理列支问题上只是一种不规范的财务行为，而不构成犯罪；（3）保险费在管理费中列支应定性为一种财务违规行为；（4）“住开公司”为职工投保的商业保险，由于不是当事人本人签名，保险合同无效；（5）被告人龚伟明在侦查期间如实陈述案件情况，本人并不贪财；（6）本案缺乏国有资产管理局对“住开公司”列支于管理费中的这部分资金性质的相关证据。

被告人夏建兰对公诉机关指控其犯私分国有资产罪的事实及罪名不持异议，但辩称，保险费在财务上的处理已事先请示了专家及有关部门，审计报表中的“披露”未认为是严重问题，令李美玲协调“披露”一事也是在合法的前提下进行的。其辩护人认为，被告人夏建兰的行为不构成犯罪，理由为：夏建兰等人出于为职工谋福利的目的，在决定购买保险费的列支问题上进行了咨询，且区属财政局、国有资产管理局对“住开公司”提交的财务报表保险费列支情况未予以纠正。夏建兰不是直接的财务人员，同意将保险费列支到管理费中系其对自己的行为有重大误解，被告人夏建兰的行为虽有不妥之处，但只是不符合财务规章制度，不具备犯罪构成的四要素。鉴于夏建兰在本案中所处从属地位及主观无恶意，国家利益未受到侵害，建议法庭对其减轻或从轻处罚。

被告人李美玲对公诉机关指控其犯私分国有资产罪的事实及罪名不持异议，但辩称，购买商业保险是执行“班子会”的决定，保险费列支错误的问题可以通过财务手段更正，自己并没有认识到是私分国有资产行为。其辩护人认为：李美玲在单位中处于被领导、被支配的地位，在本案中仅起辅助作用；虽然涉案数额巨大，但没有造成实际损失；李美玲系初犯、认罪态度好，真诚悔罪，建议法庭对其从轻处罚，并适用缓刑。

被告人张岱雨对公诉机关指控其犯私分国有资产罪的事实及罪名不持异议，但辩称，自己并不明知将保险费用列支管理费的做法会造成企业成本增大、利润减少，且保险费用在管理费中列支的具体情况也是通过财务报表才了解的。其辩护人认为，在法律法规没有明确禁止性规定的前提下，“住开公司”将商业保险列支于管理费中，并进行了纳税调整，审计报告及财政局、国有资产管理局等职能部门亦未对此提出异议，现要求张岱雨在法律界限不明的情况下对这种行为加以制止、监督，起诉书对张岱雨的指控缺乏私分国有资产罪的主、客观要件。希望法庭在查清事实的基础上本着教育从严、惩治从宽的原则，做出公正处理。

法院裁判情况：北京市东城区人民法院经审理查明，2000 年 7 月至 2002 年 9 月间，原北京市东城区住宅建设开发公司经领导班子多次开会讨论，先后决定为职工购买康宁终身保险、国寿福瑞两全保险、国寿鸿泰两全保险等商业保险，并将支付的商业保险费用及相关个人所得税款中的人民币 780 余万元列入管理费中，造成企业成本增大，利润减少，致使国有资产被私分。在此期间，被告人龚伟明作为公司经理，在经理办公会上率先提议给职工购买商业保险；在提议被通过后，向负责具体操作的夏建兰、李美玲介绍保险公司业务人员；在夏建兰、李美玲向其请示保险费列支问题时，同意将商业保险费用列入管理费。被告人夏建兰作为公司总会计师，在经理办公会上赞同购买商业保险的提议并参与操作，同意公司将商业保险费用列入管理费的做法；当北京市华颂会计师事务所在年度审计中要对该公司2000年将商业保险费用列入管理费的事实进行披露时，经龚伟明授意，指派李美玲找人疏通此事，使得该所未将此事在审计报告中披露。被告人李美玲作为公司财务审计部主任，积极参与操作购买商业保险，直接执行了将商业保险费用列入管理费的行为，并在龚伟明、夏建兰的授意下，为达到审计报告不披露相关事实而与会计师事务所进行疏通。被告人张岱雨作为公司党总支书记兼副经理，在领导班子决策会议上赞同购买商业保险的提议且明知公司将商业保险费用列入了管理费中，其在行使决策权时，同意了上述损害国有资产权益的行为。

上述事实，有证人鲍嘉维、吴志伟、甄洪、于桂娟、赵冬、温原、王立晖、赵振等证人的证言；北京市东城区住宅建设开发公司企业法人营业执照、中共北京市东城区委员会组织部批复、北京市东城区人民政府任免通知、干部任免审批表、干部履历表、"以工代干"人员转干审批表；2000年5月9日、7月4日经理办公会记录，2002年8月29日党政联席会纪要，2002年8月29日经理办公会记录，2002年9月23日党政联席会纪要和张岱雨工作记录本复印件等；保险单等书证；各被告人的供述等证据证明。上述证据经当庭质证，予以确认。

北京市东城区人民法院认为，北京市东城区人民检察院的指控成立。原北京市东城区住宅建设开发公司作为全民所有制企业，经领导班子集体研究决定为职工购买的康宁终身保险、国寿福瑞两全保险、国寿鸿泰两全保险等商业保险，系由个人收益的储蓄性保险，已超出了国家规定的企业为职工购买的基本医疗保险、养老保险及补充医疗、养老保险的范围，其实质是将国有资产非法分配给个人，造成了国有资产流失的后果，且数额巨大。原北京市东城区住宅建设开发公司的行为已构成私分国有资产罪。被告人龚伟明作为公司经理并主管财务、劳资部门工作，被告人夏建兰作为公司的总会计师，被告人张岱雨作为公司党总支书记兼副经理，上述三被告人均为领导班子成员，行使决策、管理权，属于直接负责的主管人员；被告人李美玲作为公司财务审计部主任，参与并操作购买商业保险，属于其他直接责任人员，对四被告人均应依法以私分国有资产罪予以刑罚处罚。鉴于被告人张岱雨在司法机关立案之前主动向有关部门投案，如实交代主要犯罪事实，应认定为自首，可对其依法从轻处罚；又鉴于被私分的国有资产已被有关部门追回，对四被告人均可酌予从轻处罚；根据本案的事实、情节、社会危害后果、各被告人在犯罪中的具体作用及悔罪表现，对被告人李美玲、张岱雨可以宣告缓刑。对被告人的辩解及其辩护人意见中的合理部分，本院予以采纳。

据此，北京市东城区人民法院于2003年8月11日判决：

（1）被告人龚伟明犯私分国有资产罪，判处有期徒刑四年，并处罚金人民币四万元。

（2）被告人夏建兰犯私分国有资产罪，判处有期徒刑三年零六个月，并处罚金人民币四万元。

（3）被告人李美玲犯私分国有资产罪，判处有期徒刑三年，缓刑三年，并处罚金人民币三万元。

（4）被告人张岱雨犯私分国有资产罪，判处有期徒刑三年，缓刑四年，并处罚金人民币三万元。

一审宣判后，被告人龚伟明、夏建兰、张岱雨对判决均不服，分别提出上诉；被告人李美玲没有提出上诉。

龚伟明的上诉理由为，国家对企业购买商业保险没有禁止性的规定，东城区住宅建设开发公司购买商业保险前已请示了有关部门，并将购买保险的费用在财务报表中列明，报表也报给了区国有资产管理局及区财政局，并未隐瞒不报。其曾于2003年2月以书面形式将购买保险等问题向区纪委作了交代，应认定其有自首情节；原判适用法律不当，其行为不构成犯罪。其一辩护人的辩护意见为，原判认定事实不清，龚伟明有自首情节，依法可以从轻或减轻处罚。其另一辩护人的辩护意见为，龚伟明等领导成员，在为全体职工购买商业保险如何列支的问题上并不明知，对该费用的性质是否属于国有资产的性质也不明知，且对如何列支也多次向相关部门作了咨询，公司将报表上报后，上级机关未对保险费在管理费中列支提出质疑和异议，因此，龚伟明主观上没有犯罪的直接故意，不构成私分国有资产罪；龚伟明及其所领导的公司的行为，不违反法律禁止性的规定，在处理保险费列支问题上是一种不规范的行为，而不是一种犯罪行为。综上，原判认定上诉人龚伟明构成私分国有资产罪，事实不清，适用法律错误，龚伟明的行为不构成犯罪。

夏建兰的上诉理由为：原判认定的事实与实际情况不符，量刑过重。其辩护人的辩护意见为：夏建兰承认犯有私分国有资产罪，但在本案中其处于从属地位，在押期间能积极配合司法机关调查，建议二审对其适用缓刑。

张岱雨的上诉理由为：公司班子会没研究过商业保险在什么科目列支，列支的问题是龚伟明、夏建兰、李美玲三人商定的；公司给职工购买保险费的数额、险种及在管理费中列支的数额，在区纪委找其谈话时才知道；其在公司不主管财务工作，没有对财务部作过任何工作指示，原判关于其“行使决策权、管理权，属于直接负责的主管人员”的认定不准确；原判认定事实不清，适用法律不当，量刑过重，请求重新审理。其辩护人的辩护意见为：认定东城区住宅建设开发公司购买商业保险的行为构成私分国有资产罪，法律依据不足，认定该公司具有私分国有资产的故意及用于购买商业保险的资金系国有资产证据不足，该公司购买商业保险的行为不构成私分国有资产罪。张岱雨不属于单位直接负责的主管人员，不符合单位犯罪的主体要件；其主观上不具有私分国有资产的故意；其行为亦未造成国有资产的实际损失；一审判决事实不清，法律依据不足，请求判决张岱雨无罪。

北京市人民检察院第二分院在二审期间，审查了本案卷宗，认为原判认定事实清楚，证据确实充分，定性准确，量刑适当，审判程序合法。上诉人龚伟明、夏建兰、张岱雨提出的上诉理由均不能成立，建议二审法院驳回上诉，维持原判。

北京市第二中级人民法院经审理认为，原北京市东城区住宅建设开发公司作为国有企业，违反国家规定，以公司名义将国有资产集体私分给个人，数额巨大，该公司的行为已构成私分国有资产罪。作为公司领导班子成员的上诉人龚伟明、夏建兰、张岱雨，对公司事务具有决策权、管理权，属于单位犯罪中直接负责的主管人员，作为公司财务审计部主任的原审被告人李美玲，直接参与私分国有资产，属于单位犯罪中其他直接责任人员，均应依法以私分国有资产罪予以惩处。

龚伟明、张岱雨及其辩护人所提关于原判认定事实不清，适用法律错误，其行为不构成私分国有资产罪的上诉理由及辩护意见，在案证人证言、会议记录以及被告人的供述均证实，龚伟明、张岱雨均是领导班子成员，为职工购买商业保险是经过领导班子研究决定的，且所购买的商业保险属于个人收益储蓄性保险，违反了国家关于企业为职工购买基本医疗保险、养老保险以及补充医疗保险、养老保险的规定，其实质是以合法的方式将国有资产变相分配给个人，符合私分国有资产罪的犯罪构成要件；龚伟明及其辩护人关于龚伟明有自首情节的上诉理由及辩护意见，与已查明的事实不符，即在纪检监察部门掌握了私分国有资产犯罪事实后，龚伟明才交代相关事实的；夏建兰及其辩护人关于原判量刑过重的上诉理由及辩护意见，经查，一审法院在对夏建兰量刑时已考虑其在单位犯罪过程中的地位与作用，对其已予酌定从轻处理，再予从轻无法律依据。因此，上诉人龚伟明、张岱雨、夏建兰的上诉理由及其辩护人的辩护意见缺乏依据，均不予采纳。

综上所述，一审法院根据上诉人龚伟明、夏建兰、张岱雨、原审被告人李美玲犯罪的事实、犯罪性质、各自的酌定、法定情节及对于社会的危害程度所作出的判决，对其分别定罪准确，量刑适当，所判处的罚金数额合理，审判程序合法，应予维持。北京市人民检察院第二分院关于驳回上诉、维持原判的意见予以采纳。北京市第二中级人民法院依照《中华人民共和国刑事诉讼法》第一百八十九条第（一）项之规定，于2003年11月24日作出裁定：驳回龚伟明、夏建兰、张岱雨的上诉，维持原判。

2. 何为私分国有资产罪

对于私分国有资产犯罪，《刑法》第三百九十六条第一款规定，“国家机关、国有公司、企业、事业单位、人民团体，违反国家规定，以单位名义将国有资产集体私分给个人，数额较大的，对其直接负责的主管人员和其他直接责任人员，处三年以下有期徒刑或者拘役，并处或者单处罚金；数额巨大的，处三年以上七年以下有期徒刑，并处罚金。”根据刑事案件追诉标准，此处“数额较大”指累计私分数额在 10 万元以上的，应予立案；当然这个“10 万元”是集体私分国有资产的总额，而非每一个人所分数额。换言之，由于单位职工众多，可能每一个人所分数额即便并不大，但私分总额达到标准仍予立案追诉。

从该罪的犯罪构成上分析，本罪的主观方面是直接故意，即参与集体决策等人员主观上明知以单位名义集体私分国有资产的行为，是违反国家关于国有资产监督管理的相关规定的，并积极采取措施追求国有资产私分的结果。犯罪主体是国家机关、国有公司、企业、事业单位和人民团体，属于严格意义上的单位犯罪。

但是，我国对于私分国有资产罪的处罚却采取了单罚制，只是处罚直接负责的主管人员和其他直接责任人员，从立法原意上看，刑法对该罪之所以作出如此处罚，主要考虑该罪的特殊性，即其犯罪主体是国家机关、国有的公司、企业、事业单位和人民团体，所私分的对象是国有资产，私分行为造成国有资产流失，所侵害的是国有资产的所有权；而且，由于私分国有资产是单位的决策人员以单位名义集体决定的，所得利益的受益者是包括决策人员在内的单位全部或者大部分成员，单位没有从中获得任何利益，反而造成自身资产的减值，甚至是灭失，如果采取双罚制，对单位处以罚金，对于单位自身也是不公平的。

3. 私分国有资产罪与违纪违规的区别

而私分国有资产罪与单位滥发奖金等财金违纪行为的界限又是司法实践中经常遇到，却极易引发争议的问题。对于违规分配“奖金”、“红利”的单位行为，能否认定集体私分国有资产罪？

对此，应依据以下两个标准进行判断：

（1）数额标准。按照《刑法》第三百九十六条第一款的规定，只有私分国有资产达到“数额较大”的标准，才能构成犯罪，因此，私分国有资产的数额就成为该罪的构成要件，成为在实践中区分本罪与一般违纪违规行为的重要标志。根据刑事案件追诉标准，此处“数额较大”指累计私分国有资产达到10万元。

（2）判断单位对所分财产是否具有自主支配权。如果单位将能够自主支配的钱款违规分配给了单位职工，其社会危害性自然相对较小，其不当之处主要在于超标准、超范围分发奖金，可以作为财经违纪行为处理。相反，如果是单位把不能自主支配的国有财产通过巧立名目、违规做账等手段予以截留分配的，其社会危害性就相对严重，因其危害性直接表现为破坏国家财政收支政策的贯彻落实或者严重背弃对国有财产的经营管理职责，在此种情况下如已达到10万元以上的数额就应认定涉嫌私分国有资产罪，而不是违纪行为。

国家允许国家机关、国有公司、企业、事业单位、人民团体发放奖金、福利、津贴等，但必须按照有关规定进行。1993年《国家国有资产管理局国有资产产权界定和产权纠纷处理暂行办法》第十二条也规定，可分配利润及从税后利润中提取各项基金后，已提取用于职工奖励、福利等分配给个人消费的基金，不属于国有资产。同时，发放的奖金、福利应当是国有单位有权支配的奖金，上缴税金以后的利润留成或事业单位、人民团体通过市场取得的不体现政府职能的经营、服务性收入，按照规定交纳税金、管理费用后，不属于应当上缴国家的国有资产，单位有权作出分配，不构成私分国有资产罪。

4. 给我们的启示

（1）费用列支科目不正确，是导致被认定私分国有资产证据中的重要一环。在本案中，作为公司总会计师的夏建兰经公司经理龚伟明的同意，指使审计部主任李美玲，将为职工购买商业保险的费用支出在管理费中列支。根据我国会计核算的有关规定，企业发生的销售费用、管理费用和财务费用，直接计入当期损益。管理费用包括由企业统一负担的公司经费、工会经费、职工教育经费、劳动保险费、待业保险费、董事会会费、咨询 费、诉讼费、税金、土地使用费、土地损失补偿费、技术转让费、技术开发费、无形资产摊销、开办费摊销、业务招待费、坏账损失、上交上级管理费以及其他管理费用。

企业为职工购买商业保险要严格依照相关法律规定，在规定的财务科目中列支。对此，财政部发布的财企（2003）61号《通知》对企业为职工购买商业保险如何列支问题进一步作了明确具体的规定。该《通知》第2条规定，“有条件的企业为职工建立补充养老保险，辽宁等完善城镇社会保障体系试点地区的企业，提取额在工资总额4%以内的部分，作为劳动保险费列入成本（费用）；非试点地区的企业，从应付福利费中列支，但不得因此导致应付福利费发生赤字。参加基本医疗保险的企业，为职工建立补充医疗保险，所需费用在工资总额4%以内的部分，从应付福利费中列支，应付福利费不足部分作为劳动保险费直接列入成本（费用）”。第4条规定，“企业按照内部议事规则，经过董事会或者经理（厂长）办公会决议，改革内部分配制度，在实际发放工资和社会保险统筹之外，为职工购买商业保险，作为职工奖励的，所需资金从应付工资中列支；作为职工福利的，所需资金从结余的应付福利中列支，但不得因此导致应付福利费发生赤字。”该条明确了除“参加基本医疗保险的企业，为职工建立补充医疗保险，所需费用在工资总额4%以内的部分，从应付福利费中列支，应付福利费不足部分作为劳动保险费直接列入成本（费用）”外，企业不管以什么名义为职工购买商业保险的，均要从应付工资中列支，或者从结余的应付福利中列支，但不得因此导致应付福利费发生赤字。

本案之所以认定几名被告犯私分国有资产罪，一个很重要的证据就是将该笔资金入至管理费用科目中，从而与其他证据形成了造成国企损失的完整证据链；而如果当初入对应付工资科目或应付福利费科目，则根本就不会被认定是犯罪，至多是被认定滥发工资、福利。

这点提示我们国有单位的财务人员，在登记科目时，一定要小心，尤其是涉及到应付工资（或应付福利费）与管理费用科目的区分问题时，拿不准时，不妨入到应付工资或应付福利费中，而不要说事先已咨询了上级、会计师事务所专家等，一旦发生问题，这些都没什么用，不会影响性质至多只是一种酌定情节。

（2）破除“我们是为职工谋福利且经过集体研究决定的”就没有问题的这种错误认识。通过上面的分析，我们知道了为职工谋福利与私分国有资产是有区别的，这种意识一定要有，否则总是会站在自己的立场上，认为都是在为单位职工谋福利而想不到可能触犯刑律。私分国有资产并不是像贪污、侵占等财产犯罪那样使用秘密窃取的手段将财产据为己有，知道“偷偷拿是犯罪”，但也不要错误地认为“光天化日之下大家都拿就合法”。

在本案中，住开公司领导班子之所以盲目发钱，不计后果，与他们的法不责众、侥幸心理这些错误认识有关。作为受国家培养多年的干部，龚伟明等班子领导已经有一定社会地位，享受不错的物质待遇，要他们违背道德与良心，明目张胆地贪污并不是他们最初始的选择。在法律允许的范围内，打一些政策擦边球，这是他们的行为边界，也是他们打算采取的做法，然而他们却并不清楚违纪与违法的界限。经理龚伟明认为：上保险和滥发奖金是集体研究决定的，人人有份，有福同享，有祸同当，法不责众，共同负责，一旦出事，也没有什么了不起的，把钱一退了事。其他领导班子成员则认为：虽然是集体研究的结果，但最后还得经理拍板，追究下来，肯定是经理一个人承担。其实，就是这些侥幸心理害了他们，而产生这种侥幸心理归根到底还是由于他们的错误认识造成的。

（3）两类人要负刑事责任，单位一般职工却没事（指没有刑事责任，对于私分的国有资产，多数会要求包括领导和一般职工在内的全体人员都退还单位）。负刑事责任的是两类人：一类是对私分国有资产负有决策权的“直接主管人员”，本例即是经理龚伟明、总会计师夏建兰、党总支书记的张岱雨，他们均是领导班子成员，也正是由于他们对公司的事务具有决策权和管理权，因而才追究了他们的责任。第二类是“其他直接责任人员”，本案中财务审计部主任李美玲积极参与、操作购买商业保险的行为，按照刑法的规定，即属于单位中其他直接的责任人员，尤其是李还曾积极运作“摆平”会计师事务所，这都是认定其属“其他直接责任人员”的重要证据。

应当注意的是，按照2001年1月《全国法院审理金融犯罪案件工作座谈会纪要》精神，在单位犯罪中，对于受单位领导指派或奉命而参与实施了一定犯罪行为的人员，一般不宜作为直接责任人员追究刑事责任。此举主要是为了避免打击面过大，影响执法效果。当然，如果是单位人员为领导出谋划策、积极主动实施或协助实施私分国有资产行为的，应当认定为“其他直接责任人员”。

（4）用公款为职工买商业保险，很多人认为并无不妥，但最终被认定为私分国有资产，这样的案例已不止一两起。2005年3月16日，北京市第一中级人民法院判决认定，北京首都公路发展有限公司违反国家有关规定，用公款为职工购买商业保险，致使300万元国有资产被私分，公司原党委书记、董事长毕玉玺作为直接主管人员，构成私分国有资产罪。毕玉玺同时还犯有受贿罪，数罪并罚，决定执行死刑，缓期两年执行，剥夺政治权利终身，并处没收个人全部财产。2001年3月30日，浙江经贸房地产公司采用虚增工程成本的方法，将套取的277万余元国有资产汇入了杭州一家人寿保险公司，变成了公司职工个人的一份份保险单。通过这种运作，浙江经贸房地产公司的277万余元国有资产按比例悄悄流入了员工的口袋中，上至公司总经理高小杭，下至普通员工，40名员工都得到了好处，皆大欢喜。而这笔财务账目科目经过杨某的专业操作变成了公司正常的管理费用。2001年6月13日、2002年2月1日，浙江经贸房地产公司又分别套取资金321万元和196万元汇入这家保险公司，购买商业保险后进行集体私分。这两次该公司财务账目科目又变成了“开发间接费”。该案最终也是以私分国有资产罪宣判。在我的印象中，还曾见到过类似的多起报道，可见，以公款为职工买分红类、储蓄性商业保险，不同于为职工购买的“补充养老保险”，前者是违法的，后者则是合法并受到国家鼓励的——同是买“保险”，但此“保险”非彼“保险”，以公款买错了是要负担刑事责任的，这已有多起案例摆在面前了。

5.5 中国证券死刑第一案：为何财务经理受此牵连

1. 案情介绍

据中国法院网、新经济特刊等多家媒体报道①，作为中国证券业界被判处死刑的第一人，中国银河证券北京望京西园营业部原总经理杨彦明于2007年3月13日在北京市高级法院出庭接受二审。此前，杨彦明被一审法院认定贪污6840多万元拒不交待赃款去向而获极刑。2007年5月15日此案二审落槌，北京高院以原审判决“部分证据不足”、“事实不清”为由，裁定撤销原判，并发回重审。

在一审中和杨彦明一同出庭受审的是望京西园营业部的财务经理章蓉，她因为在杨彦明贪污过程中未尽到财务主管的监管职责，以国有公司人员失职罪被判处6年有期徒刑，一审后章蓉并没有上诉。但杨彦明却提出上诉，“我不懂财务，说不出钱哪去了，但都用在单位的经营上了，没有用在我个人身上。”满脸胡碴的杨彦明语速缓慢，几乎一字一顿，“说我贪污6840万元，事实不清，证据不足。”这正是杨彦明的上诉理由。

根据检方一审时的指控，这6840万元都由财务经理章蓉从营业部账户中提现，再交给杨彦明的。章蓉供述称，杨彦明要钱时，就打电话、当面说或写条子告诉她，她每次从银行取出现金，直接送到杨彦明的办公室，少则几万元，多则二三十万元。杨彦明从不说钱的用途和去向，所有资金运作都不记账，没留下任何凭证。5年下来，杨彦明如硕鼠倒仓般在这家国有独资证

① 人民法院报（rmfyb. chinacourt. org）：“6000余万元贪污款去向成谜”，2007年3月30日；新经济特刊（www. hbnews. net）：“中国证券界首例死刑案 6000万元贪污款去向成谜团”，2007年5月13日。

券公司的账面上掏了个大洞，数千万资金悄无声息地消失了，留下的只有银行里400多张取款凭条。

这一事实得到了另外一名公司高层管理人员的证言佐证，最终形成了杨彦明贪污巨款的证据链。但杨彦明认为两人证言不足以采信：“现在没有直接证据证明，这么多钱都给到我手里了。”检察官当即以在案笔录为证进行反驳：“杨彦明归案后就承认他拿到了钱，而且多次供述非常稳定，这与章蓉等人的证言互相吻合。”

但在二审中，检方主动将一审判决时的6840万元贪污数额“缩水”到6100万余元。原因是经过笔迹鉴定，其中11张取款单不是章蓉所写。杨始终不说出赃款的下落，只是称都用在单位的经营上了。杨彦明和他的辩护人钱列阳提供了几种资金可能的去向：

一是用于炒股，杨彦明在法庭上称：“我让下属去买了股票、国债。我指挥，他们操作。”在他担任总经理的5年间，中国证券业一直低迷。杨彦明曾因盲目跟庄，亏得血本无归。他究竟在股市里扔进多少钱，已经无据可查。

二是用于请客送礼。杨彦明称，为了维护公司与客户的关系，公司每年都要拿出一部分资金购买各种礼品送给客户，这笔资金的发票都交给了财务，杨彦明的辩护人钱列阳提出，这笔钱不应该算作杨彦明的贪污款项。

第三，就是杨彦明至死不说他所贪污款项的去向，可能很大的一笔资金是用于给某些官员行贿，杨彦明之所以不说是不想牵扯更多的人。

钱列阳虽然提出这种可能，却没有证据支持他这种说法。2004年2月，杨彦明在向他的继任总经理交接业务时，指使手下把营业部的电脑资料删除。此后，更没人能说清那数千万元现金的去向。如今，为这本糊涂账押上身家性命的杨彦明究竟是“说不清”，还是“不愿说”，只有他自己心里最清楚。如果杨彦明最终被处死，那么数千万赃款的去向将成为无法解开的谜。

“钱哪儿去了?”法官、检察官、辩护人一遍遍地问杨彦明相同的问题。但杨彦明宁可两次选择自杀，宁可以沉默的方式选择死刑，也坚决不肯说出赃款的下落。通过本章第一个案例的解释，我们大家也明白，资金去向是一个关键性问题，但由于这笔资金量较大，它不同于资金量在几十万元的“小金库”，根据以前的判例，并不排除尽管杨不说资金最终去向的情况下仍对其判刑，在资金量如此之在的情况下这最后一根“稻草”并不排除断掉的可能。

杨彦明1958年10月生于辽宁沈阳市，父母都是领导干部。1986年10月，杨彦明到中国农业银行总行工作。1998年6月，杨彦明成为中国长城信托投资公司北京证券交易营业部总经理。2003年年底，杨彦明调任中国银河证券总公司参加期货筹备工作。调动之前，财务经理向他汇报，营业部的客户委托理财的损失已经达到7000万元以上，杨彦明听后大吃一惊，稍后，他镇静地对财务经理说：“如果出了问题，我来承担责任！”

只有杨彦明自己知道，这个天大的资金黑洞是不可能填补的。2004年2月，杨彦明把下属公司的所有账目全部销毁，之后，又指使手下删除了营业部的电脑资料。销毁证据之后，杨彦明独自找了一处隐蔽的房子，决定自杀谢罪，他想带着所有的秘密离开人世。4月23日早晨，杨彦明割腕自杀，鲜血断断续续流了一天，没有死成。最后他到厨房里打开了煤气开关，同时割开手腕。突然一声巨响，煤气发生了剧烈爆炸，杨彦明一下子昏死过去。

煤气爆炸引来了消防队也引来了急救中心，被炸得血肉模糊的杨彦明被送往医院进行抢救，保住了他的性命。当有关单位调查煤气爆炸的起因时，杨彦明畏罪自杀引起了人们的关注，与此同时，中国银河证券有限公司也向警方报案。

2004年5月21日，警方以涉嫌贪污罪对杨彦明立案侦查，并查明，在1998年6月到2003年8月的5年之间，杨彦明违规从营业部账户内提取了7200余万元现金。平均每月取钱10次左右，每次少则几万元，多则二三十万元。对于这7200余万元的去向，杨彦明一概以“记不清楚了，都为公家用了”作答，并始终拒绝回忆“用钱的具体经过”。2005年12月13日，杨彦明被北京市第一中级人民法院一审以贪污罪、挪用公款罪判处死刑。一审判决后，杨彦明坚称自己只是失职而不是贪污。“我要上诉！我没有贪污！”这一句话杨彦明重复了三遍。

2. 财务经理冤不冤？

我曾在证券公司总公司财务部工作过，与营业部财务部经理是同一级别，与他们的交流很多，也在此过程中结交了很多好朋友。以我的经验来看，财务经理确实冤（这里的“冤”并不是说判决不妥，判决是完全正确的；她冤在没能有效保护自己，没有能够充分利用有效的财务管理体制，因而这个冤根源于她自身）：

（1）营业部总经理的罪名尚未明确，而为他做下手的财务经理却已认罪服法，并被判处6年刑期。目前，我国的证券业，基本上都是实行营业部财务经理和电脑部经理委派制，即各个营业部的财务经理和电脑部经理分别由总公司财务部和电脑部派出，据我了解，银河证券也是这种管理体制。就营业部财务经理章蓉来讲，她负有监督和管理营业部财务核算、资金安全及财务管理的职责。

这种委派制，一方面加大了财务负责人的权限，另一方面也加大了其责任，这自然是应当的，因为责任要与权利相适应，不能只有权利而无责任。但事实上，“垂”而不“直”的情况比比皆是，财务经理要受到营业部总经理的很大影响，因为考核还是主要依据当地营业部的意见，这是财务经理不敢充分行使其权利的主要原因，营业部总经理不要你了，总公司财务部也会很为难——事实就是这样。因而，章蓉是受到很大制约的，这个情况在法庭上是可以举证的，也是在量刑时应当考虑的情节。

并且，从目前的证据看，章蓉“被迫”的事实是明显的，所有资金取出的时间、金额、流向均由营业部总经理一人掌握，财务经理在这个过程中只是个跑腿的，只不过因其负有财务主管的职责而负有责任。

（2）我们再来看，章蓉所获的“国有公司人员失职罪”是如何规定的。《刑法》第168条规定，国有公司、企业、事业单位人员失职罪、滥用职权罪（已取消徇私舞弊造成破产、亏损罪名），是指国有公司、企业的工作人员，由于严重不负责任或者滥用职权，造成国有公司、企业破产或者严重亏损，致使国家利益遭受重大损失，以及国有事业单位的工作人员由于严重不负责任或者滥用职权，致使国家利益遭受重大损失的行为。这是“国有公司、企业、事业单位人员失职罪、滥用职权罪”的出处。需要注意的有两点：一是限于国有单位，但不是限于主管人员而是所有工作人员均可构成本罪；二是有没有徇私舞弊，不影响本罪的成立，仅作为加重的情节（《刑法》第168条第二款规定：“国有公司、企业、事业单位的工作人员，徇私舞弊，犯本罪的，依上述从重处罚”）。根据《最高人民检察院、公安部关于经济犯罪案件追诉标准的规定》，国有公司、企业、事业单位人员失职罪的追诉标准规定如下：

国有公司、企业、事业单位的工作人员，严重不负责任，涉嫌下列情形之一的，应予追诉：

①造成国家直接经济损失数额在50万元以上的；

②致使国有公司、企业停产或者破产的；

③造成恶劣影响的。

可见，章蓉受到追诉是符合上述标准的，这其中，财务经理章蓉滥用职权的情形是不存在的，追究其责任的原因是“严重不负责任”，并且其造成的损失属“特别重大损失”，因而才被判处6年的刑期。

依照我国刑法的处罚规定，“犯本罪的，处3年以下有期徒刑或者拘役；致使国家利益遭受特别重大损失的，处3年以上7年以下行期徒刑。”可见，6年的刑期，接近于3至7年刑期的上限，对其“被迫”的情节考虑是不多的，甚至可能没有予以考虑，否则不会如此之重。

另外，应当说明的是，其实章蓉完全可以以自首和立功来减轻其处罚的，因为既然是一对一的资金交接，检察机关肯定不会在刚侦查开始即搞清楚，而主要犯罪嫌疑人又已被控制、问题也已暴露，此时再掩藏则只会造成罪责加重，因而此时如果章蓉明白这处道理的话，以自首和立功来减轻其处罚是完全可能的。

3. 章蓉的根本失误在哪里

导致章蓉获刑的原因是“严重不负责任”，作为财务经理而言，她是有失误的，那么她的失误在哪里？在实行财务委派制的体制下，她最大的失误是没有及时向“上级”即总公司财务部或审计部门汇报，这是她的致命伤。

正如我们上面分析的那样，财务委派制一方面加大了财务经理的权限，另一方面也加大了其责任，这就是一个典型的例证。一般而言，委派制的一个重要制度安排是，要求受派的财务经理在有问题时可直接向派出的总公司财务部汇报——这是在履行其职责，如果没有汇报，即是其没有履行职责，这一般在相应的委派制度规定中均有明确规定。之所以进行如此安排，也是因为考虑到财务经理的级别毕竟还不够高，能力上也可能存在缺陷，因而要求在发现问题时可向上汇报，以寻求问题的解决。试想，如果章蓉能够在第一次出现问题时即向总公司财务部门汇报，便不会出现后面的问题。

此外，该案还有一个对财务经理而言的重大“险情”，即营业部总公司不承认章蓉将取出的资金全部交给了他，以减少对其的指控数额。事实上，确实存在此种风险，因为二人如此之巨大量资金的交接并没有任何书面的凭据，杨彦明讲：“现在没有直接证据证明，这么多钱都给到我手里了。”就是这种风险的明证。但是检察官当即以在案笔录为证进行反驳：“杨彦明归案后就承认他拿到了钱，而且多次供述非常稳定，这与章蓉等人的证言互相吻合。”可见，检察官反驳杨的证据，也只是：

第一，杨归案后就承认他拿到了钱；

第二，多次供述非常稳定；

第三，与章蓉等人的证言相吻合。

只是凭这三点来认定，这些钱全到了杨手中。而如果，杨归案后不承认拿了全部，只承认拿到了其中的一部分甚至一小部分，目前的这种结果就会发生巨大变化，并且肯定是对章蓉更为不利的变化。

4. 给我们的启示

（1）巧踢“皮球”。即及时向上级主管部门或人员汇报，并要留下汇报的证据，即最好是书面的形式。但这个“书面”形式，不是说正式文件，因为正式文件要领导审批，只能是以其个人名义向总公司财务部或审计部门反映问题的书面材料，何时反映的，内容是什么，材料给了谁，这些细节内容都要记下来，也许给了上面后，就再也没消息了，但这也是反映问题了，履行了职责，在认定责任时将产生极大的不同，虽然有的人可能说，你这是“踢皮球”，但正是这“踢皮球”将责任踢了出去，这是我们应当牢记的。

曾有这样一个案例：某证券公司营业部总经理将8000余万的资金伙同银行人员分次转走，最后逃至国外的事情，最后受总公司委派的财务部经理也并未因此而获刑。其中的重要原因就是因为他曾向当时到营业部进行常规审计的审计人员反映过该银行存款可疑的问题，审计人员回去后也向公司领导反映过，但之后却没了下文，这位财务经理就是用了“踢皮球”的一招，有效地防范了风险。

（2）长心眼，留证据。针对该案中出现的“重大险情”，即杨不承认全部资金都由章蓉交给了他的风险，有必要采取措施。杨不承认资金全收到，言外之意自然是说章蓉取出钱了没有交给他，这就把问题全踢到章蓉那里了。我们知道，只有口供而没有其他证据的，属于“孤证”，并且只有口供指证的“孤证”并不能被认定。章蓉从一开始就应有这个“心眼”，即保留将钱交给杨的证据，这些具体方式和方法，已在第3章“源自实战的十六大策略：财务人员之‘正当防卫术’”中进行了详述。

5.6 从匡达偷税案看：哪些人要为刑事责任“买单”

大家都知道，单位犯罪也常常会有单位中的某些人出来承担责任，但哪些人要为此付出代价？这无疑是个极为重要的问题，在“源自实战的十六大策略：财务人员之‘正当防卫术’”中，我们也讲到了单位犯罪案件中，承担刑事责任的人员的认定。下面，我们从一个大型案件来作进一步的分析和感受，哪些人须为此“买单”，从而更深刻地体会到作为财务人员应怎样做。

法律风险可以防范

1. 案情介绍

2002 年，北京延庆县人民检察院以被告单位北京匡达制药厂（以下简称匡达制药厂）、被告人该厂法定代表人王璐林涉嫌偷税罪向法院提起公诉，公诉机关认为被告单位匡达制药厂和被告人王璐林的行为均构成偷税罪，但法院最终判决匡达制药厂犯偷税罪，而法定代表人王璐林无罪。一般而言，单位犯罪，法定代表人应是难逃干系——正如检察院所起诉的那样，但为何法院最终认定法定代表人无罪呢？我们来看该案的判决书，即可了解全案经过，之后再作详细分析。

（1）基本案情[①]。北京匡达制药厂于 1997 年 9 月 12 日注册成立，法定代表人王璐林，总经理王彦霖，经济性质系股份合作制企业，主要生产的产品是“健骨生丸”。北京匡达制药厂于 1998 年 2 月 6 日至 1998 年 12 月 23 日间，共生产健骨生丸 566600 盒。总经理王彦霖指令保管员肖春霞将其中 358313 盒登记在药厂正式账上，其余 208287 盒采用不登记入库的方法，另做记录，药厂销售科人员可以以打白条形式将药品领走。被告人王璐林在任北京匡达制药厂的法定代表人期间，于 1998 年 1 月至 1999 年 1 月，为北京针灸骨伤学院坏死性骨病医疗中心共打白条领出 5123 大盒健骨生丸，销售后的金额人民币 4508240 元，出厂价为每大盒 880 元，既没有在北京匡达制药厂登记入账，亦未向延庆县国税局申报纳税，致使北京匡达制药厂偷逃增值税税款人民币 655043.42 元，占同期应纳税款额的 52.97%。

（2）控辩意见。检察院以被告单位匡达制药厂、被告人王璐林涉嫌犯偷税罪向法院提起公诉。公诉机关认为被告单位匡达制药厂及被告人王璐林的行为均构成偷税罪，提请法院对被告单位匡达制药厂及被告人王璐林定罪处罚。

被告单位匡达制药厂的诉讼代表人及辩护人对起诉书指控的事实未提出异议，但提出偷税行为系被告人王璐林个人利用担任匡达制药厂法定代表人

---

① 北京市高级人民法院编：《经济犯罪新型疑难案例判解》，法律出版社 2007 年 2 月第 1 版，第 246 ~251 页。

的职务所实施，应当由被告人王璐林个人承担全部责任。

被告人王璐林及其辩护人辩称，根据匡达制药厂的《章程》规定及领导分工，王璐林虽然是匡达制药厂的法定代表人，但不是偷税的直接责任人员，王璐林在主观方面没有控制匡达制药厂进行偷税的主观故意，在客观方面亦未实施控制和决定匡达制药厂偷税的犯罪行为；王彦霖系主管药厂的生产、库存、销售、申报纳税的直接责任人，在税务机关通知自查后仍拒绝缴纳税款，应由王彦霖承担法律责任，王璐林不构成偷税罪。

（3）裁判。一审法院经审理认为，被告单位匡达制药厂及其直接责任人王璐林破坏了税收征管制度，扰乱了社会市场经济秩序，均已构成偷税罪，应予惩处，遂判决如下：

①被告单位匡达制药厂犯偷税罪，判处罚金人民币 140 万元。

②被告人王璐林犯偷税罪，判处有期徒刑 3 年，缓刑 3 年，并判处罚金人民币 70 万元。

一审宣判后，被告单位匡达制药厂及被告人王璐林不服，提出上诉。

二审法院经审理认为，被告单位匡达制药厂为偷逃税款，故意将生产的部分产品隐匿，销售后收入不入账，偷逃增值税税款人民币 655043. 42 元，占同期应纳税款额的52. 97%，其行为已构成偷税罪，依法应予惩处。被告人王璐林虽为匡达制药厂的法定代表人，但经法庭质证确认的证据证明，匡达制药厂由总经理王彦霖负责，将其中 358313 盒登记在药厂正式账上，其余 208287 盒采用不登记入库的方法，另做记录，可由药厂销售科人员以打白条形式领走，系王彦霖授意为之，无证据证明王璐林具有决定、批准、授意、指挥企业人员不列或少列收入从而偷税的行为。故认定王璐林系匡达制药厂偷税犯罪直接负责的主管人员，应追究偷税罪的刑事责任证据不足，一审法院判决认定匡达制药厂构成偷税罪的证据确实、充分，审判程序合法，但量刑不当，应予改判。被告单位匡达制药厂及其辩护人所提对单位罚金过重、被告人王璐林及其辩护人所提王璐林的行为不构成偷税罪的上诉理由和辩护意见，本院予以采纳。据此，依法判决如下：

①撤销北京市延庆县人民法院［2002］延刑初字第176号刑事判决主文，即被告单位匡达制药厂犯偷税罪，判处罚金人民币140万元；被告人王璐林犯偷税罪，判处有期徒刑3年，缓刑3年，并判处罚金人民币70万元。

②被告单位匡达制药厂犯偷税罪，判处罚金人民币70万元。

③被告人王璐林无罪。

以上即是该案的全部经过。下面，我们来分析，为何法定代表人王璐林无罪。

2. 为何法定代表人无罪

我国《刑法》第三十一条规定，“单位犯罪的，对单位判处罚金，并对其直接负责的主管人员和其他直接责任人员判处刑罚。本法分则和其他法律另有规定的，依照规定。”可见，对于单位犯罪，通常情况下除需对单位判处罚金之外，还应对单位犯罪中“直接负责的主管人员和其他直接责任人员”判处刑罚，即所谓的双罚制。

本案中匡达制药厂构成偷税罪无疑义，但能否以此追究其法定代表人王璐林的刑事责任，关键在于能否认定被告人王璐林属于该单位犯罪行为的“直接负责的主管人员”。对其认定，应从以下两个方面加以把握：一是直接负责的主管人员是在单位中实际行使管理职权的负责人员，一般须是对公司决策有实际影响的人员或领导班子成员；二是对单位具体犯罪行为负有主管责任。上述两个条件缺一不可，如非单位的管理人员，就谈不上主管人员；如与单位犯罪无直接关系，就不能说对单位犯罪负有直接责任。司法实践中，一般说来，主管人员主要包括单位的法定代表人、主要负责人以及部门负责人等。但上述单位的主管人员并非在任何情况下都要对单位犯罪承担刑事责任，只有当其在单位犯罪中起着组织、指挥、决策作用，所实施的行为与单位犯罪行为融为一体，成为单位犯罪行为组成部分的情况下，才能成为单位犯罪的直接负责的主管人员，对单位犯罪承担刑事责任。单位的法定代表人作为单位的最主要的领导成员，一般情况下，在单位里对重要问题的决定起着至关重要的作用，但在单位实施犯罪的情况下，是否应承担刑事责任，则不能一概而论，仍需视其是否具体介入了单位犯罪行为，在单位犯罪过程中是否起到了组织、指挥、决策作用而定。如果法定代表人主持单位领导层集体研究、决定或者依职权个人决定实施单位犯罪的情况下，当属“直接负责的主管人员”；反之，在由单位其他领导决定、指挥、组织实施单位犯罪、其本人并不知情的情况下，则不应以单位犯罪直接负责的主管人员追究其刑事责任。当然，单位的法定代表人因失职行为，构成其他犯罪的，也应依法承担相应的刑事责任。

本案被告人王璐林虽然是被告单位匡达制药厂的法定代表人，但没有证据证明王璐林具有决定、批准、授意、指挥、组织偷逃税款的行为，二审法院依法查明相关事实后，改判王璐林无罪无疑是正确的。

但我们应当注意到，检察院并没有再追加起诉其他人员。

3. 意外？不意外！

按理说上述案件在二审后，应告一段落了，但我注意到2006年8月16日《北京晚报》有一篇报道①与本案有关，初感十分意外，但仔细分析来却并不意外。

“本应是人们的守护神的人民警察，如果在办案中弄虚作假，其后果就会使无辜人员蒙受冤狱。今天上午，原北京天正信会计师事务所有限责任公司法定代表人郭根有因涉嫌犯中介组织人员出具证明文件重大失实罪，在市一中院出庭受审。郭根有的落网，逐渐曝出市公安局延庆分局侦查人员侯留永指使其作假证陷害他人的黑幕。

无辜遭受牢狱之灾的是北京匡达制药厂法定代表人王璐林，在长达四年的时间里，郭根有先后出具了两份对王璐林不利的审计报告。1997年11月，郭根有在担任延庆审计事务所法定代表人、注册会计师期间，接受办理匡达药厂登记注册事宜的王彦霖的委托，在对东亚骨病研究所向匡达药厂投入资本进行审验过程中，违反独立审计准则，严重不负责任，未对骨病研究所在

① 中新网（www.chinanews.com）：“警察指使会计师出具假证　药厂老板无辜蒙受冤狱”，2006年8月16日。

银行交存的入资资金凭证进行审核，出具了内容重大失实的验资报告，致使匡达药厂注册资本虚假。

此外，郭根有还于2001年9月，在担任天正信会计师事务所法定代表人、注册会计师期间，明知匡达药厂因涉嫌偷税正在被公安机关调查，仍接受委托，在审计材料严重缺乏的情况下，根据市公安局延庆分局侦查人员侯留永及匡达药厂股东王彦霖的授意，违反独立审计准则，对北京针灸骨伤学院附属医院坏死骨病医疗中心在1998年1月至1999年1月销售匡达药厂药品的数量出具审计报告，该报告成为认定匡达药厂偷税犯罪的重要证据，并致使匡达药厂法定代表人王璐林被错误追究刑事责任。

两份失实的审计报告是如何出炉的呢？在审计注册资本时，郭根有仅根据王彦霖提供的“银行”开具的入资凭证，核对股东名称和身份证是否真实、印章真伪后，未向银行调查对账单及询证单，即出具了验资报告。而在审计医疗中心销售匡达药厂的药品数量时，是警察侯留永找到郭根有的。据郭根有说，侯留永有个哥哥和他在一个科室上过班，两人早就认识。2001年9月，侯留永说有个小案子需要审计一下，公安局要委托他审计医疗中心的销售数量，双方在谈到费用时，侯留永又说公安局没这笔经费，让他和王彦霖谈。于是，王彦霖向郭根有提供了医疗中心的医生处方和药品销售单，郭根有就根据这些材料，出具了失实审计报告。在审计过程中，侯留永两次催促郭根有快点出报告，并最终把审计报告作为追究王璐林刑事责任的重要证据。

据悉，侯留永和王彦霖均已被另案处理。”

在接下来的2006年9月份，据央视国际和京华时报的报道①，北京市延庆县国税局稽查局原局长张兵海，因涉嫌未核实审计报告真实性向警方出具错误的偷税证明，致使匡达药厂法定代表人被检方指控偷税罪。据了解，2002年7月，北京延庆法院认定匡达制药厂法定代表人王璐林偷税65万余

① 央视国际（www.cctv.com）据京华时报消息：“涉嫌玩忽职守　北京延庆国税稽查局原局长昨受审”，2006年9月22日。

元，判处其3年徒刑。“但这却是由家族恩怨引发的一起冤案”，幕后操纵者是其哥哥王彦霖。他勾结延庆县公安局警察侯留永，指使会计师郭根出具虚假审计报告，延庆县国税局稽查局局长张兵海出具偷税证明，组成了指控王璐林偷税的重要证据。后经王璐林上诉，2003 年 4 月 4 日，北京市一中院改判他无罪。

据指控，1998 年至 2001 年 9 月，时任延庆县国税局稽查局局长的张兵海，在负责查处北京匡达制药厂偷税案期间，未核实认定偷税数额所依据的审计报告等证明材料的真实性，故意将匡达制药厂预缴的 58 万余元税款认定为应纳税款，向公安机关出具认定匡达制药厂 1998 年 1 月至 1999 年 1 月偷税的重要证据，致使匡达制药厂法定代表人王璐林被诬告，蒙受近一年冤狱。

法庭上，张兵海承认他出具证明前并没有对有关偷税数额的审计报告进行核对，但其律师表示，国家并未赋予税务稽查机关对审计事务所出具的审计报告进行核查的权限。同时张兵海称，出具的证明是稽查局其他工作人员起草、打印后由他与领导商量盖章的，并非他的个人行为。但在检方宣读的证人证言中，稽查局其他工作人员均否认自己参与此事。该案没有当庭宣判。

4. 给我们的启示

（1）被认定为“直接负责的主管人员”，需要有证据（强调，是“证据”）证明该犯罪嫌疑人具有决定、批准、授意、指挥、组织单位犯罪的行为。如果没有该类证据证明，尽管其可能是单位的法定代表人或总经理、财务总监等等，也并不应当承担刑事责任。

（2）偷税罪在主观方面只能是出于直接故意，强调主观故意的认定。所谓直接故意，是指行为人明知自己的行为是违反税收法规，逃避缴纳应缴纳税款义务的行为，但希望或追求这种结果的发生。如果不具有这种主观上的直接故意，比如过失行为，则不构成偷税罪。

认定行为人有无偷税的故意，主要从行为人的主观条件、业务水平和行为时的具体情况等方面综合分析判断。如果行为人是因不懂税法或者一时疏忽而没有按时申报纳税，或者是因管理制度混乱，账目不清，人员职责不清或调动频繁因而漏报、漏缴税款的，都不构成偷税罪。这也是从本案中我们能举一反三得到的启示。

（3）在该案中，法定代表人被宣判无罪，同时并没有其他人员被宣判因偷税获罪。从法理上讲这是由于法院遵循“不告不理”的原则，公诉机关没有提起诉讼法院并不能直接宣判某单位或某人有罪，可能部分读者会产生“为何法院不查明直接负责的主管人员或其他直接责任人员并宣判有罪”此类疑问，这是现代诉讼结构决定的，控辩平等，法官居中裁判，不告不理，在此向读者作一下解释，并且这点对我们也极具启示意义，值得我们深思。

（4）偷税罪往往会成为举报的缘由，因为如果一个企业真的有偷税行为，它并不像“小金库”那样严密些，偷税在一个更广的人员范围内知情，如采购人员、销售人员、单位领导层、财务人员、审计人员等，由于人员的复杂、利益的冲突，偷税多数并不能被掩盖太长时间。也正如我们在后面会讲到的“牢固树立法律底线，最终不会吃亏”，进行纳税筹划是可以的，但绝对不可偷税，否则终究会后悔。本案中哥哥与弟弟合开了一家制药厂，但哥哥却串通多名执法人员，甚至最后中介机构也参与进来，要将弟弟因偷税送进监狱——兄弟骨肉尚且如此，旁人自不必说。

这些启示也正是我们感到不意外的原因。

5.7 销毁会计资料：真正的作茧自缚

在我所接触到和所见闻到的案例中，有一些是单位负责人因害怕事情被查出，在听到风声后，要么单独要么拉上财务人员一起将会计资料销毁；还有些则是财务人员因经验的不足，仅仅是怕审计出什么问题而将资料销毁。无论哪种情况，他们均错误地认为，只要销毁了资料，没有了证据，那就拿他们没办法了——事实上，这是极为幼稚的想法。销毁会计资料，其实是真正的作茧自缚，因为只要你销毁会计资料，在达到追诉标准的情况下，则已构成犯罪，而在某些情况下由于当事人判断的错误可能根本就不构成犯罪——这岂不是作茧自缚?! 正是聪明反被聪明误。

在所销毁的会计资料中，以“小金库”资料为多，而销毁“小金库”资料则又给通常由财会人员充当的保管人带来麻烦。下面，我们先看一则案例。

1. 案情介绍①

犯罪嫌疑人王某，49岁，南京某建筑工程总公司路桥工程公司会计出纳。

犯罪嫌疑人马某，50岁，南京某建筑工程总公司路桥工程公司副经理。

犯罪嫌疑人陈某，36岁，南京某建筑工程总公司路桥工程公司办公室主任。

2004年6月21日下午2时许，南京市纪委找犯罪嫌疑人王某、马某到总公司办公室谈话。在谈话中，王某交代了路桥公司私设“小金库”的事实，并让其妻从家中送来了他制作的记载“小金库”账目来源及大致去向的U盘，以及存放“小金库”资金的银行卡。纪委当即追问“小金库”的明细账目，王按照事先和马、陈串通好的，向纪委谎称账目已被销毁。谈话结束后，陈某、马某、王某随即聚在一起商量，陈某提出账册不能留要处理掉，马、王均表同意，于是连夜由驾驶员孙冬成（已取保候审）开车带上述人员到王某家中取得“小金库”原始凭证后又开车至奥体中心向阳河工地，由陈某、孙冬成将凭证拿到工地民工锅灶上烧毁。

上述销毁的是二处市政重点工程的“小金库”明细账，在1年多时间内，仅这二项工程，路桥公司通过向其水利总公司虚报预付工程款的手段，多次从工程队提取现金达465.2万元，其中用于业务招待费达100余万元；业务餐费达40余万元；项目部奖金、加班费达134万余元；有关人员奖金、加班费达37万余元；交通、通讯费达24万余元。

① 法律教育网（www.chinalawedu.com）转载正文网（www.jcrb.com）：“王某等三人故意销毁会计凭证罪”，2007年6月10日。

该案由检察机关起诉到法院后，法院一审对三名犯罪嫌疑人均以故意销毁会计凭证罪判处有期徒刑二年，缓期二年执行，罚金3万元。三名犯罪嫌疑人均未提起上诉。

2. 这是一种什么罪名

本罪在客观上表现为隐匿或者故意销毁依法应当保存的会计凭证、会计账簿、财务会计报告，情节严重的行为。

隐匿，是指故意隐藏的行为。在有关行政主管部门依法实施会计监督时，将应当提供出来接受检查的会计凭证、会计账簿、会计财务报告隐藏起来拒不提供，或者对应当提供社会监督的会计凭证、会计账簿、会计财务报告隐藏起来拒不提供，都构成隐匿。根据《会计法》第三十五条规定：“各单位必须依照有关法律、行政法规的规定，接受有关监督检查部门依法实施的监督检查，如实提供会计凭证、会计账簿、财务会计报告和其他会计资料以及有关情况，不得拒绝、隐匿、谎报。”故意销毁，是指将明知按照会计档案管理的有关规定或者国家统一会计制度的规定应当存档或者保存的会计凭证、会计账簿、会计财务报告予以销毁的行为。根据《会计法》第二十三条的规定：“各单位对会计凭证、会计账簿、财务会计报告和其他会计资料，应当按照国家有关规定建立档案，妥善保管。会计档案的保管期限和销毁办法，由国务院财政部门会同有关部门制定。”依照《会计档案管理办法》规定，各种会计档案的保管期限，根据其特点分为永久与定期两类。定期保管期限分为3年、5年、10年、15年和25年五种。如企业会计凭证中的原始凭证、计账凭证和汇总凭证的保管期限为15年；会计账簿中的明细账保管期限亦为15年。行为人实施上述两种的任何一种行为，都可能构成本罪。

对于尚不构成犯罪的，根据《会计法》第四十四条的规定，由县级以上人民政府财政部门予以通报，可以对单位可以并处5000元以上10万元以下的罚款；对其直接负责的主管人员和其他直接责任人员，可以处3000元以上5万元以下的罚款；属于国家工作人员的，还应当由其所在单位或者有关单位依法给予撤职直至开除的行政处分；对其中的会计人员，并由县级以上人民政府财政部门吊销会计从业资格证书。

从主观方面讲，本罪表现为故意，即实施这种犯罪的行为人一般是为了掩盖其违法犯罪行为，故意销毁证据和线索。过失不构成本罪。

3. 罪与非罪的界限

区分隐匿、故意销毁会计凭证、会计账簿、财务会计报告罪与非罪的明显界限是犯罪情节，即要认定“情节严重”，只有情节严重的隐匿、故意销毁财会凭证行为，才以犯罪论定。一般情节轻微或危害不大的隐匿、故意销毁财会凭证行为应以一般违法行为论，并通过行政手段加以处罚。

根据《最高人民检察院、公安部关于经济犯罪案件追诉标准的规定》之规定：

“七、隐匿、销毁会计资料案（刑法第一百六十二条之一）：

隐匿或者故意销毁依法应当保存的会计凭证、会计账簿、财务会计报告，涉嫌下列情形之一的，应予追诉：

1. 隐匿、销毁的会计资料涉及金额在50万元以上的；

2. 为逃避依法查处而隐匿、销毁或者拒不交出会计资料的。”

符合上述情形之一的即构成犯罪。但对于“涉及金额在50万元”却存在不同理解，如我曾碰到过这种情形：被销毁的会计资料记载的收入金额为40余万元，支出金额为35万余元，单独计算收入或支出金额，均在50万元以下，但累计金额却已超过50万元，这是否构成犯罪？最终检察机关和法院均认为“涉及金额”应理解为“累计金额”，因为“涉及”包括收入和支出，我国虽然不是判例法国家，但这种判例对今后类似的审判也是有一定参考意义的。

另外，对隐匿会计资料罪，江苏省盐城市盐都区人民法院高爱军则认为，作为公司财务工作的主管和责任人员，在遇到调查和侦查时，要拿出本公司应当保管的账目，或要说明账目的去向，而如果有证据证明公司有理应保管的账目，当事人既拿不出账目，又说不出账目的去向，就应当认为涉嫌犯罪，若没有其他证据予以佐证，应以隐匿会计资料罪定罪处罚。如果能搜集得到诸如账目碎片之类的证据，则应以销毁会计资料犯罪，定罪处罚。这反映了司法实务界部分人员对此罪的认识，但事实上法院判决对此罪名认定要更严一些，这可以从下面这个判例中得到佐证。

2004 年 7 月四川省绵阳市涪城区人民法院对绵阳南郊机场建设管理局财务负责人袁虹，在审计期间隐匿伪造会计凭证案进行公开审理，依法判处袁虹有期徒刑 2 年、并处以罚金 4 万元①。据检察机关介绍，这是全国人大常委会法制工作委员会对“隐匿、销毁会计凭证、会计账簿、财务会计报告构成犯罪的主体范围”进行立法解释后全国第一例会计人员司法判决案例。

案件情况如下：2002 年，审计署驻成都特派办审计组在对绵阳南郊机场建设资金审计中发现，该机场向施工单位收取的投标资料费、定期存款利息、代征税金手续费等大量收入，未纳入单位财务账核算。为了查清这些资金的下落，审计组多次向绵阳南郊机场领导及财务负责人宣传有关法律法规，要求提供上述收入的真实财务资料。但是，作为机场财务负责人及上述资金直接管理人的袁虹，却将会计资料隐匿，拒绝向审计人员提供。经过审计人员大量艰苦细致的查证，查出该机场将上述近千万元收入设置“小金库”20 多个。在此情况下，袁虹又多次编造虚假会计资料，隐匿“小金库”资金，严重阻碍了审计工作的正常进行。

对袁虹的上述行为，成都特派办依据审计法及全国人大常委会法制工作委员会关于“隐匿、销毁会计凭证、会计账簿、财务报告构成犯罪的，应当由公安机关立案侦查”的规定，将该案移送公安机关。四川省及绵阳市公安机关对此案十分重视，立案进行了积极侦查。

绵阳市涪城区人民法院在审理中认为，袁虹身为绵阳南郊机场建设管理局财务负责人，直接管理本单位的“小金库”账，在国家审计机关的审计过程中，故意隐匿本单位的“小金库”账务资料，情节严重，已经触犯了国家刑律，构成了隐匿会计凭证罪。

---

① 中国新闻网（www.chinanews.com）转载《中国审计报》报道：“全国首例隐匿会计凭证罪案件在四川绵阳作出判决”，2004 年 7 月 19 日。

4. 对本案的分析

本案中对犯罪嫌疑人故意销毁“小金库”账目是否构成故意销毁会计凭证罪，存在两种截然不同的意见：

第一种意见认为：三名犯罪嫌疑人的行为不构成故意销毁会计凭证罪。其理由主要为：路桥公司的“小金库”资金是通过虚报工程款的方式套取的，即通过非法手段获得的，其本身就是违法的，它不属于故意销毁会计凭证罪所规定的“依法应当保存的会计凭证”，因此三名犯罪嫌疑人不构成故意销毁会计凭证罪。

第二种意见认为：三名犯罪嫌疑人的行为构成故意销毁会计凭证罪。这种意见认为“小金库”资金的性质仍是公款，路桥公司是在对外业务过程中支配、使用该款项的，也就是说公款仍在公用，理应将该款项的有关会计凭证依法保存，所以犯罪嫌疑人销毁的会计凭证理应属于“依法应当保存的会计凭证”。本案犯罪嫌疑人销毁了400多万元的原始会计凭证，情节严重，构成故意销毁会计凭证罪。

事实上，该案中“小金库”的会计凭证属于“依法应当保存的会计凭证”，犯罪嫌疑人故意销毁“小金库”会计凭证的行为情节严重，达到了追诉标准，因而构成故意销毁会计凭证罪。法院的判决也正印证了此种认定。法律要求设立规范的公司、企业会计账目，并依法予以保存，其目的在于准确反映公司、企业的经营状况，以备随时查核，并依法予以监督。“小金库”的设立隐匿了公司、企业的部分经营项目与资金往来，以此规避国家对其正常审核与监督，为法律所禁止。但“小金库”会计资料与公司、企业其他应当依法保存的会计资料一样，记载了公司、企业特定时期的部分经营、活动情况，都是应当依法保存的。销毁这些会计资料，就是销毁企业这部分经营活动情况的书面记载，从而规避有关部门对此依法进行的监督检查，这种行为正是《刑法》所打击的对象。本案中销毁的原始凭证所反映的款项性质为公款，路桥公司的“小金库”是犯罪嫌疑人通过虚增工程款的方式，套取本单位的资金而设立的，其性质归根到底仍是公款。路桥公司是在对外业务过程中支配、使用该款项的，也就是说公款仍在公用，只不过是路桥公司在超越职权范围之外掌控该部分公款，形式上的违法不能掩盖其公款公用的性质。透过“小金库”本身的违法外表，这部分公款仍应受到有效地监管，路桥公司理应将该部分公款的有关会计凭证依法保存，而不能仅考虑该款项是通过不正当手段获得的，就认为它不是法律上所说的依法应当保存的会计资料。

本案中犯罪嫌疑人销毁的是400多万元的原始会计记账凭证，而原始凭证是最能清楚地反映一个单位资金进出、走向的情况。犯罪嫌疑人通过将“小金库”资金账目凭证销毁的方式，来掩盖其对内乱发奖金，对外大肆请客送礼，造成国有资金大量流失，造成了严重的社会危害后果。

反过来讲，如果说销毁普通的会计资料行为尚且构成犯罪，而销毁“小金库”的账目原始凭证的行为却仅仅因为“小金库”本身的违法性而导致不能定罪，于情于理都说不通，这无疑是在鼓励犯罪分子放心大胆地挥霍、侵吞国家财产，从而为各种职务犯罪大开方便之门。因此，犯罪嫌疑人的行为无论从法理分析还是其严重的社会危害性，都已构成故意销毁会计凭证罪。

5. 给我们的启示

（1）在销毁会计资料犯罪中有一个规律：“小金库”的资料最易被销毁，这也可能是“始乱终弃”的缘故。尤其是在“小金库”实际控制人和保管人发生变动时，更是如此。如下面一则典型的案例：犯罪嫌疑人李某，原系梁平县移动分公司经理，2002年7月调任重庆移动通信有限公司涪陵分公司副经理。李某在梁平移动分公司担任经理期间，利用职务之便，于2002年5月上旬，从其公司“小金库”中转出人民币5万元，借给其老乡从事经营活动。6月初，“小金库”管理人员陈某某调离梁平，在进行工作移交时，李某授意陈将5万元借款手续隐匿起来。同年7月下旬，李某本人调离梁平时，又指使下属将“小金库”账册全部销毁，将5万元借款据为己有。

（2）以此种方式逃避侦查或检查并不可取，因为只要实施此种行为，达到追诉标准即构成犯罪，真正是作茧自缚。而“小金库”资金如果用于公司开支或资金用途查不清，则并不能被追究刑事责任，这样一来，本来可能不被追究刑事责任的反倒因销毁会计资料而受到刑事追究。在本章的第一个案例，我们就分析了并不是所有只要有“小金库”即账外资金的情形，就会一律被追究刑事责任，这是因为公诉机关要证明责任人有侵占、挪用、贪污或行贿等情节，才能被追究刑事责任；而用于公务开支（如招待客户）、给业务员手续费、查不清资金用途的，并不能被追究刑事责任。不明白这一点，只要有“小金库”，看有人来检查了，就放把火烧掉，本来可能不被追究，现在只要金额达到标准了，就必然被追究刑事责任了，而不问资金用途了，这是因为销毁会计资料本身已经构成一种单独的罪名了。

这种作茧自缚的“极致”，竟然是有出纳担心账目审计不过关而损毁会计账簿，最终被判刑的事情。浙江省永嘉县一越江大桥出纳叶某[①]，因害怕自己做的账目不符合规定，在审计时不能过关，竟然将越江大桥指挥部总账账簿偷出损毁，涉及金额达660余万元。2001年4月30日下午，叶某在越江大桥指挥部会计室，同会计汤某核对越江大桥指挥部账目时，因担心自己做的现金日记账不符合规定要求，审计时不能过关，便乘汤中途有事不在场之机，偷走越江大桥指挥部总账账簿一本（涉及金额收入6643761.27元，支出6643761.27元)，2000年5月第49号和2000年12月第27至30号记账凭证二本。

随后，叶某将由出纳自己保管的现金日记账撕掉，丢入某乡政府公厕里，用水冲走。2001年5月7日，叶将该本总账账簿和两本记账凭证带回其暂住处后，于当晚8时许，将总账账簿带到上塘镇河屿渡口撕掉，丢入河中，被河水冲走。

2001年5月11日上午6时许，叶因害怕责任太大，便坐人力三轮车到乡政府班车停靠处，让三轮车夫将二本记账凭证放回峙口乡政府的班车上。后

① 中国广播网（www.cnr.cn)：“出纳担心账目审计不过关 毁损会计账簿被判刑”，2005年2月16日。

汤某在班车上拿回该二本记账凭证，并根据银行的对账单，按照记账凭证的顺序号核对账目，将总账账簿补好。2004 年 11 月 5 日，叶某到公安机关投案，如实供述了自己的罪行。鉴于叶某在案发后能自首，归案后有悔罪表现，结合被其销毁的账簿已经补好，并未造成严重的后果，当地法院近日以故意毁坏会计账簿罪，判处叶某有期徒刑一年六个月，缓刑二年，并处罚金人民币 2 万元。

这则案例让人感到更多的是遗憾。

（3）易判处缓刑。大量的判例表明，我国对此类犯罪，只要认罪态度尚好，更多的是适用缓刑，并且在判处缓刑后，犯罪分子多数情况也并未提出上诉，对于本部分第一个案例，三人销毁金额达 400 余万元“小金库”资料，也判处了缓刑。在此指出这种现象，更多的是希望能够引起大家的深入思考。

但下面一则案例，则是另外一种情况：犯罪嫌疑人不仅被追究了故意销毁会计凭证罪，还被追究查实的其他罪名。《今安日报》2006 年 9 月曾报道一起案件[①]，郑州一置业有限公司以销毁账册、删除会计资料、群体阻挠为手段的偷税抗税案，偷逃税款 170 余万元。昨日，记者从郑州市地税局稽查局获悉，他们在公安机关的帮助下，成功查处了一起外商独资企业恶意毁账抗税行为，该公司两责任人也将面临刑事处罚。

郑州某置业有限公司为外商独资企业，主营市场租赁与房地产开发经营。4 月份，郑州市地税局稽查局接到上级转来的举报信，称该公司近年来在经营管理某针织市场和某小商品市场时，大量偷逃国家税款。4 月 20 日，该稽查局第六检查中队来到该公司财务部的收费室要检查相关资料时，突然，收费室的电源被切断了，屋里漆黑一片。该公司财务部经理顿某称公司停电了，但稽查人员发现邻近房间依然灯火通明。而当稽查人员正要查看一本红色封面的账簿时，一名女收费员突然冲了过来，一把抢走账簿，跑出了收费室。当稽查人员追出门外，该收费员已不知去向。顿某却称：“这些人

① 金融界（www.jrj.com）转载大河网讯（www.dahe.cn）报道：“郑州一房产企业恶意抗税　粉碎百万账簿扔进黄河”，2006 年 9 月 11 日。

都是临时工，不懂规矩，跑哪儿了我们也不清楚，等我们找到她，一定把账簿追回。”

4月28日，稽查局向郑州市公安局经侦支队提出报案申请，由于该公司涉嫌隐匿、故意销毁会计资料罪，经侦支队对该公司法定代表人刘某、财务经理顿某进行了拘留。据两人交代，公司的账目是由公司财务部门的专职人员做的，收费室的电是公司人员人为破坏的，抢夺会计资料是顿某预先安排的，记录收费流水账的电脑资料已被全部删除。在稽查人员之前对其进行税务检查后，刘某连夜召集有关人员开会，研究如何对付检查。他们还将抢走的记载真实收入的账簿用碎纸机销毁投入黄河。

经查，该公司采取少列收入、进行虚假纳税申报的手段，两年间共少缴营业税41万余元，少缴城市房地产税130余万元。经郑州市地税局案件审理委员会会审，对该公司作出补税及3倍罚款的处理，并加收滞纳金。目前，该案涉及款项正在执行中，两名被拘留的公司责任人已被检察机关以涉嫌偷税罪、故意销毁会计资料罪提起诉讼。

无疑，如果检察机关能通过其他未被销毁的证据，证明该公司偷税数额、所占应纳税额的比例等这些认定偷税罪的关键问题（这些问题必须要由公诉机关举证证明，尽管在有关资料销毁后可能会较难举证），则公司法定代表人刘某、财务经理顿某面临数罪并罚应当是没有悬念的。

5.8 带上会计去行贿：最重要的是说得清

前些年随检查组到单位下属企业去检查时，我们发现了一件让检查组全体人员都大为吃惊的事情：企业财务处长竟然在某些发票的背面写着“×年×月×日，随×厂长拜访×，礼品×元，以此票冲抵”，并且这样的发票我们还看到若干张，金额也还不算太小。检查组长马上向领导作了汇报，领导认为事情太突然，怎么会有这种事？财务处长怎么说也是工作多年的老财务人员了，什么事情不明白？后来，找该财务处长谈话时，他说："因为这些票一看就是不对劲（他的经验还真是很丰富），并且还这么多，以后审计查出来，我怎么解释，不能算到我头上啊！但我怎样才能解释得通，后来我想就像正常出差报销一样，在发票背面写上事由，这样我心里才安生。"我们当时都认为天下还有如此好笑的事情，但巧的是，还有领导带上会计去行贿，而该领导带上会计的原因也是"这样说得清，反正我没拿"。这让我们看到，有此种心态的人并不是天下无双。

据2005年11月份《齐鲁晚报》的一篇报道①，当上山西翼城县委书记8个月就敛财500多万元的"卖官书记"武保安，日前被阳泉市中级人民法院一审判处有期徒刑15年。"卖官书记"敛财有方，趋炎附势者送礼方式五花八门。某局局长从2000年开始，每逢中秋节和春节都用公款给武保安送礼，为了避免自己私吞的嫌疑，去送钱的时候还把会计带上。以公款"进贡"，既讨得上司欢心，不但可以保官位，还能不断"进步"，自己的腰包又毫厘未损，此等"送礼艺术"真是充满了"智慧"。在这位带会计送礼的局长看来，只要不将送礼的公款私吞，日后即使"出事"也说得清楚，没有大不了的问题。事实上，官员掏私人腰包行贿是行贿，慷国家和集体之慨行贿也是行贿，而且是更为严重的犯罪，这与贪污公款中饱私囊并无任何区别。至于有些官员辩称，公款送礼是为了求得上级对本单位工作的关照，那只是一块薄如蝉翼的遮羞布而已。报道最后还指出，"不管行贿买官的官员是不是带着会计去送礼，这并不重要。重要的是，除了依法追究行贿受贿者的法律责任之外，还要顺藤摸瓜，好好查一查行贿款的来路，别让老百姓的血汗钱变成腐败分子的私房钱。"

财务负责人在发票背面写"明白账"和官员带会计行贿的"真情实景"，给我们以很多启示：

---

① 新华网（www.news.cn）转载《齐鲁晚报》报道："带上会计去行贿就能说得清了?"，2005年11月23日。

（1）说得清并不能免除行贿的法律责任，对此应有正确认识。个别领导或经手的财务人员有一种错误认识，认为用单位的钱送礼，也是为了能够给单位创造一个良好的外部发展环境，争取到更多的政策和利益，一句话是为了单位的发展，而不是为了个人，因而就认为只要能证明这些钱不是自己拿了，就没事。确实，自己没拿构不成贪污或侵占，但却构成行贿，数额大时自然构成行贿罪。无论是单位领导还是财务人员，都要破除错误认识。

（2）作为财务人员来讲，并不见得一定要用在发票背面写上字的办法来区分责任——当然避免无辜被牵连，采取巧妙的方式是必要的，这也正是本书所一直研究和讲述的，但并不一定要采取这种形式。前面一章已对这些策略进行了详细讲述，在此不再赘述。财务人员应当劝领导不要这样拉关系、找靠山，但领导不听，而你毕竟也还要工作，最后死谏也不行，作为理性的、正常的人，想办法不要使自己也陷进去是正常的，而且不犯法也正是法律所鼓励的。

（3）记得如此之清的人，多是为了以后在“出事”后能够争取到坦白从宽的机会，并且会以行贿罪来处罚而不是以贪污或侵占罪处罚，而贪污或侵占罪的处罚要较行贿罪严厉得多。而且，刑法第390条第2款规定，行贿人在被追诉前主动交代行贿行为的，可以减轻处罚或者免除处罚，对于坦白的犯罪分子，根据坦白从宽的刑事政策，也有可能酌定从轻或减轻处罚（行贿和受贿由于侦破很难，多是秘密且一对一进行，因而我国法律对该种犯罪有对坦白一方减轻处罚的规定，这个规定在现实中很有实效），因而从这个角度来看，记得清些也是有好处的。

总之，一个原则就是不能稀里糊涂被装进去，有责任就是有责任，没有责任也要能讲得清。

5.9 虚报注册资本：为何会计也被判刑

我们先来看一个真实的案例：虚报注册资本2000万，老总会计俱获刑。[①]

1. 案情介绍

2005年4月份，山东省淄博市张店区人民法院审结一起为成立公司虚报注册资本1997.9万元的案件，以虚报注册资本罪分别判处被告人、该公司老总由某有期徒刑一年，并处罚金人民币20万元；判处被告人、公司会计李某有期徒刑一年缓刑一年，并处罚金人民币20万元。

经法院审理查明，由某、李某以“利成家园装饰装潢有限公司”的名义在银行开设基本存款账户，存入现金19999元，后伪造金额为1999.9万元的银行对账单、询证函、缴款单，并据此从会计师事务所取得验资报告，诈骗工商局为其注册成立“利成家园装饰装潢有限责任公司”。由某和李某在此过程中虚报注册资本1997.9万元，后被银行及会计师事务所发现。公安机关根据银行的报案将由某、李某抓获。

法院审理认为，被告人由某、李某用虚假的证明文件，用欺诈手段虚报注册资本，数额巨大，其行为均已构成虚报注册资本罪。二被告人在犯罪后被及时发现，未造成严重后果，归案后认罪态度均较好，可酌情从轻处罚。被告人李某怀孕待产，据情可对其适用缓刑，故作出上述判决。

2. 虚报注册资本罪不是指股东吗

确实，虚报注册资本罪确实多指股东在企业申请登记过程中，虚报注册资本而构成犯罪的行为，但其他人员也可与股东构成共同犯罪，从而该罪的

① 法易行（www.fayixing.com）：“虚报注册资本2000万　老总会计俱获刑”，2005年10月28日。

犯罪人则不限于股东了。根据我国《刑法》的相关规定，虚报注册资本罪，是指行为人申请公司登记使用虚假证明文件或者采用其他欺诈手段，虚报注册资本，欺骗公司登记主管部门取得公司登记，虚报注册资本数额巨大、后果严重或者有其他严重情节的行为。其行为主体为申请公司登记的人或单位，行为欺诈对象是公司登记机关，行为发生的时间在公司登记过程中，成立之前。

该罪的行为特征是，根据《公司法》第二十九条的规定，股东缴纳出资后，必须经过法定的验资机购验资并出具证明，因而问题一般出现在验资过程中，使用虚假证明文件或采取其他欺诈手段取得验资报告。

所谓使用虚假的证明文件，虚报注册资本，主要是申请公司登记的人或单位，提供与实际情况不相符合，不真实，伪造或隐瞒主要事实材料，表现为：伪造或变造验资证明文件将本来没出资的事实证明为已出资，或者没有达到注册资本最低限额的事实证明为已达到注册资本最低限额。所谓采取其他欺诈手段主要是指申请公司登记的人或单位将他人的财产说成自己的财产并伪造有关产权证明材料，欺骗验资机构和验资人员，使验资机构和验收人员在被欺骗的情况下，出具达到注册资本最低限额的验资证明。

由于财务人员对企业申请设立登记过程的细节较为熟悉，对会计师事务所验资所需的文件资料也相对熟悉，因而此类事务如果不是委托给代办公司的话，一般就由财务人员操刀了。某些公司的股东想虚报、多报注册资本，但也不明白"造哪些假文件"，因而常常会请财务人员"帮忙"，而财务人员却考虑到，一是这种情况相当普遍，二是对该罪名不理解，认为只有股东才能构成虚报注册资本这类罪名，因而也就放松了警惕，最后参与了制造假文件的过程，与股东共同成为虚报注册资本罪的共犯，这就是虚报注册资本罪不是仅限于股东的原因。

3. 区分罪与非罪的界限

根据《关于经济犯罪案件追诉标准的规定》，申请公司登记使用虚假证明文件或者采取其他欺诈手段虚报注册资本，欺骗公司登记主管部门，取得公司登记，涉嫌下列情形之一的，应予追诉：

（1）实缴注册资本不足法定注册资本最低限额，有限责任公司虚报数额占法定最低限额的60%以上，股份有限公司虚报数额占法定最低限额的30%以上的；

（2）实缴注册资本达到法定最低限额，但仍虚报注册资本，有限责任公司虚报数额在100万元以上，股份有限公司虚报数额在1000万元以上的；

（3）虚报注册资本给投资者或者其他债权人造成的直接经济损失累计数额在10万元以上的；

（4）虽未达到上述数额标准，但具有下列情形之一的：①因虚报注册资本，受过行政处罚两次以上，又虚报注册资本的；②向公司登记主管人员行贿或者注册后进行违法活动的。

上述追诉标准正是区分虚报注册资本罪与非罪的界限。

4. 抽逃出资与企业间借贷的区别

抽逃出资是指在公司验资注册后，股东将所缴出资暗中撤回，却仍保留股东身份和原有出资数额的一种欺诈性违法行为。抽逃出资与虚报注册资本很容易区别，因为前者出现在公司设立登记之后；后者发生在公司设立登记过程中。而抽逃出资与企业借贷行为极易混淆，并且前者在一定情况下还会构成犯罪，因而在此有必要对二者区别进行简要说明。

根据《关于经济犯罪案件追诉标准的规定》，公司发起人、股东违反公司法的规定未交付货币、实物或者未转移财产权，虚假出资，或者在公司成立后又抽逃其出资，涉嫌下列情形之一的，应予追诉：

（1）虚假出资、抽逃出资，给公司、股东、债权人造成的直接经济损失累计数额在10万元至50万元以上的；

（2）虽未达到上述数额标准，但具有下列情形之一的：①致使公司资不抵债或者无法正常经营的；②公司发起人、股东合谋虚假出资、抽逃出资的；③因虚假出资、抽逃出资，受过行政处罚两次以上，又虚假出资、抽逃出资的；④利用虚假出资、抽逃出资所得资金进行违法活动的。

公司登记实践中常常会出现股东把他人的货币、实物“借”来出资，公司一经注册完成，再将它归还原来的权利人这样的抽逃出资行为。常见的抽逃出资手法有：

①直接在“实收资本”科目中核减。

②抽逃出资挂在“其他应收款”科目中。

③抽逃出资易名挂在“其他应收款”,“预付账款”及“预收账款”借方等科目中。

④抽逃出资不制作会计凭证挂账，采用白条的方式充抵现金。

⑤以购买设备等的名义抽逃出资，但实际上并没有购买设备，或设备价值少于付款。

⑥以在建工程、预付工程款的名义多付款，凭建筑公司的发票入账，多出部分实现抽逃。

⑦销售收入不入账，以实现抽逃出资。

⑧做错账，实现抽逃出资，抽资出资的账挂在“在建工程”、“营业成本”或“制造费用”等科目中。

⑨关联企业的不正常借款，表现为无借款协议，无对方出具的收款凭证。

尽管我们对抽逃出资的种种常见手法进行了列举，但对现实中公司与股东之间正常借贷关系的区分还是比较困难，正常的借贷受法律保护，而抽逃出资的行为则受法律所制裁。如何认定抽逃出资并没有一个统一的标准，实践中主要是从资金流出的主观意图、资金流向、流出资金的数量、流出资金的用途、流出资金的形式等方面进行综合分析。

主观上，是看大股东有无“抽逃出资”的故意，这要从公司资本的形成过程、占用资金的长短期限以股东的意思表示等方面来加以判断，如果在公司成立不久，就将其出资资金非法抽回，没有正常的业务往来、借贷关系或其他依据，不支付任何代价而长期占用不还，那主观上，就可能构成“抽逃出资”的行为。

客观上，需要判断这个资金占用行为是正常的债权债务关系还是抽逃出资。如果实际结果是导致公司的注册资本减少，则意味着股东已经实施了抽逃出资。如果公司和股东之间只是因为借贷而形成债权债务的关系，则意味着公司的注册资本并没有减少，不能认定为抽逃出资。

国家工商行政管理总局规定①，“依照《公司法》的有关规定，公司享有股东投资形成的全部法人财产权，股东以出资方式将有关财产投入公司后，该财产的所有权发生转移，成为公司的财产，公司依法对其财产享有占有、使用、收益和处分的权利。公司借款给股东，是公司依法享有财产所有权的体现，股东与公司之间的这种关系属于借贷关系，合法的借贷关系受法律的保护，公司对合法借出的资金依法享有相应的债权，借款的股东依法承担相应的债务。因此，在没有充分证据的情况下，仅凭股东向公司借款就认定为股东抽逃出资缺乏法律依据。如果在借款活动中违反了有关金融管理，财务制度等规定，应由有关部门予以查处。”这一规定也印证了上面我们从主观和客观两方面进行判断的正确和合理性。

5. 对本案的分析

本案中，被告人由某、李某伪造金额为1999.9万元的银行对账单、询证函、缴款单，并据此从会计师事务所取得验资报告，诈骗工商局为其注册成立“利成家园装饰装潢有限责任公司”，其虚报金额巨大，远远超出本罪的追诉标准，严重侵害了国家对公司的登记管理制度，已构成犯罪。

根据《刑法》第一百五十八条的规定，犯本罪的，处3年以下有期徒刑或者拘役，并处或者单处虚报注册资本金额的1%以上5%以下罚金，单位犯本罪的，实行双罚制，即对单位判处罚金，并对其直接负责的主管人员或者其他直接责任人员，处3年以下有期徒刑或者拘役。法院对本案两名犯罪分子的判决结合了其他情况，是公平合理的。

6. 对我们的启示

（1）本案所举的例子是公司刚一成立即被发现而受到查处，事实上还存

① 国家工商行政管理总局：《关于股东借款是否属于抽逃出资行为的问题的答复》（工商企字［2002］第180号），2002年7月25日。

在一种更为普遍的现象：很多公司是因为有其他问题，最后虚报注册资本而被作为其中一条罪名被摆出来。这种情况在民营企业尤为居多，这或多或少与人们经常讨论的“原罪”似有某些联系。

我们来看两个案例：一是顾雏军案件，根据起诉书的内容，顾雏军涉嫌虚报注册资本、提供虚假会计报告、挪用公司资金和职务侵占等犯罪行为。我们这里只分析其虚报注册资本罪。对于虚报注册资本的指控，顾的抗辩理由是，当初为了不违反《公司法》，在当地工商行政管理部门的认可下，采取了变通措施。而事实上，在指控其犯有提供虚假会计报告、挪用资金和职务侵占罪之前，公司成立那么长时间，也并没有人提起虚报注册资本的问题——这就是该罪名的一大特点。

第二个案例，是2007年7月在《财经》杂志刊登的一则消息，南通首富陈保存被当地检察机关指控虚报注册资本、挪用资金、合同诈骗等三宗罪名。而陈保存及其子陈剑分别担任董事长、总经理的南通宝港油脂发展有限公司（下称宝港油脂），曾为江苏南通最大的民营企业。2004年，宝港油脂位列中国食品工业百强、中国民营企业五百强排名之中。宝港油脂是中国最大的精炼油生产基地之一，亚洲第三大油脂加工企业。如此之成功的人物，企业也已做得如此之大，为何突然被指虚报注册资本？

当再接着往下看时，也许会发现答案：2005年9月，因宝港油脂拖欠货款，其进口合作方上海金泰国际粮油贸易公司、上海市五矿进出口公司向警方报案。此后，公司遭南通及南京数家银行逼贷，迅速进入破产程序。陈氏父子亦先后被南通警方拘捕！事情的缘由原来在此！

接下来就是南通市检察院的指控了，检察机关指控在2002年5月至2004年12月期间，陈保存、陈剑采取“循环空转资金”的手段，三次虚报注册资本共计人民币9478.9万元。因虚报注册资本数额巨大，导致公司严重资不抵债，无力偿还巨额债务。此外检方还指控二人挪用资金等罪名。

（2）虚报注册资本这种现象，在我国极为普遍，尤其是从事财务工作的人就更为熟悉，很多所谓的“中介公司”也是专门靠此业务生存的，但见多不怪却隐藏着风险，这种风险就是以后被揪出来的风险，即不知道哪一天会有人秋后算账。大家都在做，但并不意味着没有风险，对此类事情要有认识和警惕才行。

（3）财务人员在此过程中，不要因为自己“知道”、“熟悉”公司注册的各项流程、正常的不正常的也都知道，而积极参与其中。这种事情，不能显出作为财务人员的本事来，也并不是“露一手”的时机。

最后送大家一句话，与人为善，少产生矛盾，“矛盾常是重地雷”；当时没事，以后没准，还是不参与为好。

本章小结

本章结合财务人员工作中常见的诸如“小金库”、找票报销、提供财务资料、隐匿或销毁会计资料、谋福利还是私分国有资产、失职罪、会计人员在领导行贿中的角色、哪些人承担刑事责任、注册资本申报等问题，以大型案件的形式，剖析了这些典型问题，尤其是每个案例后的启示部分值得财务人员深思。

第6章

公安、检察机关侦查的一般程序性规定

拘留、逮捕、讯问……，这些词语你一定听说过，但究竟有哪些规定我们应当了解和掌握？如此繁杂的规定怎样才能记住？

6.1 财务人员为什么要了解这些法律规定

也许有人会说了：我们作为财务人员，有必要知道公安、检察机关侦查的一般程序性规定吗？从我多次查办案件的经验来，由于一旦发生单位犯罪的问题，财务人员常常会受到波及，办案机关往往要向他们了解情况，因而财务人员是有必要了解一些的——当然不是说要掌握得像律师那样精通，而是说基本的东西要知道。为什么？原因有二：

一是知道办案的一些规定和程序，在公安机关找到自己问话时，心里就会感到有底，不至于过分惊慌失措，有利于自己全面、正确地向办案机关反映情况，配合工作的开展。比如，《公安机关办理刑事案件程序规定》明确指明，公安人员讯问犯罪嫌疑人时，应当首先讯问犯罪嫌疑人是否有犯罪行为，让他陈述有罪的情节或者无罪的辩解，然后向他提出问题；讯问犯罪嫌疑人时，应当告知其对侦查人员的提问应当如实回答，对与本案无关的问题有拒绝回答的权利；讯问的时候，应当认真听取犯罪嫌疑人的供述和辩解；严禁刑讯逼供或者使用威胁、引诱、欺骗以及其他非法的方法获取供述；侦查人员应当将问话和犯罪嫌疑人的供述或者辩解如实地记录清楚；讯问笔录应当交给犯罪嫌疑人核对或者向他宣读，如记录有差错或者遗漏，应当允许犯罪嫌疑人更正或者补充，并捺指印，笔录经犯罪嫌疑人核对无误后，应当由其在笔录上逐页签名（盖章）、捺指印，并在末页写明“以上笔录我看过（或向我宣读过），和我说的相符”等等，对于这些规定我们事先不学习和了解，又怎能知道？

二是虽说目前我国公安机关办案水平有了长足的进步和提高，但从极个别情况看，并不能排除个别地区的极个别民警发生知法犯法、违反程序规定想尽快破案的情况。这种情况部分是由于极个别公安人员认为当事人不懂，而如果当事人能够作出一点暗示的话，知法犯法的情况马上就会改变，因为我国现在对公安人员的约束很严格，几乎没有公安人员冒着被开除的风险去争取早日完成所谓的“任务”，而这对于我们财务人员保护自己是极为重要的。

这里有一个真实案例：据《中国青年报》报道①，1999 年 9 月 7 日，福建省邵武市邵阳镇一青年男子偷盗自行车，被当地公安机关抓获。警方留下卷宗：罗玉明，男，24 岁，身高 1.67 米，有染发，家住重庆綦江县石角区新民乡齐雨五组。1999 年 9 月 7 日在邵武市偷自行车被拘留 15 天……

事实上，该小偷根本不叫罗玉明，而是罗玉明的同村同姓人，因为盗窃电缆目前正在重庆服刑。当时，警方显然未核对身份证，也未严格查实他的真实身份，仅凭他的说法就留下一个张冠李戴的卷宗，由此一场令人哭笑不得的司法闹剧开了篇。

此时，真罗玉明正在綦江县石角区新民乡齐雨村喂猪养鸡，因为天生智力低下，说话词不达意，时常被人嘲笑。谁也想不到，在千里之外，他被写进了警察的“案底”。

拘留期满后的几个月，冒名的罗玉明与重庆市潼南县人陈勇一道，连续偷盗摩托车。后来，他和陈勇分道扬镳。陈勇继续盗车，终被抓获。服刑 5 年后，陈勇于 2005 年 3 月 19 日被刑满释放。陈勇交代，自己此前有个同伙“小罗”，是重庆市綦江县人，偷摩托车时刚因为偷盗自行车从拘留所释放出来。于是，“罗玉明”偷自行车时的卷宗被调了出来。福建省武夷山市检察院于 2000 年 4 月 19 日下达批准逮捕决定书，2001 年 8 月 20 日，武夷山市公安局上网发布信息，罗玉明成了网上通缉逃犯。

罗玉明生于 1982 年 4 月 29 日，从小智力就比常人差。2005 年 10 月 9 日，很少出门的罗玉明到石角镇派出所照第二代身份证相片时，被派出所抓了！随后，武夷山市公安局派人赶到重庆，正式对罗玉明执行逮捕，带回福

① 人民网：“http://legal.people.com.cn/GB/42733/4640146.html”：“错案连过公检法三道关 一农民稀里糊涂被判刑”，2006 年 7 月 28 日。

建羁押。抓获“逃犯”的派出所，得到了500元的奖励。

2006年2月7日，武夷山市法院作出刑事判决，认定罗玉明犯盗窃罪，判处有期徒刑一年零六个月，并处罚金2000元；责令罗玉明退赔犯罪所得8580元。

后在重庆永登律师事务所吴登其律师的法律援助下，4月21日武夷山市法院下达再审决定书，认为原有证据不足以证明案件的主要事实存在，可能影响案件的公正审判。决定另行组成合议庭再审。再审前，本案中的关键人物陈勇也到武夷山作证说，这个罗玉明不是当初盗车的同伙儿。6月30日，终于真相大白，罗玉明被无罪释放。

当初将罗玉明列为网上逃犯，后来又判其有罪的核心证据，是陈勇被抓获时的供述。他先后4次供诉基本一致，都说同犯“小罗”二十四五岁，身高1.65米左右，染黄头发，偷摩托车时刚从拘留所释放出来。而真罗玉明，当时只有17岁，现在身高只有1.47米，从未染头发，存在智力障碍，足不出户。任何人稍微细心点，都会发现这两个“罗玉明”根本不可能是同一个人：存在近20厘米的身高差距；年龄相差7岁，体貌特征也相去甚远。

“如果第一次抓住假‘罗玉明’时认真核对他的真实身份，这个荒唐的司法闹剧就不会出现了。真‘罗玉明’照身份证相片被抓、此后经历的公安机关侦查、检察机关批捕及提起公诉、法院审判等众多环节，任何一个环节只要稍微仔细一点儿，就能看出问题，可这个错案竟真真切切地发生了!”吴登其律师感慨万千。

“更为关键的是，审判时，唯一的证人陈勇并未到庭，即使他不能到庭，他的供述中有那么多地方与罗玉明的基本情况不符，怎么能作为最主要的定案证据？法官怎能不好好看一看？怎能不引起警觉？怎能缺少仔细调查?”

巧合的是，本案中的罗玉明，表达和理解能力差，没有法律知识，因为在“公安”面前“害怕”，以为“不承认不行”，最终“承认”了自己偷车；在法院审判时，他对普通话不知所云，法官说了些什么都不知道。而罗玉明案经过侦查、批捕、审判等诸多环节，却一错再错，公检法三个系统的制约和监督的功能根本没有体现。

总之，罗玉明的主观原因和公检法的一系列巧合原因碰在一起时，就出现了冤案，这也正是写作本章的原因。但你也可能会说，罗玉明表达和理解能力差，连普通话也听不懂，是个别情况，但下面一个案例，不但是最近发生的案例，而且当事人还是律师——我们不能说他理解能力差吧，尤其是我们认真审视这个案例会得到很多启示。

据《京华时报》、《北京晨报》、《财经》等多家媒体报道（因案件曾两次开庭审理）[①]，北京律师李庄在到河北沙河市参加一起刑事案件辩护后，被沙河市公安局带到该局5小时未能离开。7月11日，李庄起诉沙河市公安局非法限制人身自由案在海淀法院第一次开庭。李庄诉称，今年4月3日上午，沙河市法院审理了一起公诉案，他作为被告辩护人出席庭审，质疑了一份沙河市公安局作出的法医鉴定。12点30分庭审结束后，李庄与其助理走出法庭，被四五名沙河市公安局警员截住称“有事要了解一下”。李庄说，他们被带到沙河市公安局二楼刑警二中队办公室，询问在13点结束，14点李庄按了手印，但此后他多次要求离开，均被拒绝。在几个小时的等待中，李庄用手机偷偷录下了他和便衣看守之间的对话。李庄将这段长达20分钟的录音当庭播放。其中，李庄多次提出自己有低血糖，需要吃午饭，并已与河北高院法官约定下午见面，还赶火车，但这些要求均被拒绝。录音显示，沙河市公安局警员在做完询问笔录数小时内，仍限制其离开公安局。

李：你们光让我在这儿坐着，一共只问了十分钟，却让我坐了一个半小时。坐到几点我也不知道，给我个大概时间？

警：我给不了你时间。

李：那谁能给啊？

警：你急我可以理解，你尽量配合吧。

---

① 新浪网新闻中心（news. sina. com. cn）转载《京华时报》报道：“北京律师状告河北公安非法限制人身自由”，2007年7月12日；财经网（www. caijing. com. cn）：“北京律师状告沙河警方侵犯人身权利”，2007年8月29日。

李：那你们问我，我配合，你不问我，我就在这儿坐着怎么配合啊？

警：这不是去找领导去了。

……

警：领导跟我说，叫我跟你说，你现在还不能走，只能在这儿继续等待。

李：我要是愣走呢？

警：愣走？我只好跟你说，你现在还不能走。

李：就是说戴手铐强制限制？

警：什么限制不限制，我跟你说，你现在还不能走呢，还得配合俺工作。

李庄认为，沙河市公安局在询问之后限制了自己的人身自由，并致使他错过了回北京的火车。因此，李庄将沙河市公安局起诉至海淀法院，要求对方赔礼道歉、赔偿经济损失9000元和精神损失1万元。

两名律师代表沙河市公安局出庭，他们并不认可李庄所说的“非法限制人身自由”。他们辩称，李庄在案件辩护中出示的证据来自在逃犯，是违法的，因此警方对他进行了合法询问；而询问时间的长短在法律上并没有规定，在对原告进行询问后，公安机关需要时间去核实相关情况，因此用了较长时间。

8月29日下午，海淀区法院二次开庭审理北京康达律师事务所李庄律师状告河北沙河市公安局行政违法一案。庭审结束前，审判长问被告沙河市公安局的代理律师，沙河警方在对李庄问讯结束后的两个多小时内，依然不让其离开公安局，警方实施的是什么行为。沙河警方的代理律师尴尬地表示：“我们不好回答。”8月29日下午15时35分，审判长宣布休庭，宣判或继续开庭的时间另行通知。

这个案例，给我们的启示至少有两点：

第一，此前我们讲的“录音”这些问题，又让我们看到了现实中的一个真实案例，它不是空洞的说教，很值得我们深思。试想，如果李庄没有这几段录音资料，它在证明自己接受完问话后仍然被留在公安局这个关键问题上，能出示什么证据呢？

第二，我们了解公安机关的程序规定是必要的，既是保护自己的需要，自然也是守法的需要，作为公民“知法才能更好地守法”。作为司法机关，绝对不希望发生这种错案，而是希望公民能够知法守法。

我们提高自身素质必会使可能发生在自己身上的冤假错案概率大大降低，减少上面案例中的巧合因素，这也是“知识改变命运”的一个体现；而如果大家的法律知识和素质都提高一个层次，那么国家的法治建设也就前进了一步，而这也正是社会各界尤其是司法战线的同志们为之努力的重要方面。

6.1.1 学习程序法的体会和技巧

我本人先后从事财务、外部监管、内部审计和纪检工作，其中还参与单位法律事务的研究讨论和处理，并有幸多次配合公安机关查办大案要案，对于一直从事的老本行财会和审计领域来说，取得注册会计师资格自是应有之意，但取得律师资格则一方面是自己有机会接触法律事务并勤学多思的结果，另一方面则是有幸摸索到了学习法律的好方法。

程序法是相对于实体法而言的，主要用于规范程序性事项，而实体法则是规范涉及实体权利义务关系的法律规范，从三大法律领域——指民事法律、刑事法律和行政法律领域来看，《物权法》、《民法通则》、《著作权法》等民法（我国目前没有统一的《民法典》)，《刑法》，《劳动法》，《治安管理处罚条例》等行政法规（我国没有统一的《行政法》)，这些都属于实体法；而《民事诉讼法》、《刑事诉讼法》、《行政诉讼法》等则属于程序法。

公安、检察机关侦查的程序性规定，主要由《刑事诉讼法》一部法律和六部委《关于实施〈中国人民共和国刑事诉讼法〉若干问题的规定》（以下简称“六部委《规定》”）、《公安机关办理刑事案件程序规定》、《人民检察院刑事诉讼规则》、最高人民法院《关于执行〈中华人民共和国刑事诉讼法〉若干问题的解释》等司法解释和部门规章进行规范，司法解释和部门规章都是对《刑事诉讼法》的细化，以利于具体操作，都属于程序法的范畴。

程序法的一个显著特点是，其细致、具体的规定多，理解是必要的，但关键是要记住。因而，我总结出的学习程序法的三点体会和技巧：第一，先认真看法条原文，要仔细地看，不能怕麻烦，其实法条并不是很多，这一点和学习实体法不同，后者更侧重于理解；第二，从一种更有条理、更有逻辑联系的角度去回顾这些法条的规定，这其实是消化吸收的过程；第三，找几个案例，以找错的形式把握细节，这对学习者的思维往往会产生很大的启迪，从而会达到融汇贯通的效果。基于上述经验，我对这部分内容也按以上思路进行，以便大家看完之后真正理解、记住，学以致用。

6.1.2 穿插讲解 消化吸收

我国目前对公安机关办理刑事案件的程序性规定，主要有《刑事诉讼法》、六部委《规定》和《公安机关办理刑事案件程序规定》（即公安部于1998年5月14日发布的第35号令，也常称为35号令），35号令是对《刑事诉讼法》中有关规定的具体化，因而更具指导性和操作性。此外，公安部于2005年12月31日发布并于2006年6月1日实施的《公安机关办理经济犯罪案件的若干规定》对公安机关办理经济犯罪案件作了进一步的规定，但该规定是在上述公安部35号令的前提下制定的，对基础性的且重要的问题并没有突破35号令的规定。对于财务人员而言，则需要重点掌握35号令的第八章“立案、破案、销案”和第九章“侦查”两章内容（由于法条内容较多，加之读者可很方便地在网上查询到，在此不予一一列示）。

至于检察院办理刑事案件的程序规定，从大的方面来讲，当然是《刑事诉讼法》的相关规定，从更具体的操作层面上说，则主要是六部委《规定》和最高人民检察院于1997年发布并经1999年修正的《人民检察院刑事诉讼规则》。我们已经知道，检察院对以下案件可以直接立案、侦查：贪污贿赂犯罪，国家工作人员的渎职犯罪，国家机关工作人员利用职权实施的非法拘禁、刑讯逼供、报复陷害、非法搜查的侵害公民人身权利的犯罪以及侵犯公民民主权利的犯罪。作为财务人员而言，我们同样是重点了解可能涉及当事人的立案（包括立案前的初查）、侦查等相关规定，而对于纯粹在检察机关内部操作的审查、提起公诉等环节则不必过多了解。具体来讲，则是《人民检察院刑事诉讼规则》中第六章“立案”、第七章“侦查”中的相关内容（读者同样可从网上方便地查询到，在此不再逐条列示）。

同时，大家应当查询到上面提到的《公安机关办理刑事案件程序规定》、《人民检察院刑事诉讼规则》两项规章，细读重点章节的每一条文——其实费时也并不会太多，关键就看你有没有这个意识，能不能静下心来。

在读完上述内容后，你一定会发现公安机关和检察机关在办理刑事案件中，许多程序性规定都是相同或相近的，下面从一个内在逻辑的角度对公安和检察机关办理刑事案件程序性规定，作一下梳理和说明，帮助读者融汇贯通所学内容。当然，这是建立在对上述两个规章中相关内容有一定了解的基础之上的。

6.1.2.1 立案

1. 立案的条件

（1）公安机关和检察机关：有犯罪事实存在，且需要追究犯罪责任。这就是说，立案必须同时具备两个条件：第一个条件是有犯罪事实，它指的是要有一定的证据证实犯罪事实已经发生了。第二个条件是需要追究刑事责任，是指在决定是否立案时，没有证据表明这是一起不予追究刑事责任的案件，就意味着需要追究刑事责任。这两个条件是实质性条件，无论是公诉案件还是自诉案件都要具备这两个条件。

（2）法院立案的条件：如果是被害人直接到法院申请立案，除有犯罪事实存在，需要追究犯罪责任之外，还包括属于自诉案件的犯罪，案件属于该人民法院管辖，有明确的被告人及其诉讼请求，起诉的主体是被害人或其法定代理人或近亲属，有能够证明犯罪事实的证明。

比如，某公司发现外部人员（非公司员工）侵占公司财产且达到一定金额，则属于一般侵占罪，如果向公安或检察机关报案，公安或检察机关一般不予受理，被害人需要向法院直接申请立案；而如果公司发现公司员工侵占公司财产且达到一定金额，则属于职务侵占罪，公安或检察机关会受理其报案，公安或检察机关会立案并进行侦查。我们这里重点关注的是单位员工犯罪所引起的公安或检察机关侦查等内容。

2. 侦查机关

（1）公安机关：刑事案件的侦查由公安机关进行，法律另有规定的除外，这里“另有规定”包括：

①由检察院直接立案侦查的案件。

②由军队保卫部门负责侦查的军队内部发生的刑事案件。

③由国家安全机关立案侦查的间谍案。

④由监狱立案侦查的罪犯在监狱内犯罪的案件。

（注：海关的侦查部门对于走私犯罪有侦查权）

（2）检察院：

①贪污贿赂犯罪（刑法分则第8章的贪污贿赂罪，以及分则中比照贪污贿赂罪处罚的，注意职务侵占罪和挪用资金罪不在此列，应该由公安机关管辖），国家工作人员的渎职犯罪，国家机关工作人员利用职权实施的非法拘禁、刑讯逼供、暴力取证、虐待被监管人员、报复陷害、非法搜查的侵犯公民人身权利的犯罪（若主体不是国家机关工作人员，则为公安机关立案，如超市保安搜查）以及侵犯公民民主权利，如非法剥夺宗教信仰自由、破坏少数民族风俗习惯、破坏选举案件、妨害通讯自由（普通人妨害通讯自由则由人民法院直接受理）等犯罪，由检察院立案侦查。

②对于国家机关工作人员利用职权实施的其他重大的犯罪案件，需要由检察院直接受理的时候，经省级以上检察院决定，可以由检察院立案侦查。

在实践中还存在一种交叉管辖的情形，比如查办某一人的犯罪时发现其还涉嫌其他罪名，而该罪名又属于其他的侦查机关管辖，这时就产生了交叉管辖。对交叉管辖的处理有如下规定：

首先，公安机关侦查刑事案件涉及检察院管辖的贪污贿赂案件时，应当将贪污贿赂案件移送检察院。检察院侦查贪污贿赂案件涉及公安机关管辖的刑事案件，应当将属于公安机关管辖的刑事案件移送公安机关。原则上实行分案侦查。

其次，在上述情况中，如果涉嫌主罪属于公安机关管辖，由公安机关为主侦查，检察院予以配合；如果涉嫌主罪属于检察院管辖，由检察院为主侦查，公安机关予以配合。

最后，要分清主罪和次罪（刑罚较重的为重罪）后再确定管辖。比如犯贪污罪和故意伤害罪，如果贪污罪刑罚较重，则由检察院管辖；故意伤害罪刑罚较重，则由公安机关管辖。

在现实中，管辖是非常重要的一个问题，作为财务人员对此有必要予以了解。

3. 立案程序

（1）立案审查。

①公安机关对于报案、控告、举报和自首的材料，应当按照管辖范围，迅速进行审查，认为有犯罪事实需要追究刑事责任的时候，应当立案；认为没有犯罪事实，或者犯罪事实显著轻微，不需要追究刑事责任的时候，不予立案，并且将不立案的原因制作《不予立案通知书》，7 日内送达通知控告人。控告人如果不服，可以在收到《不予立案通知书》后 7 日内，有权向作出决定的公安机关申请复议。公安机关应当在收到复议申请后 10 日内作出决定，并书面通知控告人。

②检察机关对要案（县处级以上干部犯罪）材料审查后的处理情况，应当在作出立案或不予立案决定后的 10 日以内按照备案的范围报上级检察院备案。上级检察院认为处理不当的，应当在收到备案材料后 10 日内通知下级检察院纠正。检察院决定不立案，如果是被害人控告的，应当制作《不立案通知书》，说明原因，在 15 日以内送达控告人，控告人不服的，可以在收到不立案通知书后 10 日内申请复议。检察院应当在收到复议申请后 30 日内作出复议决定。

③法院对于自诉案件，应当在收到自诉状或口头告诉的第 2 日起 15 日内作出是否立案的决定，并书面通知自诉人或代为告诉人。

（2）立案监督。

①检察院认为公安机关对应当立案侦查的案件而不立案侦查的，应当通知公安机关立案，公安机关接到通知后应当立案；

②被害人认为公安机关对应当立案侦查的案件而不立案侦查，向检察院提出的，检察院应当要求公安机关说明不立案的理由；

③交叉立案：对于由公安机关管辖的国家机关工作人员利用职权实施的重大犯罪案件，检察院通知公安机关立案而公安机关不立案的，经省级以上检察院决定，检察院可以直接立案侦查。

应当注意的是，公、检、法机关对于报案、控告、举报者都应当接受，不允许以任何借口不予接受。换句话说，对立案材料的接受和对案件有无管辖权之间没有必然联系。接受材料和受理案件是两个不同的概念。受理案件首先是要有管辖权的机关才能受理，对立案材料的接受与管辖权无关，只要是公检法机关都应该接受。对于不属于自己管辖的案件应当移送主管机关，并通知报案人、控告人、检举人。而对于不属于自己管辖而又必须采取紧急措施的，应当先采取紧急措施，然后移送主管机关。

6.1.2.2 侦查

1. 侦查行为的程序

（1）讯问犯罪嫌疑人。

①人员：必须由检察院或者公安机关的侦查人员负责进行。讯问的时候，侦查人员不得少于2人。

②地点：对于不需要逮捕、拘留的犯罪嫌疑人，可以传唤到犯罪嫌疑人所在市、县内的指定地点或者到他的住处进行讯问，但是应当出示检察院或者公安机关的证明文件。

③如果未成年人，应当通知法定代理人到场，如果是聋哑人应当有通晓聋哑手势的人到场。

④原则：侦查人员在讯问犯罪嫌疑人的时候，应当首先讯问犯罪嫌疑人是否有犯罪行为，让他陈述有罪的情节或者无罪的辩解，然后向他提出问题。

犯罪嫌疑人对侦查人员的提问，应当如实回答。但是对与本案无关的问题，有拒绝回答的权利。

⑤讯问犯罪嫌疑人应当制作笔录，笔录应当交犯罪嫌疑人核对。若有遗漏和错误，犯罪嫌疑人可以提出补正或改正。没有错误，犯罪嫌疑人应当签名或盖章，侦查人员也应当在笔录上签名。

⑥时间：传唤、拘传持续的时间最长不得超过 12 小时。不得以连续传唤、拘传的形式变相拘禁犯罪嫌疑人。

作为常识，我们要知道，侦查阶段被依法追查的人不叫被告人，而是称为犯罪嫌疑人。对犯罪嫌疑人的问话叫“讯问”，而不是“询问”。对于讯问，我们务必记住以下几点：

第一，讯问人员必须是本案的侦查人员，而且每次讯问不得少于 2 人。

第二，讯问的地点，对不需要拘留、逮捕的犯罪嫌疑人可以传唤至犯罪嫌疑人所在市、县的指定地点或到其住处进行讯问，但是应当出示公安机关或检察院的证明文件。从这里可以看出，对没有拘留逮捕的犯罪嫌疑人不能进行异地讯问，必须在其所在市、县进行讯问，或者是指定地点或者是在其住处。

第三，每次传唤最长不超过 12 小时，传唤时候应该有传唤证。“不得以连续传唤形式变相拘禁犯罪嫌疑人”，是指两次传唤间隔要在 12 小时以上。

第四，讯问的程序有基本要求，即应当讯问犯罪嫌疑人是否有犯罪行为，如果犯罪嫌疑人承认有犯罪行为即让其陈述犯罪情节，如不承认，应让其进行无罪辩解，然后根据其陈述的内容向其提出问题。

第五，对侦查人员的提问，犯罪嫌疑人应当如实回答，但对与本案无关的问题有权拒绝回答。讯问犯罪嫌疑人严禁刑讯逼供和以威胁、引诱、欺骗以及其他非法方法收集证据。

（2）询问证人、被害人。

①人员：必须由检察院或者公安机关的侦查人员负责进行。讯问的时候，侦查人员不得少于 2 人。

②侦查人员询问证人，可以到证人的所在单位或者住处进行，但是必须出示检察院或者公安机关的证明文件。在必要的时候，也可以通知证人到检察院或者公安机关提供证言，而不得另行指定其他地点（与讯问犯罪嫌疑人相比较，指定地点不同）。

③询问证人应当个别进行。

④询问证人，应当告知他应当如实地提供证据、证言和有意作伪证或者隐匿罪证要负的法律责任。

⑤询问不满 18 岁的证人，应当通知其法定代理人到场，如果是聋哑人应当有通晓聋哑手势的人到场。

询问被害人，适用证人的有关规定。

由于此种侦查手段同样十分常见，同样需要着重掌握。但与犯罪嫌疑人不同，对被害人、证人的用词是“询问”，而不是“讯问”。与“讯问犯罪嫌疑人”不同之处主要有两点：

一是侦查人员询问被害人、证人可以到被害人、证人的所在单位或住处进行，侦查人员不得另行指定地点，在必要时可以通知被害人、证人到检察院或公安机关也就是侦查机关来提供证言，除此以外就不能另行指定地点。

二是询问被害人、证人应当个别进行，就是要一个一个问，不能把被害人、证人纠集在一起集体询问。

（3）勘验、检查。

①勘验和检查的区别：勘验的对象是现场、物品和尸体；而检查的对象是活人的人身。

②侦查人员执行勘验、检查，必须持有检察院或者公安机关的证明文件。侦查人员对于与犯罪有关的场所、物品、人身、尸体（解剖尸体前应当通知死者家属到场）应当进行勘验或者检查。在必要的时候，可以指派或者聘请具有专门知识的人，在侦查人员的主持下进行勘验、检查。适用情况是为了确定被害人、犯罪嫌疑人的某些特征、伤害情况或者生理状态，可以对人身进行检查。要注意区别对待，即犯罪嫌疑人如果拒绝检查，侦查人员认为必

要的时候，可以强制检查，但对被害人的人身检查不得强制进行，检查妇女的身体，应当由女工作人员或者医师进行。

③为了查明案情，在必要的时候，经公安局长批准，可以进行侦查实验。侦查实验，禁止一切足以造成危险、侮辱人格或者有伤风化的行为。

（4）搜查。

①进行搜查，必须向被搜查人出示搜查证（必须有法律文书）。在执行逮捕、拘留的时候，遇有紧急情况，不另用搜查证也可以进行搜查。

②在搜查的时候，应当有被搜查人或者他的家属，邻居或者其他见证人在场。

③搜查妇女的身体，应当由女工作人员或者医师进行。

特别需要注意的是，我国不搞无证搜查。因而，搜查时必须向被搜查人出示搜查证，否则被搜查人有权拒绝搜查；但侦查人员执行逮捕拘留时在遇有紧急情况可以不另开搜查证进行搜查，其实这也是一种有证搜查，而此时的“证”是拘留证和逮捕证。另外搜查时要有见证人在场，这又是一个“证”，但这个“证”是“见证”之意。

（5）扣押物证、书证。

①对于扣押的物品和文件（必须与案件有关），应当会同在场见证人和被扣押物品持有人查点清楚，当场开列清单一式两份，由侦查人员、见证人和持有人签名或者盖章，一份交给持有人，另一份附卷备查。

②对于扣押的物品、文件应当妥善保管或封存，不得使用、损毁或丢失。

③侦查人员认为需要扣押犯罪嫌疑人的邮件、电报的时候，经公安机关或者检察院批准，即可通知邮电机关将有关的邮件、电报检交扣押。不需要继续扣押的时候，应通知邮电机关。

④对于扣押的物品、文件、邮件、电报或者冻结的存款、汇款，经查明确实与案件无关的，应当在 3 日以内解除扣押、冻结，退还原主或者原邮电机关。

⑤检察院、公安机关根据侦查犯罪的需要，可以依照规定查询、冻结犯

罪嫌疑人的存款、汇款。犯罪嫌疑人的存款、汇款已被冻结的，不得重复冻结。

这里面我们务必要明确的是，侦查机关对一般物品、文件的扣押是通过开列清单来进行，清单一式两份，一份交给原持有人，另一份附在案卷中作为证据。

（6）鉴定。对于财务人员可能会涉及到的具有职业性的犯罪而言，鉴定多是司法会计鉴定。

①决定机关：公安机关或检察院负责人有权决定进行鉴定。

②鉴定单位：由公安机关、检察机关委托有鉴定资格的单位进行鉴定。

③鉴定程序：与审计类似，其鉴定全过程也可分为接受委托、实施鉴定过程、得出鉴定结论三个阶段。

④技术手段：与审计有类似之处，但司法会计鉴定不适用“重要性原则”，同时一般也不适宜采取抽样审查，而需实施详细验证。因为司法会计鉴定均要求对某一经济行为或事项的“是”与“非”予以明确界定，或对经济交易的具体数量进行核实，因此，一般应将所有鉴定资料作为证据来源，实行详细审查，以达到鉴定目的。具体来讲，鉴定方法一般有检查法、核对法、询问法、实物盘点法、判断推理法和比较分析法等。通过对鉴定的实物财产进行实地清点，并与账面数进行比较核对，以确定财产实有数。

⑤侦查机关应当将用作证据的鉴定结论告知犯罪嫌疑人、被害人。如果犯罪嫌疑人、被害人提出申请，可以补充鉴定或者重新鉴定。

⑥对犯罪嫌疑人作精神病鉴定的期间不计入办案期限。

（7）辨认。辨认一定要进行混杂辨认，人数不得少于7人，照片不得少于10人；检察院自侦案件，人数不得少于5人，照片不得少于5张；辨认物品，同类物品不少于5件，照片不少于5张；

辨认过程中不能有暗示；

辨认由侦查人员进行，人数不得少于2人；

辨认结果本身不是一种证据，只是在强化或弱化其他证据的证明力，起审查判断证据的作用。

（8）通缉。

①权力机关：只有公安机关有权发布通缉令。

②通缉对象：应当逮捕的犯罪嫌疑人在逃的。

③各级公安机关在自己管辖的地区以内，可以直接发布通缉令；超出自己管辖的地区，应当报请有权决定的上级机关发布。

2. 侦查终结

（1）侦查中的羁押期限。

①对犯罪嫌疑人逮捕后的侦查羁押期限不得超过2个月。

②案情复杂、期限届满不能终结的案件，可以经上一级检察院批准延长1个月。

③下列案件在前述规定的期限届满不能侦查终结的，经省、自治区、直辖市检察院批准或者决定，可以延长2个月：交通十分不便的边远地区的重大复杂案件；重大的犯罪集团案件；流窜作案的重大复杂案件；犯罪涉及面广，取证困难的重大复杂案件。

④对犯罪嫌疑人可能判处10年有期徒刑以上刑罚，依照上述规定延长期限届满，仍不能侦查终结的，经省、自治区、直辖市检察院批准或者决定，可以再延长2个月。（共可延长5个月）

⑤相关程序规定：

第一，公安机关应当在羁押期限届满前7日向检察院提出书面延长申请，检察院应当在羁押期限届满前作出决定。

第二，在侦查期间，发现犯罪嫌疑人另有重要罪行的，自发现之日起依照上述规定重新计算侦查羁押期限。不须经检察院批准，但须报检察院备案。

第三，犯罪嫌疑人不讲真实姓名、住址，身份不明的，侦查羁押期限自查清其身份之日起计算，但是不得停止对其犯罪行为的侦查取证。对于犯罪事实清楚，证据确实、充分的，也可以按其自报的姓名移送检察院审查起诉。

第四，对被羁押的犯罪嫌疑人作精神病鉴定的时间不计入侦查羁押期限，但其他鉴定时间都应当计入办案期限。对于因鉴定时间较长，办案期限届满仍不能终结的案件，应当自期限届满之日变更强制措施，改为取保候审或监视居住。

第五，因为特殊原因，在较长时间内不宜交付审判的特别重大复杂的案件，由最高检察院报请全国人民代表大会常务委员会批准延期审理。

（2）侦查终结的其他规定。

①公安机关侦查终结的案件，应当做到犯罪事实清楚，证据确实、充分，并且写出起诉意见书，连同案卷材料、证据一并移送同级检察院审查决定。

②在侦查过程中，发现不应对犯罪嫌疑人追究刑事责任的，应当撤销案件；犯罪嫌疑人已被逮捕的，应当立即释放，发给释放证明，并且通知原批准逮捕的检察院。

（3）检察院对直接受理案件的侦查终结。

①检察院直接受理的案件中符合法律规定情形，需要逮捕、拘留犯罪嫌疑人的，由检察院作出决定，由公安机关执行，必要时，检察院可以协助公安机关执行。

②检察院侦查终结的案件，应当作出提起公诉、不起诉或者撤销案件的决定。

（4）补充侦查。

审查起诉阶段：人民检察院审查案件，可以要求公安机关提供法庭审判所必需的证据材料。人民检察院审查案件，对于需要补充侦查的，可以退回公安机关补充侦查，也可以自行侦查。对于补充侦查的案件，应当在 1 个月以内补充侦查完毕。补充侦查以两次为限。补充侦查完毕移送人民检察院后，人民检察院重新计算审查起诉期限。对于补充侦查的案件，人民检察院仍然认为证据不足，不符合起诉条件的，可以作出不起诉的决定。

法庭审理阶段：在法庭审判过程中，检察人员发现提起公诉的案件需要补充侦查，提出建议的，人民检察院应当在 1 个月以内补充侦查完毕。补充侦查以两次为限。补充侦查完毕移送检察院后，检察院重新计算审查起诉期限。对于证据不足由检察院通知公安机关补充侦查，不同于上述情况，应属于继续侦查。

我们接下来再看几个案例习题（特别说明：以下案例纯粹为学习有关知识而设计，并参考了中国法院网、新浪等媒体公布的案件事实，以及结合我在参加国家司法考试而系统学习法律知识过程中掌握的案例而设计，以帮助大家有效掌握相关知识为最终目的，而并非是真实发生的案例），来帮助大家理解和记忆。

［案例一］某地检察院接到举报，称市自来水公司财务处长王某有重大贪污嫌疑，并列举了几条线索。检察院及时组成了 3 人专案组，随后侦查人员在王某办公室抽屉中发现了两份投资合同。两份合同都是由自来水公司投资 1000 万元委托北京某投资公司购买国债，一份合同的收益率是 3.6%，另一份是 10%。经查，自来水公司是按 3.6% 的收益率收取收益。专案组随后找到北京某投资公司。该公司证实，签订两份合同是王某要求的，他们则是按 10% 支付投资收益。在掌握此证据后，专案组突审王某，王某交代了贪污公司收益 123 万元的事实。

以下是侦查人员李某对其单独进行讯问的笔录：

李某：王某，你知道你为什么被拘留吗？知道找你的原因吗？

王某：不知道。

李某：不知道？根据我们掌握的证据，你犯了贪污罪，知道不知道，你如实交代一下你的问题，争取宽大处理。

王某：我绝对没有贪污，我自小就为人实在，在单位也一向踏踏实实，这你们也可到单位打听打听。我是冤枉的。

李某：这些我们都了解过了，但这和你现在的贪污没有必然关系，你不要顽固，老老实实交代才会有出路，并且是唯一的出路。

王某：我真的没有犯罪！我要给家人打电话，我要请律师。

李某：现在你不能请律师。你必须要如实回答我的问题：你是怎么贪污委托北京某投资公司所取得的投资收益款的？贪污了多少？再次告诉你，坦白才能争取到出路。

王某：我现在不想回答问题。我享有沉默权，可以不回答你的问题。

李某：国家的政策，你也清楚，向来是“坦白从宽、抗拒从严”。你如果老老实实交代罪行，你才可能出这个门；否则，你就别想出去！

我们现在来分析，上述讯问笔录哪些方面违反了刑事诉讼法的有关规定。

通过这种场景的模拟，我们可以更清楚地分析和感觉其哪些地方违反了有关规定：

一是侦查人员不应单独讯问犯罪嫌疑人。讯问犯罪嫌疑人时，侦查人员不得于2人。

二是侦查人员不应在开始讯问时，先让其陈述犯罪事实。讯问时首先应问其是否有犯罪行为。

三是侦查人员不能拒绝犯罪嫌疑人聘请律师的要求。犯罪嫌疑人自被第一次讯问或采取强制措施之日起有权聘请律师为其提供法律咨询、代理申诉、控告。

四是犯罪嫌疑人在侦查阶段不享有沉默权，而是应当如实回答侦查人员的问题。

五是侦查人同不得以威胁、引诱、欺骗等非法手段收集证据。即不能说“你如果老老实实交代罪行，你才可能出这个门；否则，你就别想出去！”

后专案组3人共同依法对其进行讯问，王某如实交待了其犯罪事实。

［案例二］

2006年某市检察院收到一封检举信，称某国有电力公司偷税300万元的事实；并举报该公司总会计师王某贪污公款。检察院经调查后，认为该公司确有偷税事实，依法应追究刑事责任；并查明贪污公款的事实：2004年该省财政厅曾提供无息借款200万元给该公司使用，但王某一直在公司财务账上记提利息。2006年，王某从北京购买了一张假汽车修理发票，以汽车修理费的名义在公司账上报销，将20.06万元计提利息款存入私设的银行账户从而据为己有。2006年7月8日检察院批准逮捕王某，并派检察院侦查人员将其逮捕。7 月 14 日犯罪嫌疑人王某聘请的律师向检察院提出取保候审的申请，检察院提出需缴纳 5 万元保证金，并提供保证人。7 月 15 日律师向检察院缴纳了 5 万元的保证金，并且提供了保证人，王某被取保候审。后经侦查发现，该公司自 2005 年到 2007 年间，共偷税漏税 300 万元，检察院遂冻结该公司账户，并将 300 万元作为税款上缴国库。该案于 2007 年 8 月 9 日向区人民法院提起公诉，经法庭审理，认为该公司的行为已构成偷税罪，王某构成贪污罪，判处被告人王某有期徒刑 5 年，对该公司判处 200 万元的罚金。检察院认为一审法院对被告人王某量刑过轻，直接向二审法院提交抗诉状，提起抗诉。抗诉期满后，对该公司判处的罚金一审法院即交付执行。二审法院经不开庭审理，认为一审法院认定事实正确，但量刑过轻，裁定撤销原判，改处被告人王某有期徒刑 7 年。

现在我们来分析，该案中人民检察院不合法的程序：

一是人民检察院立案侦查涉税案不合法。按照刑事诉讼法对刑事案件管辖的分工的规定，人民检察院管辖“贪污贿赂犯罪，国家工作人员的渎职犯罪，国家机关工作人员利用职权实施的非法拘禁、刑讯逼供、报复陷害、非法搜查的侵犯公民人身权利的犯罪以及侵犯公民民主权利的犯罪”。对于涉税等案件由公安机关管辖，公安机关应当立案侦查，人民检察院不再受理。任何不符合刑事诉讼法关于案件管辖分工规定的文件一律无效。

二是人民检察院对犯罪嫌疑人应当是决定逮捕而不是批准逮捕。人民检察院直接受理的案件中符合本法第 60 条、第 61 条第 4 项、第 5 项规定情形，需要逮捕、拘留犯罪嫌疑人的，由人民检察院作出决定，由公安机关执行。

三是人民检察院直接派员执行逮捕不合法。逮捕犯罪嫌疑人、被告人，必须经过人民检察院批准或者人民法院决定，由公安机关执行。即执行逮捕由公安机关进行。

四是检察院要求同时提供 5 万元保证金和保证人的行为违法。对犯罪嫌疑人、被告人取保候审，应当责令犯罪嫌疑人、被告人提出保证人或者交纳保证金。根据这一规定，不能要求同时提供保证人并交纳保证金。据此，人民检察院要求同时提供保证人和交纳保证金的行为违法。

五是人民检察院收取保证金5万元的做法不合法。取保候审保证金由县级以上执行机关统一收取和管理。即只有公安机关有权收取保证金，保证金应向执行机关指定的收款银行一次性缴纳。

六是人民检察院在侦查阶段即将冻结的存款上缴国库的行为违法。人民法院受理案件时，对于侦查机关冻结在金融机构的存款，应当审查是否附有金融机构出具的证明文件原件，人民法院作出生效判决后，通知金融机构上缴国库，同时将判决书送达有关财政机关。

七是人民检察院于2006年7月15日对王某取保候审，到2007年8月9日才向法院提起公诉的行为不合法。人民法院、人民检察院和公安机关对犯罪嫌疑人、被告人取保候审最长不得超过12个月，监视居住最长不得超过6个月。据此，人民检察院将犯罪嫌疑人取保候审超过12个月的行为违法。

八是检察院没有经过原审人民法院直接向上一级人民法院提出抗诉的做法违法。地方各级人民检察院对同级人民法院第一审判决、裁定的抗诉，应当通过原审人民法院提出抗诉书，并且将抗诉书抄送上一级人民检察院。原审人民法院应当将抗诉书连同案卷、证据移送上一级人民法院，并且将抗诉书副本送交当事人，即人民检察院抗诉应当通过原审人民法院。

6.1.3　如何在必要时寻求律师的帮助

我国《刑事诉讼法》和《公安机关办理刑事案件程序规定》、《人民检察院刑事诉讼规则》均规定在侦查阶段被侦查机关第一次讯问或采取强制措施之日起，即可聘请律师，这对于保护犯罪嫌疑人的合法权益具有重要的意义。掌握相关规定，是十分必要的，这也是本节将其单独作为一部分讲解的原因。

1. 侦查阶段可以聘请律师的时间

（1）犯罪嫌疑人被第一次讯问之后；

（2）犯罪嫌疑人被采取强制措施之日起。

需要注意的两点是：一是两个开始时间是并列的，不是同时具备的；二是侦查阶段只允许犯罪嫌疑人聘请律师。

2. 侦查阶段接受聘请的律师有两项权利

（1）有权向侦查人员了解犯罪嫌疑人涉嫌的罪名；

（2）有权和在押的犯罪嫌疑人会见。根据 2007 年 10 月 28 日修订，2008 年 6 月 1 日施行的《律师法》第 33 条规定律师会见犯罪嫌疑人、被告人不被监听。可见律师的权利扩大了，当事人的权利也由此而将得到更广泛的保护。

3. 受聘请的律师的四项职责

（1）为犯罪嫌疑人提供法律咨询；

（2）代理申诉；

（3）代理控告；

（4）在犯罪嫌疑人被逮捕以后，为犯罪嫌疑人申请取保候审。

①只有在犯罪嫌疑人被逮捕以后才能够申请，而且此处指的是律师。

②受聘律师以犯罪嫌疑人的名义申请取保候审。

③申请取保候审没有对错之分，是受聘律师的权利。

4. 律师有权查抄复制资料

（1）审查起诉期间：辩护律师自检察院对案件审查起诉之日起，有权查阅、摘抄、复制本案的诉讼文书、技术性鉴定材料，可以同在押的犯罪嫌疑人会见和通信。其他辩护人经检察院许可，也可以查阅、摘抄、复制上述材料，同在押的犯罪嫌疑人会见和通信。修订后的《律师法》第 34 条规定，自审查起诉之日起，律师有权查阅、摘抄和复制与案件有关的诉讼文书及案卷材料。

（2）审判期间：辩护律师自法院受理案件之日起，有权查阅、摘抄、复制本案所指控的犯罪事实的材料，可以同在押的被告人会见和通信。其他辩护人经法院许可，也可以查阅、摘抄、复制上述材料，同在押的被告人会见和通信。修订后的《律师法》第 34 条规定，自案件被法院受理之日起，律师有权查阅、摘抄和复制与案件有关的所有材料。

（3）审判委员会和合议庭的讨论记录及有关其他案件的线索材料，辩护律师和其他辩护人不得查阅、摘抄、复制。

（4）在法庭审理过程中，辩护律师在提供被告人无罪或者罪轻的证据时，认为在侦查、审查起诉过程中侦查机关、检察院收集的证明被告人无罪或者罪轻的证据材料需要在法庭上出示的，可以申请法院向检察院调取该证据材料，并可以到法院查阅、摘抄、复制该证据材料。

5. 律师有权会见犯罪嫌疑人

（1）辩护律师会见在押的犯罪嫌疑人，侦查机关根据案件情况和需要可以派员在场。

（2）辩护律师在侦查阶段会见犯罪嫌疑人的，如果涉及国家秘密（是指案情或者案件性质涉及国家秘密的案件，不能因刑事案件侦查过程中的有关材料和处理意见需保守秘密而作为涉及国家秘密的案件），应当经侦查机关批准；不涉及国家秘密的，可以不经批准。

（3）律师提出会见犯罪嫌疑人的，应当在48小时内安排会见，对于组织、领导、参加黑社会性质组织罪、组织、领导、参加恐怖活动组织罪或者走私犯罪、毒品犯罪、贪污贿赂犯罪等重大复杂的两人以上的共同犯罪案件，律师提出会见犯罪嫌疑人的，应当在5日内安排会见。

（4）在侦查阶段，律师会见在押的犯罪嫌疑人，侦查机关根据案件情况和需要可以派员在场。审查起诉阶段和审判阶段律师会见在押犯罪嫌疑人和被告人的，检察院、法院不派员在场。

（5）被监视居住的犯罪嫌疑人、被告人会见其聘请的律师不需要经过批准。

6. 律师有权收集证据（其他辩护人无此权利）

①辩护律师经证人或者其他有关单位和个人同意，可以向他们收集与本案有关的材料，也可以申请检察院、法院收集、调取证据，或者申请法院通知证人出庭作证。

②辩护律师经检察院或者法院许可，并且经被害人或者其近亲属、被害人提供的证人同意，可以向他们收集与本案有关的材料。（注意以上两点的区

别）

③对于辩护律师申请检察院、法院收集、调取证据，检察院、法院认为需要调查取证，应当由检察院、法院收集、调取证据，不应向律师签发准许调查决定书，让律师收集、调取证据。

修订后的《律师法》第35条规定，受委托的律师根据案情的需要，可以申请人民检察院、人民法院收集、调取证据或者申请人民法院通知证人出庭作证。律师自行调查取证的，凭律师执业证书和律师事务所证明，可以向有关单位或者个人调查与承办法律事务有关的情况。可见，律师的权利加强了，当事人的权利将得到更好的保障。

7. 义务

辩护律师和其他辩护人，不得帮助犯罪嫌疑人、被告人隐匿、毁灭、伪造证据或者串供，不得威胁、引诱证人改变证言或者作伪证以及进行其他干扰司法机关诉讼活动的行为。违反前款规定的，应当依法追究法律责任。

6.1.4 案例模拟

我们有了以上基础之后，再进行几次较复杂案例的分析和模拟（再次强调：以下案例仅为学习相关知识而用，并非真实发生的案件，如与现实中的案件雷同，则纯属偶然），基本上就可掌握程序法中的有关规定。

［案例三］

2007年8月9日，某县公安局接到举报，称某公司涉嫌偷税（关税）2000万元。该县公安局决定对该公司实施搜查，并派侦查员赵某和审计局审计员钱某、孙某三人执行搜查。到达该公司后，赵某向该公司出纳出示了工作证并告知执行搜查，经搜查发现了两本关于集资诈骗的账簿，赵某即给该公司出纳写了一张收条。第二天该案由县公安局立案，经侦查终结后，县公安局向市人民检察院移送审查起诉。

我们来分析一下本案中诉讼程序的错误之处：

（1）如果是2000万元以上的刑事案件，其立案机关应当在省市级公安机关，县级公安机关没有管辖权。

（2）公安机关执行公务要2名以上工作人员进行，本案中1名公安机关工作人员陪同审计局2名工作人员，是不符合法律规定的。

（3）搜查应当出示《搜查证》而非工作证。并且，应当制作《搜查笔录》，由侦查人员、被搜查人签名。

（4）县公安局侦查终结后不能移送到市检察院，而应向同级的检察院移送。

（5）侦查人员赵某仅写收条就将搜查得到的账簿取走，不符合法律规定，对于扣押的物品和文件，应当会同在场证人和被扣押物品、文件的持有人清点，当场开列《扣押物品、文件清单》一式三份，写明物品或者文件的名称、编号、规格、数量、重量、质量、特征及其来源等内容，由侦查人员、见证人和持有人签名或者盖章后，一份交给待有人，一份交给公安机关保管人员，一份附卷备查。

（6）先搜查后立案不符合法律规定。在立案前可进行初查，但不能此时就进行搜查，如在初查过程中发现问题，可立即申请立案并在立案后及时搜查、扣押有关物品。

[案例四]

2007年7月7日，某区检察院接到某国有事业单位报案，称该单位财务处长王某和会计梁某（女），利用委托贷款名义收受指定贷款单位“好处费”达70万元；会计梁某利用退汇重拨的名义，几年间贪污资金百万余元，并列出了一条具体的线索：2006年6月，该单位拨付应付某公司采购款60万元，因该公司与另一公司合并导致原银行账户变更，此笔拨款被退回。2006年8月，梁某以退汇重拨名义，将这笔应拨付给该公司的60万元私自挪用至其控制的私人公司。之后，梁某伪造了给该公司拨款的进账单平账。随后，检察院立案，侦查人员（均为男性）在未携带搜查证的情况下，决定对该单位财务处长王某和梁某的办公室进行搜查；在搜查王某办公室过程中，王某称为防止出现意外，当初曾商定某些重要材料一直由梁某随身携带和保管。此后，由侦查员李某对梁某进行了人身搜查，并搜得人民币3000元、一个存折以及两条金项链。该侦查人员说："这些证据被扣留了。"就将人民币、存折和金项链一起放入一文件袋内拿走了。之后，侦查人员制作了搜查笔录，由侦查人员和在场见证人签名。本案依法对王某、梁某二人执行拘留后，侦查人员分别对他们进行了讯问。王某聘请的律师赵某要求会见犯罪嫌疑人，检察院拖了10天才安排会见。在审查起诉过程中，赵律师提出要复印与本案有关的资料，人民检察院以保守案情秘密为由予以拒绝。5月28日，该案由人民检察院提起公诉，移送市人民法院。6月29日，法院作出判决。判决确定后，赵律师没有向法院询问有关结果，也没有问王某的意见（后判决书副本虽送达律师，但已超过上诉期）。

本案反映的问题尤其是侦查过程中的问题很容易被忽视，我们更应有所意识：

一是侦查人员不应无证搜查。搜查时，除非有特定紧急情况，否则必须出示搜查证。

二是对梁某的人身搜查，不应由男性侦查人员进行，搜查妇女身体，应该由女工作人员进行。

三是侦查人员不应将搜查所得的证据直接装入文件袋中拿走，扣押程序违法。扣押时应会同在场见证人和被扣押物品持有人查点清楚，当场开列清单，由侦查人员、见证人和持有人签名或者盖章。

四是搜查笔录不应只由侦查人员和在场见证人签名。搜查笔录应由侦查人员和被搜查人或者他的家属、邻居或其他见证人签名。

五是王某聘请的律师要求会见犯罪嫌疑人，检察院不应过了10天才安排会见。侦查阶段犯罪嫌疑人聘请的律师提出会见犯罪人的，应当在48小时内安排会见。

六是人民检察院不能拒绝辩护律师复印与本案有关的资料。辩护律师自人民检察院对案件审查起诉之日起，可以查阅、摘抄、复制本案的诉讼文书、技术性鉴定材料，可以同在押的犯罪嫌疑人会见和通信。这些都是法律赋予辩护律师的权利，不需要人民检察院同意即可行使。所以，本案中人民检察院借口保密而阻止辩护律师复印有关资料的行为，是不合法的。

七是赵律师在判决确定之后的做法是不正确的。辩护律师在判决确定后有权得到判决书副本，这是帮助被告人行使上诉权的一种必要的前提。本案中，张律师未主动问询结果，致使被告人王某的上诉权无形中被剥夺，严重损害当事人的合法权益，因而其做法是不正确的。

通过上面的模拟案例，我们对常用的重要知识有了进一步的感性认识，这对于我们财务人员理解和记忆程序性规定有很好的帮助。

6.2 结语：开开心心工作 堂堂正正做人

通过上面的讲解，我们了解了公安和检察机关关于侦查的一般程序性规定，这也算是普法教育了。同时，我们也能感受到国家司法机关的威严，犯罪分子无论如何都不能存在侥幸心理而寄希望于逃脱法律的制裁，正所谓“邪不压正”。正如我们在本书开头部分所讲的一个案例那样，领导王某伪造了一个身份证以应对可能的“巨额财产来源不明”侦查，将巨额财产存在买来的假身份证名下，但没想到上个厕所的时间就暴露了，这就说明，无论掩藏得多么隐蔽，总会暴露，“天网恢恢，疏而不漏”。

但是世界是复杂的，正如我们在本章一开始及其他各章中所指出的那样，单位发生经济犯罪，常常会波及财务人员，而诸如党群工会这些部门就鲜有波及，这是由财务人员的职业特点、工作性质所决定的。我们经管资金，需要配合有关部门调查，把事实搞清楚；并且财务人员还可能常常面临压力和诱惑，我们需要更加成熟，需要具备更为广博的知识。我们没有犯罪自然不希望卷进去很长时间，这就需要我们自身有过硬的功夫，防范由于职业特点所可能产生的风险，正所谓“开开心心工作，堂堂正正做人”。

本章小结

本章讲解了公安、检察机关侦查的一般程序性规定，并从有利于理解和记忆的角度，结合我自身的体会，按照熟悉法条规定、融会贯通、模拟练习的方式对看似较为枯燥的法律规定，进行了符合我们记忆和理解规律的讲解，希望读者能够真正理解，而不仅仅是曾经看过而已。

第7章

法律责任认定：最后一道屏障

司法作为社会正义的最后一道屏障，财务人员同样有必要掌握基本的知识，但由于责任认定程序尤其是刑诉程序纷繁复杂，不易融会理解、抓其纲要，还使很多人产生了一种神秘感。

通过前面对财务人员的“紧箍咒”，即法律责任相关内容的介绍，大家明白了财务人员的法律责任有两种，一是行政责任，二是刑事责任。行政责任由县级以上财政部门，以及其他相关行政部门（如证监会、保监会、药监局等行业监管部门）作出处罚；刑事责任则只能由法院作出判决予以认定。作为财务人员，我们有必要对上述两种认定程序和实体规定有基本且必需的认识和掌握，这既是我们灵活运用各种保护策略的需要，也是对新时期对财会从业者的现实要求，它是我们应对法律风险，确保不受不白之冤的最后一道屏障——事实上，司法本身就是社会正义的最后一道屏障。

7.1 行政责任的认定

为了更生动地说明行政责任的认定程序并减少法律条文可能带来的枯燥，我们以案例进行说明。需要重申的是：所有案例均来源于现实并经加工处理，隐去了地名、人名等信息，尽管如此，如有雷同，纯属巧合，请勿对号入座。

某国有证券公司营业部总经理王某欲通过证券经纪业务手续费制作“小金库”，将电脑部经理孙某、财务部经理赵某找到他办公室，要求孙某修改电脑程序，将收取客户的手续费的1%打入虚开的一个资金账户中，该资金则由赵某负责保管。孙某当场表示同意，但赵某表示了不同意见，认为这样有风险，也不愿保管这笔资金。王某要求赵某“再想想”，第二天赵某到总经理王某的办公室再次分析了其中的利害关系，坚持认为这样做不妥。但在王某的一再要求下，赵某无奈只得同意，并提出考虑到日后审计会来检查，为更隐蔽起见，不对所有资金账号的交易手续费“扒层皮”，而是只对资金账号尾数是“6”的交易手续费的1%转入私设的资金账号，一个月后更换为尾数是“3”的账号，然后再换为尾数是“9”的账号，这样依次变换且只对部分账号实施，审计抽查查不出的概率会大大增加，总经理听后十分高兴，说

“这才是好同志，有些集体主义精神”。

但巧的是，此后不久财政部财政专员办专项检查金融企业经营情况，由于资金账号尾数是“6”的客户有一大户，股票买卖交易十分频繁，检查人员对其进行了抽查，很快就发现了“小金库”的问题。在事实面前，王某、孙某、赵某承认了私设“小金库”的违规行为，好在“小金库”的资金还并未使用。对上述事实，检查组在撤离现场检查前，与企业书面交换了意见，并进行了正式会谈，形成了《检查事实确认书》，营业部总经理王某以及涉及责任认定的孙某、赵某也在该确认书上签了字，最后营业部加盖公章，形成了完整的《检查事实确认书》。

大约一周后，财政部门下发了三份《行政处罚事先告知书》，第一份《告知书》拟对该营业部进行处罚、要求补缴税款及滞纳金，该《告知书》由企业负责人在行政机关送达回执上签字、盖章（单位印章）；第二份《告知书》拟对总经理王某实施“罚款”的行政处罚，由王某在送达回执上签字；第三份则拟对财务经理赵某实施“警告”的行政处罚，由赵某在送达回执上予以签字。在《告知书》规定的陈述和申辩期内，单位和王某、赵某均没有进行申辩，申辩期后，行政机关正式下发了三份《行政处罚决定书》，一份是对单位处罚，另两份分别针对王某和赵某，后单位和王某均在法定期限内自动履行。上面这个过程，是行政机关检查、认定事实、决定处罚的真实过程。在有了感性认识之后，我们拓展开来，全面了解和分析行政处罚的认定过程。

7.1.1　什么是行政处罚

行政处罚也称“行政罚”，是指特定的行政主体对被认为违反行政法律规范的公民、法人和其他组织所给予的一种制裁。它属于行政法律制裁，与刑事法律制裁、民事法律制裁一样，都属于国家制裁制度。一般来说，只要公民、法人或者其他组织实施了违反行政法律规范的行为，拥有行政处罚权的行政主体就应当对其实施行政处罚，以维护正常的社会公共秩序。

1. 行政处罚的种类

根据我国《行政处罚法》，行政处罚有以下几种：

（1）警告。警告是指行政主体对有违法行为的公民、法人或者其他组织提出告诫，使其认识错误不再重犯的一种处罚。警告适用于违反行政法律规范情节轻微、对社会危害程度较轻的行为人，所以是一种既具有教育性质又具有一定强制性质的较轻的处罚种类，其适用对象可以是法人或者其他组织，也可以是公民个人。

（2）罚款。罚款是指行政主体强制违反行政管理秩序的公民、法人或者其他组织在一定期限内缴纳一定数量货币的一种处罚。罚款是对违法者财产权的一种合法损害，目的是通过罚款，使违法者认识自己的违法行为。这是一种适用较为广泛的行政处罚措施，从目前的行政法律、法规来看，基本上都规定有罚款的处罚种类。

我们再次提醒，对当事人的同一个违法行为，不能受到两次以上罚款的行政处罚。

（3）没收违法所得、没收非法财产。没收违法所得、没收非法财产是指行政主体依据有关行政法律规范性文件，将违法者因实施违法行为所获得的财物或者非法财物强制性无偿收归国有的一种处罚措施。这里所指的非法所得是指违法者以非法手段所获取的财产等。非法财产主要是指用于违法活动的财产，如走私物品、投机倒把的物资等。没收是一种较为严厉的处罚，其执行领域具有一定程度的限制性，并非所有违反行政法律规范的案件都可以实施这种处罚，只有对那些获取了非法利益而违反法律、法规的行为人，才可以实行这类处罚。

（4）责令停产停业。责令停产停业是指行政主体对违反行政法律规范的工商企业或者个体工商户，在一定期限内剥夺其从事生产或经营活动权利的一种处罚。它往往是针对较为严重的违法行为才适用，在违法者确实改正并认识到自己的违法行为之后，允许其恢复营业。由于这一类处罚主要针对的是企业及个体工商户，而非个人，因而并不是本书研究的重点。

（5）暂扣或者吊销许可证或执照。暂扣或者吊销许可证或执照是指行政主体对于具有违法行为的相对人，暂时地扣留或者吊销其许可证或执照，从而停止或撤销了违法者从事某项活动或享有某项权利的一种处罚。这是一种比责令停产停业更为严厉的处罚，并不针对个人也不是我们研究的重点。

（6）行政拘留。行政拘留，是指公安机关对于违反了行政法律规范的公民，所作出的在短期内限制其人身自由的一种处罚措施。其期限为 1 日以上、15 日以下。行政拘留是限制公民人身自由的一种处罚，也是行政处罚中最为严厉的处罚之一。

目前我国的行政拘留，主要为治安拘留。由于它是一种严厉的行政处罚，因此法律对这一处罚的规定也是严格的，体现在两个方面：一是明确规定只有公安机关才能实施，其他任何行政机关（包括财政部门、税务部门、金融监管部门等）无权实施。二是只有法律才能设定行政拘留处罚，我国《行政处罚法》和《立法法》都作了规定，即限制人身自由的行政处罚只能由法律规定。

（7）法律、行政法规规定的其他行政处罚。这是一个惯用的兜底条款，为以后设定新的处罚类型留下余地。

2. 行政处罚与行政处分有何不同

作为财务人员尤其是国有单位财务人员必须要搞清行政处罚与行政处分不同。行政处分是国家机关对其内部违法失职的公务员实施的一种惩戒措施，它与行政处罚的区别体现在以下几个方面：

（1）制裁的对象不同。行政处罚的制裁对象是违反行政法律、法规的相对人，是一种外部法律责任，以行政管辖关系为基础；而行政处分则针对国家工作人员，是一种内部法律责任，制裁者和被制裁者之间存在着一种隶属关系。

（2）针对的违法行为不同。行政处罚针对的是相对人违反行政法律规范的行为，而行政处分则针对国家公务人员的违法失职行为。

（3）两者惩罚的范围和程序不同。行政处罚和行政处分虽然都是行政惩戒，但行政处罚涉及的范围广泛，在内容上它可涉及被处罚人的人身权，包括人身自由和资格、荣誉等领域的权利以及财产权；而行政处分则只限于荣誉、职务、资格等范围。相对应地，行政处罚的程序就更为规范和严格。

（4）两者的救济途径不同。对行政处罚决定不服的，相对方一般可通过行政复议与行政诉讼获得救济；而对行政处分不服的，被处分的公务人员只能向作出处分决定的上级行政机关和行政监察部门申请，以求补救。它们是行政法律责任的两种不同形式。

我们经常会看到，国有单位工作人员同时受到行政处罚和行政处分的情况，而对于非国有单位工作人员则不会出现这种情况，只可能受到行政处罚，就是由于其身份的不同。

3. 行政处罚必须依法进行

在行政处罚过程中，特别强调必须依法进行，尤其是程序合法。行政处罚依法进行有两层含义：

首先，必须是公民、法人或者其他组织具有违反行政管理秩序的行为，而且这种违反行政管理秩序的行为是法律、法规和规章规定必须给予行政处罚的，具有特定行政处罚权的行政主体才能依法实施行政处罚。这是实体上的合法。

其次，实施行政处罚，必须依照《行政处罚法》规定的具有行政处罚立法权的主体所制定的行政法律规范性文件实施，并且应当依照法定程序进行。没有法定依据或者不遵守法定程序的，行政处罚无效。这是程序上的合法。但应当注意的是，行政处罚未遵守法定程序而无效后，行政机关应重新作出行政处罚。

总之，我们要明白，行政处罚的合法性，不只是实体的合法，程序违法必然导致行政处罚的违法，因为程序合法是结果合法的保证，这正是我们应当予以重点理解的。我国过去普遍存在重实体、轻程序的倾向，即使是现在，这种思想在某些执法人员的头脑中也是根深蒂固。

7.1.2 行政处罚应当保障当事人的哪些权利

由于行政主体在实施行政处罚的过程中，往往是由其单方面作出处罚决定，因而，必须保障当事人在行政处罚中的权利：

第一，对行政主体给予处罚的违法事实、证据以及法律依据的知情权；

第二，陈述和包括要求举行听证在内的申辩权；

第三，对行政处罚不服申请行政复议或提起行政诉讼权；

第四，认为行政处罚违法损害自己合法权益而提出的行政赔偿权。

7.1.3 哪些违法行政行为应当从轻、减轻或不予处罚

无论是《行政处罚法》还是《刑法》均规定了对违法行为从轻、减轻或不予处罚（刑事处罚中还有“免予起诉”情形）的法定情节，比如我们在看电视时看到某人犯罪在受审时，可能会围绕精神病鉴定问题激烈交锋，这实际上是辩护方律师在争取免予刑事处罚的法定情节，这也是我们较为熟悉的情境。同样，行政处罚也是这样，也有法定从轻、减轻和不予处罚的规定。

在此需要说明的是，“不予处罚”和“免予处罚”不同，“从轻”和“减轻”不同。不予处罚是针对违法事实不构成行政处罚意义的违法，本不应该处罚而不对行为人进行处罚的情况。免予处罚是指行政机关依照法律、法规的规定，考虑到有法定的特殊情况存在（如情节显著轻微等），对本应给予处罚的违法行为人免除对其适用行政处罚。从轻处罚，行政机关在法律、法规或规章规定的法定罚的限度内，因法定情形存在，给予违法行为人较低的行政处罚。如“处以 1 万元以下罚款”，从轻处罚则罚款金额要在均值 5000 元以下，但并不是要适用最轻的处罚方式，更不是一定要在幅度的最低限进行处罚，行政机关会综合考虑其违法情节作出如何从轻处罚的具体决定。减轻处罚，是指行政机关根据法律、法规或规章的规定，对于应给予行政处罚的违法行为人，因法定情形存在而在法定处罚种类、处罚幅度之外给予较轻的行政处罚，在处罚的程度上，它界乎于从轻处罚和免除处罚之间，如规

定可罚款1万元至5万元，适用减轻处罚则可在1万元之下实施处罚。这些关键性且易忽视的法律用语，作为财务人员也应当清楚。

1. 根据我国《行政处罚法》的规定，以下行为不予行政处罚：

（1）不满14周岁的人有违法行为的，不予行政处罚。未满14周岁的自然人，在生理、智力上尚未发育成熟，还不具备了解自己行为的性质、意义和后果的能力，也不具备自觉地控制自己行为和对自己行为承担责任的能力。

（2）精神病人在不能辨认或者不能控制自己行为时有违法行为的，不予行政处罚。但应责令其监护人严加看管和治疗。对于间歇性精神病人在精神正常时实施违法行为的，应当给予行政处罚。

（3）违法行为轻微并及时纠正，没有造成危害后果的，不予行政处罚。

（4）违法事实不清的，不得给予行政处罚。

（5）违法事实不能成立的。

（6）超过追究时效的违法行政行为，不予行政处罚。《行政处罚法》第二十九条规定："违法行为在2年内未被发现的，不再给予行政处罚。法律另有规定的除外。"追究时效期限从违法行为发生之日起计算；违法行为有连续或者继续状态的，从行为终了之日起计算。

2. 以下违法行政行为应当从轻或减轻行政处罚：

根据《行政处罚法》，违法者有下列情形之一的，应当依法从轻或减轻行政处罚：

（1）当事人主动消除或者减轻违法行为危害后果的；

（2）受他人胁迫有违法行为的；

（3）当事人配合行政机关查处违法行为有立功表现的；

（4）当事人已满14周岁不满18周岁的；

（5）其他依法从轻或者减轻行政处罚。

作为财务人员来讲，还应当明确行政处罚应当由哪个行政机关做出，即行政处罚的管辖问题，一般它均是由违法行为发生地的县级以上人民政府具有行政处罚权的行政机关管辖，即实行违法行为发生地原则，它与刑事案件的侦查、起诉和审理适用同一原则。此外，还会有指定管辖、移送管辖、级别管辖、专门管辖这些形式，但并不是太常用，在此不作过多讲解。

7.1.4 行政处罚只有两种程序

行政处罚的程序有两种，一种是简易程序，另一种是一般程序。

1. 简易程序

行政处罚的简易程序，是指行政主体对违法事实清楚、确凿、情节简单、轻微的违法行为给予法定的较轻的行政处罚并当场作出处罚决定时所适用的程序。简易程序是一种较为简单的行政处罚程序。它适用于以下两种情况：

（1）事实确凿并有法定依据，对公民处以50元以下、对法人或者其他组织处以1000元以下罚款或者警告的行政处罚的，可以当场作出行政处罚决定。

（2）依照第一条的规定当场作出行政处罚决定，有下列情形之一的，执法人员可以当场收缴罚款：

①依法给予20元以下的罚款的。

②不当场收缴事后难以执行的。

③在边远、水上、交通不便地区，行政机关及其执法人员作出罚款决定后，当事人向指定的银行缴纳罚款确有困难，经当事人提出，行政机关及其执法人员可以当场收缴罚款。行政机关及其执法人员当场收缴罚款的，必须向当事人出具省、自治区、直辖市财政部门统一制发的罚款收据；不出具财政部门统一制发的罚款收缴的，当事人有权拒绝缴纳罚款。执法人员当场收缴的罚款，应当自收缴罚款之日起2日内，交至行政机关；在水上当场收缴的罚款，应当自抵岸之日起2日内交至行政机关；行政机关应当在2日内将罚款缴付指定的银行。

2. 一般程序

行政处罚的一般程序，又称行政处罚的普通程序，是指行政主体对于事实较为复杂、情节较为严重的违法行为给予法定的较重的行政处罚时所适用的行政处罚程序。它是行政处罚中的基本程序。以下对是对一般程序的基本规定，它是保障行政处罚合法、适当的重要措施，我们熟悉它对于辨别何种行政处罚行为不具有法律效力具有重要意义：

（1）调查、检查程序的相关规定以及回避。

①行政机关在调查或者进行检查时，执法人员不得少于两人，并应当向当事人或者有关人员出示证件。

②当事人或者有关人员应当如实回答询问，并协助调查或者检查，不得阻挠，询问或者检查应当制作笔录。

③行政机关在收集证据时，可以采取抽样取证的方法；在证据可能灭失或者以后难以取得的情况下，经行政机关负责人批准，可以先行登记保存，并应当在7日内及时作出处理决定，在此期间，当事人或者有关人员不得销毁或者转移证据。

④执法人员与当事人有直接利害关系的，应当回避。

（2）行政处罚告知程序。行政处罚法设定的告知程序是行政处罚的一个重要程序，不告知，行政处罚不能成立。

①作出处罚前的告知。根据行政处罚法第三十一条的规定，告知程序应当在作出行政处罚决定之前进行。一是告知执法身份。我国《行政处罚法》第三十四条规定："执法人员当场作出行政处罚的，应向当事人出示执法身份证件。"二是告知当事人行政处罚决定的事实、理由及依据。三是告知相对人权利：如陈述权、申辩权、要求听证权。四是告知拟处罚结果。五是听取当事人的陈述和申辩。行政机关拒绝听取当事人陈述、申辩权行政处罚决定不能成立。实践中，许多行政机关采取《行政处罚决定事先告知书》的形式，告知拟处罚对象。

②处罚决定书中的告知。一是告知所实施的行政行为内容。决定书应当载明当事人的违法行为、行政处罚种类、数额等，并当场交付当事人。当事人不在场的，行政机关应当在7日内依照民事诉讼法的有关规定，将行政处罚决定书送达当事人。如果是罚款，就必须告知当事人在一定的期限内到指

定的地点缴纳罚款。二是告知权利：申请行政复议权和行政诉讼权，复议机关和诉讼法院，时间规定。三是告知相关法律后果。告知相对人逾期不履行相关义务的法律后果，如将会受到更重的处罚、强制执行等，以促使其自觉履行。

（3）听证程序。听证程序是指行政主体在作出行政处罚决定之前，听取当事人的陈述和辩解，由当事人和调查办案人员对事实和适用法律进行辩论活动。并非所有的行政处罚都可举行听证程序，法律只规定了对部分行政处罚可以举行听证，即行政主体作出责令停产停业、吊销许可证或者执照、较大数额罚款等行政处罚的，可以举行听证。当事人对听证有选择权，即对上述行政处罚当事人可以要求举行听证，也可以放弃要求听证的权利。对于个人而言，则是仅在较大数额罚款时才可申请听证①。

行政主体在作出上述处罚之前，应当告知当事人有要求举行听证的权利，当事人应当在3日内答复行政主体是否要求听证。在当事人申请听证并获准后，行政机关要在听证的7日前，通知当事人举行听证的时间、地点，以便给当事人留有必要的准备时间。听证程序的主持人为行政主体指定的非本案调查人员；听证程序的参加人由本案调查人员作为一方，由被认为实施了违法行为，有可能受到行政处罚的公民、法人或者其他组织作为另一方，并可以有证人等参加。可能被处罚的当事人既可以亲自参加听证，也可以委托1至2人代理参加听证。除了涉及国家秘密或者个人隐私外，听证应当公开进行。此外，当事人如果认为主持人与本案有直接利害关系的，有权申请回避。举行听证时，调查人员提出当事人违法的事实、证据和行政处罚建议，当事人可以有针对性地提出申辩和进行质证，提出对自己有利的事实和证据，反驳对自己不利的事实和证据。听证应当制作笔录，并交当事人审核无误后签字或者盖章。听证程序结束以后，由行政主体负责人决定或者集体讨论决定，

① 关于何为“较大数额罚款”，各地具体规定或实施细则进行了明确，如《杭州市行政处罚听证程序实施办法》规定较大数额罚款，是指对非经营活动中的违法行为处以1000元以上、对经营活动中的违法行为处以3万元以上的罚款。

对当事人是否适用行政处罚。另外当事人不必顾虑的是，当事人不承担行政主体组织听证的费用，这与世界多数国家的规定也是相同的。

3. 行政处罚成立应具备的条件

行政处罚的成立应具备以下条件：

（1）有明确的当事人。行政处罚主体与被处罚的当事人各为一方，缺少任何一方，行政法律关系便不可能成立。

（2）有具体的制裁内容。行政处罚的制裁内容是行政处罚决定的核心内容，当事人履行行政处罚决定，也就是履行行政处罚的制裁内容；同时，行政处罚机关强制执行或者申请人民法院强制执行，必须有明确、具体的行政处罚制裁内容，没有制裁内容的行政处罚实际上没有任何法律意义。

（3）告知当事人给予行政处罚的事实、理由和依据。《行政处罚法》第三十一条规定："行政机关在作出行政处罚决定之前，应当告知当事人作出行政处罚决定的事实、理由及依据，并告知当事人依法享有的权利。"此规定，在行政处罚中至关重要，它表明行政处罚决定之前，未向当事人告知给予行政处罚的事实、理由和依据，行政处罚决定不能成立。

（4）听取当事人的陈述和申辩。《行政处罚法》第六条规定："公民、法人或者其他组织对行政机关所给予的行政处罚，享有陈述权、申辩权"。行政处罚法第三十二条规定："当事人有权进行陈述和申辩。行政机关必须充分听取当事人的意见，对当事人提出的事实、理由和证据，应当进行复核；当事人提出的事实、理由或者证据成立的，行政机关应当采纳。行政机关不得因当事人申辩而加重处罚"。行政机关拒绝听取当事人陈述、申辩权，根据行政处罚法第四十一条的规定，行政处罚决定不能成立。

（5）作出行政处罚决定的行政机关名称（加盖印章）和作出决定的日期。这是任何法律文书都不可缺少的载明事项。处罚决定书上的印章不仅表明实施行政处罚的行政机关，而且也是行政机关实施处罚意思表示最终形成的标志。

（6）送达行政处罚决定书。当事人在未收到行政处罚决定书前，不受该决定的约束，即行政处罚尚未产生法律效力。因此，行政处罚法第三十四条规定，当场处罚的，行政处罚决定书应当当场交付当事人。第四十条规定："行政处罚决定书应当在宣告后当场交付当事人；当事人不在场的，行政机关应当在7日内依照民事诉讼法的有关规定，将行政处罚决定书送达当事人。"行政机关未按上述规定送达行政处罚决定书的，行政处罚决定不能成立。

概括来讲，行政处罚成立要求行政机关不但要告知行政处罚的事实、理由和依据，还要听取当事人的陈述和申辩，最后还要将正式的行政处罚决定书送达当事人，才算作产生法律效力。目前，行政机关多数使用已设计好的格式化的《行政处罚事先告知书》和《行政处罚决定书》，"送达回执"一般多是三联，当事人、行政机关留存、行政机关具体执法部门（备向法院申请执行）各一联，这些在程序上一般不会有问题，关键的问题是对方是否会听取并采纳你的陈述和申辩，而希望行政机关采纳意见的最佳时机并不是在行政机关发出《行政处罚事先告知书》之后，那里希望得到变更的机会已很小了，而是在与行政机关撤离检查现场交换意见的时机，如果在这个时候能够充分陈述事实真相，行政机关则会作出公正的决定，而不是等事先告知书送到手中了，才去做充分的陈述和申辩。

4. 行政处罚的执行

并不是所有行政处罚都会涉及到行政处罚的执行程序，它只有在当事人不自动履行行政处罚时才会启动执行程序。我国《行政处罚法》第四十四条规定："行政处罚决定依法作出后，当事人应当在行政处罚决定的期限内，予以履行"。当事人必须在法定期限内自觉履行，否则将会启动行政执行程序，即到期不缴纳罚款的，每日按罚款数额的3%加处罚款；根据法律规定，将查封、扣押的财物拍卖或者将冻结的存款划拨抵缴罚款；申请人民法院强制执行。

应当注意的是，行政复议和行政诉讼不影响行政处罚的执行，我国《行政处罚法》第四十五条规定："当事人对行政处罚决定不服申请行政复议或者提起行政诉讼的，行政处罚不停止执行，法律另有规定的除外"。这里

“法律另有规定的除外”，主要有以下几种情况：

（1）被告认为需要停止执行的；

（2）原告申请停止执行，人民法院认为该具体行政行为的执行会造成难以弥补的损失，并且停止执行不损害社会公共利益，裁定停止执行的；

（3）法律、法规规定停止执行的。

7.1.5 行政处罚的证据有哪些要求

行政处罚证据是指能够证明行政处罚案件真实情况的一切事实，它是法律责任认定的关键性内容。

1. 证据的种类和要求

按照证据的不同表现形式，行政处罚证据分为以下几种：书证；物证；视听资料；证人证言；当事人的陈述；鉴定材料；勘验笔录、现场笔录等。

（1）书证。书证是以其所载文字、符号、图案等表达出的思想内容以证明案件事实的书面材料，可分为原本、正本、副本、记录本、影印件和译本。比如营业执照、文件等，均属于书证范畴。在书证的收集过程中，应注意以下问题：一是尽量提供原件，提供原件确实有困难的，可以提供与原件核对无误的复印件、照片、节录本；二是提供由有关部门保管的书证原件的复制件、影印件或者抄录件的，应当注明出处，经该部门核对无异后加盖其印章；三是提供报表、图纸、会计账册等书证的，应当附有说明材料。

（2）物证。物证泛指以一切实物形态为存在和表现形式的证据。要注意保留其实物形态，如欲认定某财务人员私刻公章对外签订合同，则应当找到该人员私刻的公章作为物证。

（3）视听资料。这是指利用录音、录像、计算机储存等手段反映出的音响、影像或其他信息证明案件事实的资料。对视听资料，有下列要求：一是尽量提供有关资料的原始载体。提供原始载体确有困难的，可以提供复制件；二是注明制作方法、制作时间、制作人和证明对象等；三是声音资料应当附有该声音内容的文字记录。四是从电台、电视台索取的视听资料，应当注明出处，并经电台、电视台相关部门和人员核对无异。未公开播出的，应当签字或盖章。

（4）证人证言。证人证言是了解行政违法行为的人，以口头或书面的方式向行政机关或组织所作的陈述，是行政处罚中使用比较普遍的证据形式。证人证言类证据有如下要求：一是写明证人的姓名、年龄、性别、职业、住址等基本情况；二是有证人的签名，不能签名的，以捺手印、盖章等方式证明；三是注明出具日期；四是附有居民身份证复印件等证明身份的资料。

大部分行政处罚案件都应当制作调查询问笔录，应当特别注意它必须由持有效执法证件的两人以上执法人员参加，且应有出示执法证件的记载（必要时注明执法证件的编号）；调查询问笔录应当围绕立案调查的违法行为，将与之相关的时间、地点、当事人及因果关系等主要事实查清楚；调查询问笔录必须有参与调查的两人以上行政执法人员的签名，被询问人员的签名。

（5）当事人的陈述。行政处罚案件中当事人的陈述主要是指行政违法行为人的陈述，包括陈述、申辩、听证程序中当事人所作的辩解。真实的陈述可作为认定案件的直接证据，对行为人的陈述和辩解应认真听取，避免只听一面之辞，要注意审查行为人的陈述辩解之间以及与其他证据之间是否一致、合乎情理。当事人的陈述如果是以询问、陈述、谈话笔录形式出现的，应由行政执法人员、被询问人、陈述人、谈话人签名或者盖章，并附证明身份等证件的复印件。

（6）鉴定结论。鉴定结论是指接受委托或者聘请的具有专门知识的人或机构，对案件中某些专门性问题进行鉴定所作的书面结论。鉴定结论类证据有如下要求：载明委托人和委托鉴定的事项、向鉴定部门提交的有关材料、鉴定的依据和使用的科学技术手段、鉴定部门和鉴定人资格的说明，并应有鉴定人的签名和鉴定部门的盖章。通过分析获得的鉴定结论，应当说明分析过程。

（7）勘验笔录、现场笔录。勘验笔录是指行政执法人员对行政违法案件的现场，以及不便移动的物证等进行勘查、检验后作出的能够证明案件情况的记录。勘验笔录所反映的多是客观情况，而且一般是在案件发生后进行，如对现场进行拍照，并以文字、表格、图画、数据等形式将结果作出的记录。勘验人员进行勘验，应当出示证件，邀请当地基层组织或者有关单位派人参加，被邀请人应在笔录上签名。现场笔录是行政机关在依法行使职权作出具体行政行为过程中，对有关的现场、物品进行调查所作的客观记录，由行政机关执法人员在当事人的参与下制作的，其内容是正在发生或刚刚发生的现场事实，既不能事先提前做好，也不能在事后予以补记。现场笔录类证据有如下要求：现场笔录应当载明时间、地点和事件等内容，并由执法人员和当事人签名。当事人拒绝签名或者不能签名的，应当注明原因。有其他人在现场的，可由其他人签名。

2. 法律对行政处罚证据的取证规定

（1）简易程序中的取证规定：简易程序适用于案件事实清楚，处罚较轻的行政处罚。执法人员应当当场制作笔录，如证据不足、当事人对证据提出疑问的，则需转入一般程序。

（2）一般程序中的取证规定：调查取证是行政处罚一般程序中的第一步骤。行政主体发现行政相对人有依法给予行政处罚行为的，必须全面、客观、公正地调查，收集有关证据；必要时，依照法律、法规的规定，可以进行检查。行政机关在调查或者进行检查时，执法人员不得少于两人，并应当向当事人或者有关人员出示证件。当事人或者有关人员应当如实回答询问，并协助调查或者检查，不得阻挠。询问或者检查应当制作笔录。

《行政处罚法》第三十七条规定："行政机关在收集证据时，可以采取抽样取证的方法；在证据可能灭失或者以后难以取得的情况下，经行政机关负责人批准，可以先行登记保存，并应当在7日内及时作出处理决定，在此期间，当事人或者有关人员不得销毁或者转移证据。执法人员与当事人有利害关系的，应当回避。"陈述、申辩中当事人可以对证据提出自己的疑问。

（3）听证程序中的取证规定：凡在听证程序中出示的证据材料，当事人陈述、辩论等过程和情况都应制作笔录，笔录核对无误后交当事人及其他参加人签名或盖章。在听证程序中应注意出示所有已获取的证据，并告诉当事人享有质证的权利，同时在听证笔录中载明。

3. 证据的要求

（1）证据的真实性。证据的真实性，是指证据必须具有能够客观反映案件事实真相的属性，或者说具有客观存在性。证据的客观真实性，要求证据的内容和形式都必须具有客观性。

（2）证据的关联性。证据的关联性又称证据的相关性，是指证据与案件的待证事实具有一定的关系。证据只要与案件事实具有关联性才可被采用，与案件事实没有关联的证据，对于案件事实的认定没有意义，因而不能作为定案的依据。

（3）证据的合法性。证据的合法性，是指证据的主体、取得证据的程序、方式以及证据的形式必须符合法律的规定。它包含以下内容：一是证据主体必须符合法律有关规定，比如行政机关委托公民取得的证据就不具有合法性特征，不能被采用。二是证据的收集和取得证据的方法必须符合法定程序和要求。比如在一般程序中仅有 1 个执法人员收集的证据就不符合法定程序，不能被采用。三是证据的形式必须符合法律规定，比如说现场笔录应载明时间、地点等内容，执法人员应签名。

听证、复议和诉讼过程中的证据质证主要是从上述三个方面来进行辩论和质证的，尤其常常会集中在证据的合法性方面。

7.1.6 行政处罚的三种救济途径

我国《会计法》明确规定，县级以上人民政府财政部门有权依法对有会计违法行为的单位和直接主管人员及其他直接责任人员进行行政处罚，被处罚的单位或人员不服行政处罚决定，可以依据《行政复议法》和《行政诉讼法》的有关规定提起行政复议或行政诉讼。如果行政机关败诉，很可能会涉及到国家赔偿。因而，行政处罚的救济途径有三种，一是行政复议，二是行政诉讼，三是国家赔偿。

行政复议是指公民、法人和其他组织不服行政机关所作出的具体行政行为向行政机关或其上一级行政机关提出申诉，受理的行政机关对其作出裁决的活动。行政诉讼是指公民、法人或者其他组织认为行政机关和行政机关工作人员的具体行政行为侵犯其合法权益时，依照行政诉讼法向人民法院提起诉讼，由人民法院进行审理并作出裁决的活动。

我国《行政诉讼法》第三十七条规定："对属于人民法院受案范围的行政案件，公民、法人或者其他组织可以先向上一级行政机关或者法律、法规规定的行政机关申请复议，对复议不服的，再向人民法院提起诉讼；也可以直接向人民法院提起诉讼。法律、法规规定应当先向行政机关申请复议，对复议不服再向人民法院起诉的，依照法律、法规的规定。"这一规定，就是通常所说的"复议或者诉讼，由当事人选择为原则，复议前置为例外"的制度。

上面提到了两个很重要的概念：具体行政行为和抽象行政行为，我们也有必要了解。具体行政行为是指行政主体对特定的、具体的事件所做的能直接改变被管理者权利与义务的行为。其特点是对象特定化、具体化，是对某一个具体的事件或者具体的人所做的处理，效力指向特定具体事件或者公民、法人或者其他组织，特别是具体行政行为对被管理者的权利义务的影响产生直接影响。如某市财政局对某会计人员作出的吊销会计证书的行政处罚决定，则是典型的具体行政行为。而抽象行政行为是指行政主体以一类事、一类人为对象制定行政规范的行为。其特点是：对象的普遍性、效力的普遍性和持续性及不可诉性。抽象行政行为不能成为行政诉讼的直接对象。如某市人民政府发布规章或其他规范性文件的行为，它是针对一类事或一类现象所做的具有广泛约束力的行为，并不针对某一个具体的单位或个人，具有普遍适用性，对发布日后的相应事项也具有约束力，因而是抽象行政行为。理解了二者的区别，我们才能明白哪些行为可以申请行政复议和行政诉讼。

1. 行政复议

（1）行政复议的申请。公民、法人或者其他组织认为具体行政行为侵犯其合法权益的，可以自知道该具体行政行为之日起 60 日内提出行政复议申请；但是法律规定的申请期限超过 60 日的除外。因不可抗力或者其他正当理由耽误法定申请期限的，申请期限自障碍消除之日起继续计算。申请人申请行政复议，可以书面申请，也可以口头申请；口头申请的，行政复议机关应当当场记录申请人的基本情况、行政复议请求、申请行政复议的主要事实、理由和时间。

对县级以上地方各级人民政府工作部门的具体行政行为不服的，由申请人选择，可以向该部门的本级人民政府申请行政复议，也可以向上一级主管部门申请行政复议。对国务院部门或者省、自治区、直辖市人民政府的具体行政行为不服的，向作出该具体行政行为的国务院部门或者省、自治区、直辖市人民政府申请行政复议。

（2）行政复议受理。行政复议机关收到行政复议申请后，应当在 5 日内进行审查，对不符合《行政复议法》规定的行政复议申请，决定不予受理，并书面告知申请人；对符合《行政复议法》规定，但是不属于本机关受理的行政复议申请，应当告知当事人向有关行政复议申请，行政复议机关无正当理由不予受理的，上级行政机关应当责令其受理；必要时，上级行政机关也可以直接受理。行政复议机关受理行政复议申请，不得向申请人收取任何费用。

行政复议期间，具体行政行为不停止执行。但是，有下列情形之一的，可以停止执行：①当被申请人认为需要停止执行的；②行政复议机关认为需要停止执行的；③申请人申请停止执行，行政复议机关认为其要求合理，决定停止执行的；④法律规定停止执行的。

（3）行政复议决定。行政复议原则上采取书面审查的办法，但是申请人提出要求或者行政复议机关负责法制工作的机构认为有必要时，可以向有关组织和人员调查情况，听取申请人、被申请人和第三人的意见。行政复议决定作出前，申请人要求撤回行政复议申请的，经说明理由，可以撤回；撤回行政复议申请的，行政复议终止。

行政复议机关应当自受理申请之日起60日内作出行政复议决定，但是法律规定的行政复议期限少于60日的除外。情况复杂，不能在规定期限内作出行政复议决定的，经行政复议机关负责人批准，可以适当延长，并告知申请人和被申请人，但是延长期限最多不超过30日。行政复议机关作出行政复议决定，应当制作行政复议决定书，并加盖印章。行政复议实行一级复议制。行政复议决定书一经送达，即发生法律效力。

行政复议机关负责法制工作的机构应当对被申请人作出的具体行政行为进行审查，提出意见，经行政复议机关的负责人同意或者集体讨论通过后，按照下列规定作出行政复议决定：

①具体行政行为认定事实清楚，证据确凿，适用依据正确，程序合法，内容适当的，决定维持。

②被申请人不履行法定职责的，决定其在一定期限内履行。

③具体行政行为有下列情形之一的，决定撤销、变更或者确认该具体行政行为违法；决定撤销或者确认该具体行政行为违法的，可以责令被申请人在一定期限内重新作出具体行政行为：主要事实不清、证据不足的；适用依据错误的；违反法定程序的；超越或者滥用职权的；具体行政行为明显不当的。

对于财务人员，完全记住上述各类情形也无必要，只要记住只有认定事实清楚、证据确凿、适用依据（注意不是“法律”）正确、程序合法、内容适当五个条件同时具备才会被复议机关维持，否则均应上复议机关决定撤销、变更或者确认该具体行政行为违法。

2. 行政诉讼

（1）管辖、起诉和受理。行政案件由最初作出具体行政行为的行政机关所在地人民法院管辖。经复议的案件，复议机关改变原具体行政行为的，也可以由复议机关所在地人民法院管辖。

申请人不服复议决定的，可以在收到复议决定书之日起15日内向人民法院提起诉讼，复议机关逾期不作决定的，申请人可以在复议期满之日起15日内向人民法院提起诉讼。法律另有规定的除外。公民、法人或者其他组织直接向人民法院提起诉讼的，应当在知道作出具体行政行为之日起 3 个月内提出，法律另有规定的除外。因不可抗力或者其他特殊情况耽误法定期限的，由人民法院决定。依照《行政诉讼法》提起诉讼的公民、法人或者其他组织的原告。

此外，我们还应当了解以下情况的法定期限：行政机关作出具体行政行为时，未告知公民、法人或者其他组织诉权或者起诉期限的，起诉期限从公民、法人或者其他组织知道或者应当知道诉权或者起诉期限之日起计算，但从知道或者应当知道具体行政行为内容之日起最长不得超过 2 年。复议决定未告知公民、法人或者其他组织诉权或者法定起诉期限的，适用前款规定。公民、法人或者其他组织不知道行政机关作出的具体行政行为内容的，其起诉期限从知道或者应当知道该具体行政行为内容之日起计算。对涉及不动产的具体行政行为从作出之日起超过 20 年、其他具体行政行为从作出之日起超过 5 年提起诉讼的，人民法院不予受理。

公民、法人或者其他组织直接向人民法院提起诉讼的，作出具体行政行为的行政机关是被告。经复议的案件，复议机关决定维持原具体行政行为的，作出原具体行政行为的行政机关是被告；复议机关改变原具体行政行为的，复议机关是被告。两个行政机关作出同一具体行政行为的，共同作出具体行政行为的行政机关是共同被告。

人民法院接到起诉状，经审查，应当在 7 日内立案或者作出裁定不予受理。原告对裁定不服的，可以提起上诉。

（2）审理和判决。人民法院公开审理行政案件，但涉及国家秘密、个人隐私和法律另有规定的除外。

人民法院审理行政案件，由审判员组成合议庭，或者由审判员、陪审员组成合议庭。合议庭成员，应当是 3 人以上的单数。经人民法院两次合法传唤，原告无正当理由拒不到庭的，可以制度判决。人民法院对行政案件宣告判决或者裁定前，原告申请撤诉的，或者被告改变其所作的具体行政行为，原告同意并申请撤诉的，是否准许，由人民法院裁定。人民法院应当在立案之日起3个月内作出第一审判决。

我国《行政诉讼法》关于行政诉讼中被告承担举证责任的规定，是《行政诉讼法》最重要的规定之一。因为既然行政诉讼是对行政行为是否合法的审查，因此必然要求被告行政机关承担举证责任，即如果被告不能以充分的证据证明其具体行政行为合法，那就要承担败诉的责任，这是对行政相对人的有力保护。

在诉讼期间，并不停止具体行政行为的执行。但有下列情形之一的，停止具体行政行为的执行：被告认为需要停止执行的；原告申请停止执行，人民法院认为该具体行政行为的执行会造成难以弥补的损失，并且停止执行不损害社会公共利益，裁定停止执行的；法律、法规规定停止执行的。

我们应当特别注意：在诉讼期间行政机关不得自行收集证据。

人民法院经过审理，根据不同情况，分别作出以下判决：

①具体行政行为证据确凿，适用法律、法规正确，符合法定程序的，判决维持。

②具体行政行为有下列情形之一的，判决撤销或者部分撤销，并可以判决被告重新作出具体行政行为：主要证据不足的；适用法律、法规错误的；违反法定程序的；超越职权的；滥用职权的。

③被告不履行或者拖延履行法定职责的，判决其在一定期限内履行。

④行政处罚显失公正的，可以判决变更。

上面关于判决的这一小部分有些不好理解，其实它的意思是说：具体行政行为只有证据确凿（以事实为根据）、适用法律法规正确（以法律为准绳）和符合法定程序，才是合法的具体行政行为，人民法院才判决维持。对主要证据不足、适用法律法规错误、违反法定程序、超越职权和滥用职权的具体行政行为，人民法院可以判决撤销或部分撤销，并可责令被告重新作出具体行政行为；而对于显失公正的，人民法院还可以直接判决变更。对于财务人员个人而言，毕竟不是专业从事法律工作的，只要记住只有证据确凿、适用法律法规正确、符合法定程序三个条件均具备的才合法，否则均是不合法的情形。

（3）上诉。我国诉讼实行两审终审制。当事人不服人民法院第一审判决的，有权在判决书送达之日起 15 日内向上一级人民法院提起上诉。当事人不服人民法院第一审裁定的，有权在裁定书送达之日起 10 日内向上一级人民法院提起上诉。逾期不提起上诉的，人民法院的第一审判决或者裁定发生法律效力。

3. 国家赔偿

如果说行政机关最终被复议机关或法院确认为违法，并给当事人造成了损失，那么会涉及到国家赔偿的问题。国家赔偿分为行政赔偿和司法赔偿，行政赔偿是国家对国家行政机关及其工作人员违法行使行政权力给相对人造成的损害所承担的赔偿责任；司法赔偿是指司法机关，即公安机关、检察机关、法院和监狱管理机关及其工作人员违法行使司法权给公民、法人或其他组织造成损害时，国家所承担的赔偿责任。行政赔偿和司法赔偿均是司法救济的重要组成部分，二者也有很多相似之处，为便于理解掌握，我们在本节一并讲解行政赔偿和司法赔偿，而不将行政赔偿和司法赔偿分在两个章节进行讲解。

对于国家赔偿，我们首先要明白国家承担赔偿责任的依据和标准，即国家赔偿的归责原则。我国采取的是违法归责原则，就是以国家机关及其工作人员在执行职务中，造成他人损害的行为违反法律，作为归责标准，而不论行为人有无过错。换言之，就是只要行为违法且造成损害就要承担赔偿责任的原则。具体来说，只有同时具备以下几个构成要件，国家才承担赔偿责任：

（1）主体要件。国家只对二类特定主体的侵权行为承担赔偿责任。一是国家机关，包括行政机关、检察机关、审判机关。二是法律、法规授权的组织。民事侵权责任没有主体上的要求，任何人非因法定的免责由而造成他人损害的，都有承担赔偿责任的义务。

（2）侵权行为要件。侵权行为要件指执行职务的行为违法，也就是违法行使职权。具体包含两层含义：一是致害行为必须是执行职务的行为。只有行使职权的行为才应由国家承担赔偿责任，至于国家机关的民事行为或其公务人员的个人行为所造成的损害，国家不承担赔偿责任；二是执行职务的行为必须违法。对此违法应作广义的理解，包括违反宪法、法律、法规和规章等规范性文件，以及法律的一般原则，如诚实信用、公序良俗原则等。在民事侵权法上，也有行为违法性的要件，但其违法所指的范围是“法律保护的民事权益”，在适用无过错责任的情况下，致害行为甚至根本没有违法与否的要求。可见，公法注重的是法律规则，而私法所关注的则是个人权益。

（3）损害结果要件。所谓损害，就是给受害人的合法权益造成不利后果。国家赔偿与其他赔偿一样，只有产生了损害的后果才能引发赔偿的义务，没有损害也就没有赔偿。然而，国家赔偿中的损害，还必须具备以下性质：①损害必须是现实和确定的。即损害事实必须是已经发生并确实存在的，将来可能发生的损害国家不予赔偿。②损害必须是针对合法权益的。违法的利益不受法律保护，不引起国家赔偿责任。民事侵权法上的损害后果，既包括已经发生的，也包括必定将会发生的。既包括人身和财产损害，也包括精神损害。

（4）因果关系要件。这是指损害结果与违法执行职务的行为之间，存在引起与被引起的前因后果关系。具有因果关系就可能引起国家赔偿，不具有因果关系则不能引起国家赔偿。因果关系是一个复杂的问题，在国家赔偿领域必须注意其特殊性，民法上强调直接因果关系。而国家赔偿法上更加关注的是法律上的联系，更注重致害人在法律上的责任和义务。

更明确地讲，我国行政赔偿的范围包括：违法拘留或者违法采取限制公民人身自由的行政强制措施的；非法拘禁或以其他方式剥夺公民人身自由的；以殴打等暴力行为或者唆使他人以殴打等暴力行为造成公民身体伤害或者死亡的；违法使用武器、警械造成公民身体伤害或者死亡的；造成公民身体伤害或者死亡的其他违法行为；违法实施罚款、吊销许可证和执照、责令停产停业、没收财物等行政处罚的；违法对财产采取查封、扣押、冻结等行政强制措施的；违反国家规定征收财物、摊派费用的；造成财产损害的其他违法行为。国家不承担行政赔偿责任的范围是：行政机关工作人员与行使职权无关的个人行为；因公民、法人和其他组织自己的行为致使损害发生的；法律规定的其他情形。

司法赔偿的范围包括：对没有犯罪事实或者没有事实证明有犯罪重大嫌疑的人错误拘留的；对没有犯罪事实的人错误逮捕的；依照审判监督程序再审改判无罪，原判刑罚已经执行的；刑讯逼供或者以殴打等暴力行为或者唆使他人以殴打等暴力行为造成公民身体伤害或者死亡的；违法使用武器、警械造成公民身体伤害或者死亡的；违法对财产采取查封、扣押、冻结、追缴等措施的；依照审判监督程序再审改判无罪，原判罚金、没收财产已经执行的；人民法院在民事诉讼、行政诉讼过程中，违法采取对妨害诉讼的强制措施、保全措施或者对判决、裁定及其他生效法律文书执行错误，造成损害的。国家不承担司法赔偿责任的范围有：因公民自己故意作虚伪供述，或者伪造其他有罪证据被羁押或者被判处刑罚的；依照刑法第十四条、第十五条规定不负刑事责任的人被羁押的；依照刑事诉讼法第十一条规定不追究刑事责任的人被羁押的；行使国家侦查、检察、审判、监狱管理职权的机关的工作人员与行使职权无关的个人行为；因公民自伤、自残等故意行为致使损害发生的；法律规定的其他情形。

最后，我们应当注意国家赔偿的请求时效，即赔偿请求人请求国家赔偿的时效为两年，自国家机关及其工作人员行使职权时的行为被依法确认为违法之日起计算，但被羁押期间不计算在内。但是，赔偿请求人在赔偿请求时效的最后6个月内，因不可抗力或者其他障碍不能行使请求权的，时效中止。从中止时效的原因消除之日起，赔偿请求时效期间继续计算。

国家赔偿是任何人都不希望发生的，但如果行政或司法机关违法行为给当事人造成了损害，当事人也要勇于捍卫自己的合法权益，事实上在依法治国理念的不断推进之下，已不乏这种先例。

7.1.7 行政机关在行政处罚中会有哪些常见错误或失误

1. 程序方面

常见错误有以下几种：一是在检查和处罚时没有出示证件；二是没有告知程序，或告知内容不全，如没有告知事实、依据，而只告知处罚决定；三是证据保全没有经过批准或没有进行详细登记；四是没有执行罚、缴分离。

2. 证据方面

可能存在的问题体现在两方面：一是证据不确实，如用大量言词证据或依据执法人员的推测定性；二是不充分，证据之间并没有形成证据链条，存在漏洞。

3. 适用法律方面

最常见的情形是引用的法条与查明的违法事实不对应；其次，可能会引用作废的法条；最后，则是干脆不引用处罚所依据的法条或只引用其中之一。

4. 法律文书送达方面

目前由于有固定格式的《行政处罚告知书》和《处罚决定书》等一系列处罚过程中用到的文书，因而在法律文书制作方面基本不会存在问题，除非其不使用固定格式的行政处罚文书。易出现失误之处，则是在法律文书送达过程中，由于在送达《行政处罚事先告知书》后当事人可能有意躲起来而造成行政机关在送达《行政处罚决定书》时，没有那么轻而易举而容易出现失误，即并没有严格按照《行政处罚法》规定的送达形式进行送达，此时处罚并不会发生法律效力。

7.2 刑事责任的认定

从总体上来说，对财务人员刑事责任的认定，均为公诉案件，从两种情况，一种是经过公安机关侦查，然后由公安机关移送检察院审查、起诉，最后由法院以判决的形式对有关人员的刑事责任予以认定；二是对于检察机关直接侦查的案件，在检察机关侦查部门侦查终结后，由检察机关内部负责起诉的部门审查、起诉，最后也是法院对有关人员是否构成刑事责任予以宣判。无论是哪种情况，法院的判决是认定刑事责任的唯一形式，即“未经人民法院依法判决，对任何人都不得确定有罪”，这也是一句很经典的用语。

为了帮助大家更好地理解本书的有关内容，在此有必要讲一下我国司法机关的职能和配合。公安机关实际上是双重角色，一是负责治安，此时它的职能是政府的一个职能部门，这从它的名称“公安行政管理局”可以很好理解；二是刑事侦查，负责大部分刑事案件的侦查工作，在侦查终结后由内设的法制部门审查后移送同级检察机关。我国的检察机关是国家的法律监管机关，主要有三个职能，一是负责公诉，即负责对公安机关移送的案件和检察机关负责侦查的案件的起诉工作；二是法律监督，包括立案监督和侦查监督权，刑事审判监督权，对刑事判决裁定的执行和监管机关的活动是否合法的监督权，民事审判监督权，行政审判监督权，比如公安机关逮捕犯罪嫌疑人需要由检察机关批准就是行使侦查监督权的体现，这是相互制约原则的具体体现；三是负责对某些案件直接侦查，案件范围限制为以下三类：贪污贿赂犯罪（这是刑法分则第八章规定的犯罪）和国家工作人员渎职犯罪（主要指刑法分则第九章规定的犯罪），国家工作人员利用职权实施的非法拘禁、刑讯逼供、报复陷害、非法搜查的侵犯公民人身权利的犯罪，国家工作人员利用职权实施的侵犯公民民主权利的犯罪。法院是国家专门的审判机关，在检察机关提起公诉后，在公诉人、辩护人（律师）平等参与的基础上依法独立进行审判。

检察机关与法院、公安机关是代表国家参与刑事诉讼的三个机关，他们相互分工负责，相互配合，相互制约，一起完成打击刑事犯罪，维护犯罪嫌疑人、被告人合法权益，保护国家和人民利益的任务。没有检察机关的公诉，法院不得主动进行审判；没有法院的决定逮捕、检察机关的批准逮捕（这就是通常所说的“批捕”），公安机关不得逮捕任何人。检察机关对刑事诉讼过程中公安机关、法院的诉讼行为进行监督，一旦发现任何违法事件，可以要求改正直至追究刑事责任。

对于公安或检察机关侦查的讲解，我们放在第7章“公安、检察机关侦查的一般程序性规定和技巧”中进行，本节侧重讲解法院认定刑事责任的程序和对我们来讲一些必须知道的规定。

我国实行两审终审制，在刑事诉讼中，法院作出并送达的一审判决有10天的上诉期（裁定的上诉期为5天），上诉期过后判决才生效，如不服一审判决可在上诉期内向上一级人民法院提起上诉（一审因而并未发生法律效力），二审则是终审，判决或裁定作出并送达后立即生效，这就是两审终审的含义。

7.2.1 刑事审判并没有那么神秘

有些人感觉刑事审判非常神秘，有一种摸不到边的心理，事实上刑事审判更强调严格依照规定的程序进行。在实体方面（指构成犯罪与否及罪轻、罪重等这些涉及实体权利义务关系的方面）刑事审判需要由《刑法》解决；在程序方面，则由《刑事诉讼法》规范。用外部审计（注册会计师审计）作类比的话，会更容易理解：刑事诉讼和注册会计师审计都是严格按程序进行的，并且刑事审判在程序方面要求更为严格，注册会计师审计遵循《中国注册会计师执业准则》，而刑事诉讼则遵循《刑事诉讼法》。刑事诉讼活动之所以复杂、有很多争辩之处，多是发生在实体方面，单纯的程序事项就像注册会计师审计那样，有明确规定的程序。

我国的刑事一审程序只有两种，即简易程序和普通程序。

1. 简易程序是对一审普通程序的简化，设置简易程序符合当今世界各国刑事诉讼立法的趋势，对于及时惩罚犯罪，提高办案效率，都有重要意义。但是，适用简易程序的前提是要保证刑事案件的审判质量，不能为了简便、省事而将不应适用简易程序的案件也按简易程序审理。为此，《刑事诉讼法》

对可以适用简易程序的案件作出了具体规定：

（1）对依法可能判处3年以下有期徒刑、拘役、管制、单处罚金的公诉案件，事实清楚，证据充分，人民检察院建议或者同意适用简易程序的。这类适用简易程序的案件必须同时具备三个条件：

①依法可能判处3年以下有期徒刑、拘役、管制、单处罚金的案件。这类案件被告人的罪行及社会危害性都较轻。人民法院在审理前，要根据人民检察院提供的证据材料，依据有关法律，对被告人的罪行及可能判处的刑罚作出判断。在审理过程中，如果发现被告人罪行较重，需要判处3年以上有期徒刑的，法庭应终止简易程序，按普通程序审理。

②必须是案情清楚，证据确实、充分的案件。

③人民检察院提出适用简易程序的建议或者是人民法院认为需要适用简易程序并征得人民检察院同意。被告人及辩护人对所指控的基本犯罪事实没有异议。

（2）告诉才处理的案件，人民法院可以适用简易程序。告诉才处理的案件是指刑法中规定的由被害人或者其法定代理人直接向人民法院控告被告人的案件，包括侮辱、诽谤罪、暴力干涉他人婚姻自由罪和虐待罪等。

（3）被害人起诉的有证据证明的轻微刑事案件。这类案件是犯罪行为及其社会危害性都不严重的轻微刑事案件，并且被害人有足够的能证明案件真实情况的证据，不需要人民法院进行大量的调查取证工作，适用简易程序可以在保证办案质量、正确运用法律的基础上，及时、迅速地审结案件，解决纠纷，缓解社会矛盾，更好地保护公民的合法权益。

适用简易程序应当由检察院提出建议或经过检察院同意，法院自行决定适用简易程序时，应当征求检察院的意见。人民法院审理具有以下情形之一的案件，不应当适用简易程序：

①公诉案件的被告人对于起诉指控的犯罪事实予以否认的；

②比较复杂的共同犯罪案件；

③被告人是盲、聋、哑人的；

④辩护人作无罪辩护的；

⑤其他。

上面对简易程序适用的案件进行了明确规定，那么简易程序的“简易”体现在哪些方面呢？

（1）适用简易程序的案件，可以由审判员一人独任审判。人民法院审理第一审案件适用普通程序的，基层法院、中级法院审判第一审案件应当由审判员3人或者由审判员和人民陪审员共3人组成合议庭进行，高级法院、最高法院审判第一审案件，应当由审判员3人至7人或者由审判员和人民陪审员共3人至7人组成合议庭进行。由于适用简易程序的案件都是事实清楚，证据比较充分，危害也不严重的轻微刑事案件，这样就可使人民法院集中人力和精力办理重大复杂的疑难刑事案件。

（2）适用简易程序审理的公诉案件，除人民检察院监督公安机关立案侦查的案件以及检察院认为有必要派员出庭的案件外，人民检察院可以不派员出席法庭。这一规定也是由适用简易程序的案件的特点决定的。对于适用普通程序的公诉案件，法律规定人民检察院应当派员出席法庭支持公诉。注意这里是“可以”不派员出席法庭，如果人民检察院认为适用简易程序的案件也需要派员出庭支持公诉的，也可以派员出庭。

（3）简易程序的庭审阶段简化。适用普通程序审理刑事案件，必须严格按照法律规定的庭审的阶段顺序进行，以保障各方当事人和公诉机关的权利。而适用简易程序的案件由于其自身特点，庭审可以省略一些环节，以迅速、准确审结案件。适用简易程序审理自诉案件，宣读起诉书后，被告人及其辩护人可以同自诉人及其诉讼代理人互相辩论，不受普通程序中关于讯问被告人、询问证人、鉴定人、出示证据、法庭辩论程序规定的限制。适用简易程序审理公诉案件，被告人可以就起诉书中指控的犯罪进行陈述和辩护；被告人及其辩护人可以同公诉人互相辩论。但在判决宣告前应当听取被告人的最后陈述意见。

（4）适用简易程序审理案件，人民法院应当在受理后20日以内审结，这一期限大大短于普通程序审理案件的限期。

适用简易程序是以保证办案质量、正确适用法律为前提的，其目的是根据案件具体情况，合理使用审判力量，提高办案效率。如已适用简易程序，但法院在审理公诉案件期间发现以下不宜适用简易程序情形的，应当将简易程序转为普通程序重新审理，审理期限应当从决定转为普通程序之日起计算：

①公诉案件被告人的行为不构成犯罪的。

②公诉案件被告人应当判处3年以上有期徒刑的。

③公诉案件被告人当庭翻供，对于起诉指控的犯罪事实予以否认的。

④事实不清或者证据不充分的。

⑤其他依法不应当或者不宜适用简易程序的。

2. 普通程序

对于公诉案件，其程序如下：

（1）庭前审查起诉书。人民法院对人民检察院提起的公诉案件，应当在收到起诉书（一式8份，每增加一名被告人，增加起诉书5份）后，指定审判员审查以下内容：

①案件是否属于本院管辖；

②起诉书指控的被告人的身份、实施犯罪的时间、地点、手段、犯罪事实、危害后果和罪名以及其他可能影响定罪量刑的情节等是否明确；

③起诉书中是否载明被告人被采取强制措施的种类、羁押地点、是否在案以及有无扣押、冻结在案的被告人的财物及存放地点；是否列明被害人的姓名、住址、通讯处，为保护被害人而不宜列明的，应当单独移送被害人名单；

④是否附有起诉前收集的证据的目录；

⑤是否附有能够证明指控犯罪行为性质、情节等内容的主要证据复印件或者照片（实物证据可以再行补充）；

⑥是否附有起诉前提供了证言的证人名单；证人名单应当分别列明出庭

作证和拟不出庭作证的证人的姓名、性别、年龄、职业、住址和通讯处；

⑦已委托辩护人、代理人的，是否附有辩护人、代理人的姓名、住址、通讯处明确的名单；

⑧提起附带民事诉讼的，是否附有相关证据材料；

⑨侦查、起诉程序的各种法律手续和诉讼文书复印件是否完备；

⑩有无《刑事诉讼法》第十五条第（二）至（六）（注意：未包括（一））项规定的不追究刑事责任的情形；

其中《刑事诉讼法》第十五条指："有下列情形之一的，不追究刑事责任，已经追究的，应当撤销案件，或者不起诉，或者终止审理，或者宣告无罪：（一）情节显著轻微、危害不大，不认为是犯罪的；（二）犯罪已过追诉时效期限的；（三）经特赦令免除刑罚的；（四）依照刑法告诉才处理的犯罪，没有告诉或者撤回告诉的；（五）犯罪嫌疑人、被告人死亡的；（六）其他法律规定免予追究刑事责任的。"其中第（二）款中提到的关于犯罪的追诉期限规定如下：法定最高刑为不满5年有期徒刑的，经过5年；法定最高刑为5年以上不满10年有期徒刑的，经过10年；法定最高刑为10年以上有期徒刑的，经过15年；法定最高刑为无期徒刑、死刑的，经过20年。但要注意以下三点：

一是在人民检察院、公安机关、国家安全机关立案侦查或者在人民法院受理案件以后，逃避侦查或者审判的，不受追诉期限的限制；

二是被害人在追诉期限内提出控告，人民法院、人民检察院、公安机关应当立案而不予立案的，不受追诉期限的限制；

三是追诉期限从犯罪之日起计算；犯罪行为有连续或者继续状态的，从犯罪行为终了之日起计算。在追诉期限以内又犯罪的，前罪追诉的期限从犯后罪之日起计算。

简单地说，庭前审查的主要内容就是对于起诉书中有无明确的犯罪事实并且是否附有证据目录、证人名单和主要证据复印件或者照片的内容进行审查，案件经审查后，应当根据不同情况分别处理：

①对于不属于本院管辖或者被告人不在案的，应当决定退回人民检察院；

②对于不符合本解释第一百一十六条第（二）至（九）项规定之一，需要补送材料的，应当通知人民检察院在三日内补送；

③对于根据刑事诉讼法第一百六十二条第（三）项规定宣告被告人无罪，人民检察院依据新的事实、证据材料重新起诉的，人民法院应当依法受理；

④依照本解释第一百七十七条规定，人民法院裁定准许人民检察院撤诉的案件，没有新的事实、证据，人民检察院重新起诉的，人民法院不予受理；

⑤对于符合刑事诉讼法第十五条第（二）至（六）项规定的情形的，应当裁定终止审理或者决定不予受理；

⑥对于被告人真实身份不明，但符合刑事诉讼法第一百二十八条第二款规定的，人民法院应当依法受理。

审查期限普通程序 7 天，简易程序 3 天。庭前审查只能进行书面审查，不允许进行证据调查工作，更不允许提审被告人。

法院决定开庭的时间不以犯罪嫌疑人是否构成犯罪为前提。

（2）开庭前的准备工作。

①确定合议庭的组成人员。

②将检察院的起诉书副本至迟在开庭 10 日以前送达被告人，告知被告人可委托辩护人或法院指定辩护。

③传唤当事人，通知诉讼参与人，传票和通知书至迟在开庭 3 日前送达；将开庭的时间、地点在开庭 3 日前通知检察院。

④公开审判的案件，在开庭 3 日前先期公布案由、被告人姓名、开庭时间和地点。

（3）法庭审判。

宣布开庭：查明被告人的身份；宣布合议庭组成人员；向被告人交待权利；要特别问明是否申请回避。

法庭调查：庭审中对证据的质证采取固定的质证顺序，先是公诉人，被害人，被告人，然后是辩护人。

法庭辩论：辩论后是被告人最后陈述，这是被告人的一项重要权利。

宣判：当庭宣判的5日内送达判决书；定期宣判的立即送达判决书。

（4）检察院的庭审监督及配合工作。

①出庭支持公诉：法院审判公诉案件，检察院应当派员出席法庭支持公诉（但适用简易程序的，检察院可以不派员出席法庭）。

②审判监督：检察院发现法院审理案件违反法律规定的诉讼程序，有权向法院提出纠正意见（由检察院在庭审后提出）。

③检察院应当在庭审前移交相关证据及赃款赃物，没有移交赃款赃物的，只要起诉书中的内容完整确定，法院即可以决定开庭审判。

由公诉人、辩护人向法院出示证据，公诉人、当事人和辩护人可以对证据和案件情况发表意见，互相质证、辩论。

（5）撤诉。在宣告判决前，检察院要求撤回起诉的，法院应当审查检察院撤回起诉的理由，并作出是否准许的裁定。这和民事诉讼有很大不同，主要原因是民事权利公民有自由处分的自由，而刑事领域检察院也不能自由处分，否则会破坏法律的尊严甚至放纵犯罪分子。

（6）审理结果。

①判决有罪：指罪名成立或成立其他罪名的情形。

②判决宣布被告人无罪：存在被告人无罪或指控犯罪的证据不足时，应当及时宣布被告人无罪。

③判决宣告不负刑事责任：指被告人未到年龄或患有精神病在实施犯罪时不能辨认自己行为。

④裁定终止审理：当存在已过追诉时效、经过特赦、死亡或告诉才受理而未告诉或撤诉时应裁定终止审理。

（7）审理期限。

①法院审理公诉案件，应当在受理后1个月以内宣判，最迟不得超过1

个半月。

②有本法第一百二十六条规定情形之一的（指交通十分不便的边远地区的重大复杂案件、重大的犯罪集团案件、流窜作案的重大复杂案件或犯罪涉及面广，取证困难的重大复杂案件），经省、自治区、直辖市高级法院批准或者决定，可以再延长1个月。

③法院改变管辖的案件，从改变后的法院收到案件之日起计算审理期限。

④检察院补充侦查的案件，补充侦查完毕移送法院后，法院重新计算审理期限。

上述程序看起来复杂，如果我们借用管理制度设计中的流程图（图7－1）形式表述，则会有助于大家对刑事一审程序有个整体把握：

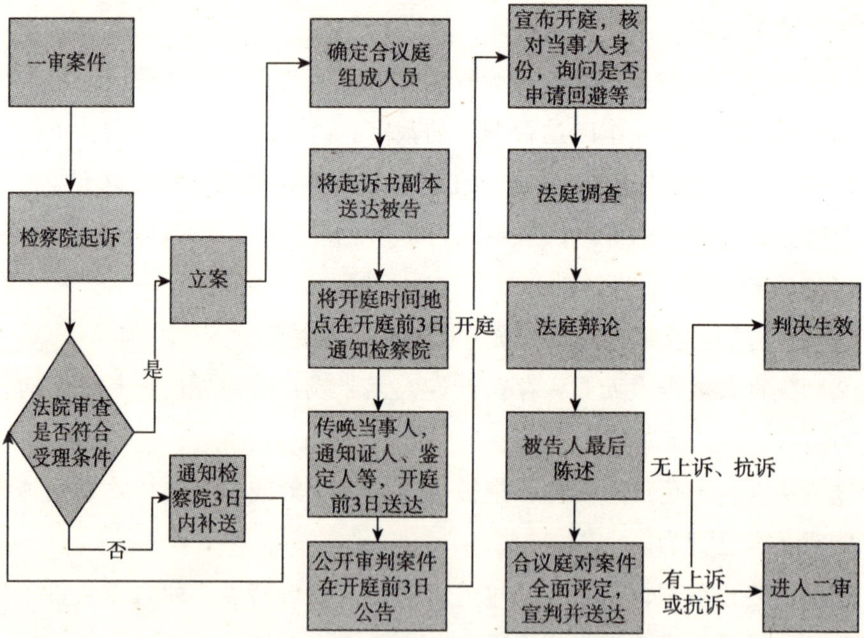

图7－1　刑事一审程序简易流程图

3. 几个重要的概念

（1）判决、裁定、决定的区别。判决用于解决实体问题，裁定解决程序和部分实体问题，决定解决程序问题；判决、裁定可以上诉，而决定不可以上诉。决定可以书面作出，也可以口头作出，法律效力相同，且一经作出，立刻发生法律效力，没有上诉和抗诉的问题，但《刑事诉讼法》规定了对于某些决定可以申请复议和申诉。

（2）对人民陪审员的说明。很多人并不清楚我国的陪审员制度，这里有必要作一简单介绍。人民陪审员是从普通公民中选拔出来的，其基本条件是拥护中华人民共和国宪法，年满23周岁，品行良好、工作正派、身体健康，一般应当具有大学专科以上的文化程度。当然，这是法律规定的一个基本条件，现实中考虑到各地发展的不平衡，会根据这个要求在法定情况下提出一些具体的条件，尤其是对一些当地威望很高的群众，文化水平不一定很高，但也会考虑成为陪审员。陪审员参与案件范围概括起来就是“两个适用，两个不适用”，两个适用，就是社会影响较大刑事、民事、行政的一审案件和刑事案件的被告、民事案件的原、被告和行政案件的原告提出来要求陪审员参审；两个不适用，是指适用简易程序审理的一审案件和法律另有规定的不适用。特别指出的是，二审案件的审判不适用人民陪审员制度。陪审员的主要职责，概括来讲是在特定的案件审理中与法官具有相同的权利，主要包括审阅案件的材料，参与案件的一些必要的调查，参加案件的审理即开庭审理，最后就是要参加案件的评议。总之，我们可用一句话概括我国的人民陪审员制度：人民陪审员是从普通民众中选拔出的人员，在案件的审理中同法官有同等的权利（但不得担任审判长）。了解陪审员制度，我们就会理解经常在影视节目中看到的“陪审员”也坐在法官旁边共同审案是怎么回事，也就对一审案件的审理过程增加感性认识，它十分有助于我们作为非法律专业的财务人员理解诸多案件的判决。

（3）合议庭的议事规则。合议庭进行评议时，应当按多数人的意见作出决定，但是少数人的意见应当写入笔录。评议笔录由合议庭的组成人员签名。

评议结果不公开。合议庭开庭审理并且评议后，应当作出判决。对于疑难、复杂、重大的案件，合议庭认为难以作出决定的，由合议庭提请院长决定提交审判委员会讨论决定。审判委员会的决定，合议庭应当执行。对合议庭议事规则的了解，有助于我们对法院裁判过程的感性理解。

7.2.2 刑事二审程序及上诉不加刑

引起刑事二审程序的途径有两种，一是上诉，一是抗诉。上诉简单的说，就是由被告人提起的就称为上诉（这和民事诉讼中原被告均可提出上诉不同）；由检察院提起的称为抗诉。有人可能说了，在刑事中被害人不能提出上诉吗？严格讲，在刑事中被害人（及其法定代理人）享有的是请求抗诉权，即被害人及其法定代理人不服地方各级法院第一审的判决的，自收到判决书后5日以内，有权请求检察院提出抗诉。检察院自收到被害人及其法定代理人的请求后5日以内，应当作出是否抗诉的决定并且答复请求人。此做法主要是使被害人不能随便上诉，保证“上诉不加刑”原则的实施，而公诉方则是站在国家和公正的立场代表了被害人的利益。

1. 上诉、抗诉的期限

（1）不服判决的上诉和抗诉的期限为10日（与民诉15日不同），从接到判决书的第2日起算。

（2）不服裁定的上诉和抗诉的期限为5日（与民诉10日不同），从接到裁定书的第2日起算。

（3）如果原审附带民事部分是另行审判的，上诉期限按《民事诉讼法》执行。

（4）被告人、自诉人、附带民事诉讼的当事人和他们的法定代理人是否上诉，以他们在上述期满前最后一次的意思表示为准。

2. 上诉、抗诉的理由

（1）上诉理由：未作限制。

（2）抗诉理由：地方各级检察院认为本级法院第一审的判决、裁定确有错误的时候，包括：

①认定事实不清、证据不足的。

②有确实、充分的证据证明有罪而判无罪，或无罪判有罪的。

③重罪轻判、轻罪重判，适用刑罚明显不当的。

④认定罪名不正确，一罪判数罪、数罪判一罪，影响量刑或者造成严重的社会影响的。

⑤免除刑事处罚或者适用缓刑错误的。

⑥法院在审理过程中严重违反法律规定的诉讼程序的。

3. 上诉、抗诉的方式

（1）上诉方式。

①通过原审法院：被告人、自诉人、附带民事诉讼的原告人和被告人通过原审法院提出上诉的，原审法院应当在3日以内将上诉状连同案卷、证据移送上一级法院，同时将上诉状副本送交同级检察院和对方当事人。

②直接向二审法院：被告人、自诉人、附带民事诉讼的原告人和被告人直接向二审法院提出上诉的，二审法院应当在3日以内将上诉状交原审法院送交同级检察院和对方当事人。

③无论是通过原审法院还是直接向二审法院上诉，原审法院必须对上诉进行审查，符合法律规定的才提交二审法院。

（2）抗诉方式。

①地方各级检察院对同级法院第一审判决、裁定的抗诉，应当通过原审法院提出抗诉书，并且将抗诉书抄送上一级检察院。原审法院应当将抗诉书连同案卷、证据移送上一级法院，并且将抗诉书副本送交当事人。

②上级检察院如果认为抗诉不当，可以向同级法院撤回抗诉，并且通知下级检察院。

4. 上诉、抗诉的二审审理方式

抗诉案件二审一律开庭审理；上诉视情况而定，可开庭也可不开庭审理。

（1）开庭审理。

①二审法院对事实不清、证据不足的上诉案件，应当组成合议庭，开庭审理；

②对检察院抗诉的案件，二审法院应当开庭审理；

③拟判处死刑的案件，二审法院应当开庭审理。

（2）不开庭审理。合议庭经过阅卷，讯问被告人、听取其他当事人、辩护人、诉讼代理人的意见，对事实清楚的，争议主要在适用法律、裁量刑罚和程序上的问题，可以不开庭审理，但应当公开宣判。

（3）二审中的辩护。被告人除自行辩护外，还可以继续委托第一审辩护人或者另行委托辩护人辩护。对共同犯罪案件，只有部分被告人提出上诉或者检察院只就第一审法院对部分被告人的判决提出抗诉的，其他同案被告人也可以委托辩护人辩护。

5. 需强调的几项原则

（1）二审全面审查原则。

①二审法院应当就一审判决认定的事实和适用法律进行全面审查，不受上诉或者抗诉范围的限制。

②既要审查实体问题，又要审查程序问题。

③审理附带民事诉讼的上诉、抗诉案件，应对全案进行审查。

④共同犯罪案件的全面审查：只有部分被告人提出上诉的，或者检察院只就第一审法院对部分被告人的判决提出抗诉的，第二审法院应当对全案进行审查，一并处理。共同犯罪案件，如果提出上诉的被告人死亡，其他被告人没有提出上诉，第二审法院仍应当对全案进行审查。死亡的被告人不构成犯罪的，应当宣告无罪；审查后认为构成犯罪的，应当宣布终止审理，对其他同案被告人仍应当作出判决或者裁定。

（2）上诉不加刑原则。

①二审法院审判被告人或他的法定代理人、辩护人、近亲属上诉的案件，不得加重被告人的刑罚：

第一，共同犯罪案件，只有部分被告人上诉的，既不能加重提出上诉的被告人的刑罚，也不能加重其他同案被告人的刑罚。

第二，共同犯罪案件中，检察院只对部分被告人的判决提出抗诉的，对其他第一审被告人不得加重刑罚。

第三，对原判认定事实清楚、证据充分，只是认定的罪名不当的，在不加重原判刑罚的情况下，可以改变罪名。

第四，对被告人实行数罪并罚的，不得加重决定执行的刑罚，也不能在维持原判决决定执行的刑罚不变的情况下，加重数罪中某罪的刑罚。

第五，对被告人判处拘役或者有期徒刑宣告缓刑的，不得撤销原判决宣告的缓刑或者延长缓刑考验期。

第六，对事实清楚、证据充分，但判处的刑罚畸轻，或者应当适用附加刑而没有适用的案件，不得撤销一审判决，直接加重被告人的刑罚或者适用附加刑，也不得以事实不清或者证据不足发回原审法院重新审理。必须依法改判的，应当在二审判决、裁定生效后，按照审判监督程序重新审理。

②例外情形是：第一，检察院提出抗诉或者自诉人提出上诉的，不受前款规定的限制。但是检察院抗诉，经第二审法院审查后，改判被告人死刑立即执行的，应当报请最高法院核准。第二，审判监督程序中不适用上诉不加刑原则。

6. 审理期限

二审法院受理上诉、抗诉案件，应当在1个月以内审结，至迟不得超过1个半月。有本法第一百二十六条规定情形之一的（即前面提到的四类案件），经省、自治区、直辖市高级法院批准或者是决定，可以再延长1个月，但是最高法院受理的上诉、抗诉案件，由最高法院决定。

刑事二审流程如图7－2所示。

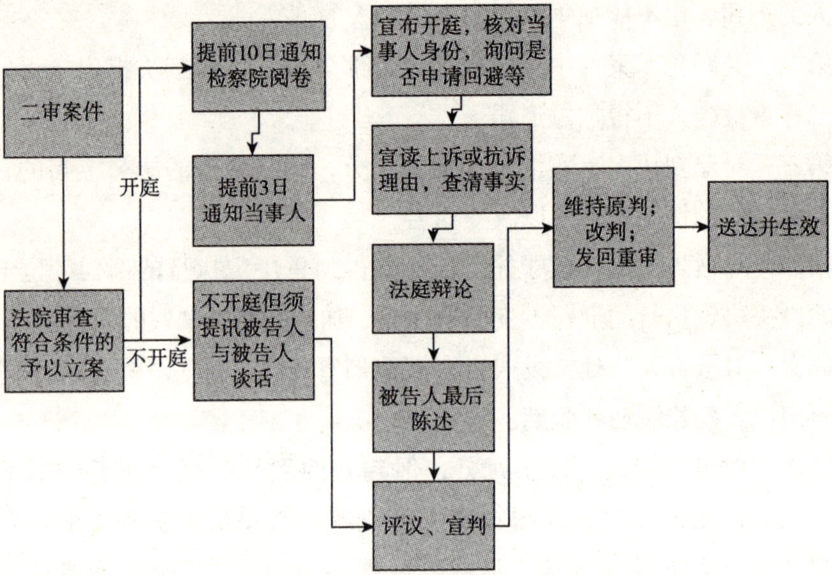

图7－2　刑事二审程序简易流程图

7.2.3　死刑判决分两种

死刑判决有两种，一种是死刑立即执行；一种是“判处死刑，缓期两年执行”，对后一种多是犯罪分子有投案自首、立功表现或有其他从宽处罚的法定条件，或者在智力上存在明显障碍，或者被害人本身有明显过错等。被判处死刑缓期两年执行的罪犯，缓期两年执行期限届满，没有故意犯罪的，可以减为无期徒刑，有重大立功表现的，可以减为15年以上20年以下有期徒刑。也就是说，只要犯罪分子在缓刑期内没有重新犯罪，原判决的死刑会在缓期满后改判无期徒刑，这也是我国刑法“慎杀”原则的一个体现。

我国刑法规定了对“罪大恶极”的犯罪分子才实行死刑，并且对死刑实行复核程序，经核准才能执行死刑。对死刑立即执行的复核，最高人民法院于2006年12月28日发布《关于统一行使死刑案件核准权有关问题的决定》（［法释（2006）12号］），规定自2007年1月1日起死刑复核权统一归最高人民法院统一行使（此前部分死刑案件的复核权由高级人民法院行使）。

如果被判处的死刑缓期两年执行的罪犯，在缓期两年执行期限内又重新故意犯罪，经查证属实，报经核准后执行死刑。

7.2.4　法定刑以下及假释还要经核准

为了对核准程序进行比较全面的了解，我们可以先看一下以下两种可能会遇到的核准程序：

1. 在法定刑以下判处刑罚的核准程序

我国《刑法》第六十三条第二款规定："犯罪分子虽然不具有本法规定的减轻处罚情节（指自首、重大立功等情节——笔者注），但是根据案件的特殊情况，经最高法院核准，也可以在法定刑以下判处刑罚。"核准程序如下：

（1）无上诉、抗诉的，逐级报请至最高院，中途不同意的返回重审或改变管辖。

（2）有上诉、抗诉的，二审维持原判的，按照前款规定。

（3）有上诉、抗诉的，二审改判的，如果还是在法定刑以下，则按照前款规定。

2. 适用特殊情况假释的核准程序

我国《刑法》第八十一条第一款规定："被判处有期徒刑的犯罪分子，执行原判刑期1/2以上，被判处无期徒刑的犯罪分子，实际执行10年以上，如果认真遵守监规，接受教育改造，确有悔改表现，假释后不致再危害社会的，可以假释。如果有特殊情况，经最高法院核准，可以不受上述执行刑期的限制。"犯罪分子具有特殊情况，不受执行刑期限制的假释案件，核准程序如下：

（1）中院裁定假释的，报高院复核，高院同意的，报最高院核准，高院不同意的则撤销假释；

（2）高院裁定假释的，直接报最高院核准。

虽然我们不希望用到这些知识，但作为财务人员对此有个较全面的初步了解，心中有个大概印象，也是有必要的。

7.2.5 被冤枉了怎么办

如果已经生效的裁判确有错误、当事人确实被冤枉了，那么当事人只能求助于审判监督程序。审判监督程序会引起再审，但审判监督程序在法律规定中虽可由人民法院、检察院等这些机关提起，但现实中更多的是当事人或其法定代理人、近亲属不屈不饶的申诉才导致再审程序的启动。当事人提出的这种行为称为“申诉”：

1. 申诉的主体

当事人及其法定代理人、近亲属，对已经发生法律效力的判决、裁定，可以向法院或者检察院提出申诉，但是不能停止判决、裁定的执行。

2. 申诉的条件

根据《刑诉法》第二百零四条之规定，申诉的条件有以下几种：

（1）有新的证据证明原判决、裁定认定的事实确有错误的。

（2）据以定罪量刑的证据不确实、不充分或者证明案件事实的主要证据之间存在矛盾的。

（3）原判决、裁定适用法律确有错误的。

（4）审判人员在审理该案件的时候，有贪污受贿，徇私舞弊，枉法裁判行为的。

（5）严重违反法定程序，如违反关于公开审判的规定，回避制度，审判组织组成不合法。

3. 申诉的提出方式

有以下两种：

（1）向法院提出。可以向原审法院和直接向上级法院提出，但审查权在原审法院。申诉人对驳回申诉不服的，可以向上一级法院申诉。经两级法院处理后又提出申诉的，如果没有新的充分理由，法院可以不再受理。

（2）向检察院提出。人民检察院经审查，符合条件的由检察院提出抗诉。

4. 申诉的法律效力

申诉人不是引起审判监督程序的主体，是否提起审判监督程序要由有决定权的机关经审查以后才能决定；但申诉也不是毫无效力的，如果有《刑诉法》第二百零四条规定的情形，法院应当重新审判。

5. 提起审判监督程序

（1）提起审判监督程序的主体。

①各级法院院长和审判委员会（本院）：各级法院院长对本院已经发生法律效力的判决和裁定，如果发现在认定事实上或者在适用法律上确有错误，必须提交审判委员会处理。

②最高法院和其他上级法院（提审或指令再审）：最高法院对各级法院已经发生法律效力的判决和裁定，上级法院对下级法院已经发生法律效力的判决和裁定，如果发现确有错误，有权提审或者指令再审。

③最高检察院和其他上级检察院（抗诉）：最高检察院对各级法院已经发生法律效力的判决和裁定，上级检察院对下级法院已经发生法律效力的判决和裁定，如果发现确有错误，有权按照审判监督程序向同级法院提出抗诉。检察院抗诉的案件，接受抗诉的法院应当组成合议庭重新审理，对于原判决事实不清楚或者证据不足的，可以指令下级法院再审。

④同级检察院提出的抗诉：地方各级检察院对同级法院已经发生法律效力的民事判决，裁定，发现原判决、裁定确有错误的，应当提请上级（不是上一级）检察院向其同级法院按照审判监督程序提出抗诉。

（2）提起审判监督程序的条件。发现已经发生法律效力的判决和裁定，在认定事实上或者在适用法律上确有错误。

在实践中，还经常可见当事人、近亲属或其代理律师向人大、人大代表等以写信等形式反映情况的，最后也引起了审判监督程序的启动。这是因为，我国法院、检察院是独立的，“任何人不经法院判决不得认定有罪”，同样如果一个人被法院判决有罪，也只能由法院来判决其无罪，这是其独立性的体现；检察院作为法律监督机关同样也有不可替代的职权。同时，法院、检察院由人大产生并向人大报告工作，人大有质询权，因而向人大或人大代表反映问题同样是合法途径，现实中也有不少问题正是这样解决的。值得注意的是，通过信访部门向上反映问题，也是一种合法解决问题的思路和方式。

6. 重新审判的程序

（1）法院按照审判监督程序重新审判的案件，应当另行组成合议庭进行，原审审判人员应当回避。

（2）如果原来是第一审案件，应当依照第一审程序进行审判，所作的判决、裁定，可以上诉、抗诉；如果原来是第二审案件，或者是上级法院提审的案件，应当依照第二审程序进行审判，所作的判决、裁定，是终审的判决、裁定。（注意上级法院提审一律按二审程序进行）

（3）再审期间不停止原判决、裁定的执行。

（4）再审期间检察院按同级派员出庭。

（5）全面审查原则。

7. 重新审判的期限

（1）法院按照审判监督程序重新审判的案件，应当在作出提审、再审决定之日起3个月以内审结，需要延长期限的，不得超过6个月。如，某人在原审中被判罪，现有无罪证据，法院受理申诉后最长多长时间能得到无罪的裁定？答案应是1年。具体时间如下：3个月做出是否提审再审的决定，之后3个月审结，如加上延长6个月，则最长共是1年。

（2）接受抗诉的法院按照审判监督程序审判抗诉的案件，审理期限适用前款规定；对需要指令下级法院再审的，应当自接受抗诉之日起1个月以内作出决定，下级法院的审理期限适用前款规定。

8. 重新审判后的裁判

（1）原判决、裁定认定事实和适用法律正确，量刑适当的，应当裁定驳回申诉或者抗诉，维持原判。

（2）原判决、裁定认定事实没有错误，但适用法律有错误，或者量刑不当的，应当改判。按照第二审程序审理的案件，认为必须判处被告人死刑立即执行的，直接改判后，应当报请最高法院核准。

（3）应当对被告人实行数罪并罚的案件，原判决、裁定没有分别定罪量刑的，应当撤销原判决、裁定，重新定罪量刑，并决定执行的刑罚。

（4）按照第二审程序审理的案件，原判决、裁定认定事实不清或者证据不足的，可以在查清事实后改判，也可以裁定撤销原判，发回原审法院重新审判。原判决、裁定认定事实不清，证据不足，经再审仍无法查清，证据不足，不能认定原审被告人有罪的，应当判决宣告被告人无罪。

作为财务人员来讲，完全理解和掌握上述程序确实有一定困难，但掌握其框架和其中的重要流程则是必要的。

7.2.6 刑事诉讼证据：理解两个至关重要的理念

这里单独将刑事诉讼中的证据，作为重要内容予以讲述，是因为其在整个刑事诉讼中具有至关重要的作用，它在本质上决定着刑事责任的认定，因而我们有必要对刑事诉讼中的证据作深入了解。

我们要树立以下强烈的理念：我国实行的是无罪推定、疑罪从无的原则，这是新《刑诉法》的一个重大突破和进步，即要由国家司法机关（公安和检察机关）寻找证据证实被告人有罪，而不是要由被告人提出证据证明自己无罪，即暗含着被告人是无罪的。因而，如果国家司法机关无法向法庭提供确实充分的证据，即指向犯罪的完整的证据链条，则法院不能认定被告人有罪！

与此对应的另一个理念是：被告人只要否定犯罪指控链条的任何一个环节就可以推翻其有罪指控，它并不要求作到“确实充分”！

这里面，“确实充分”是我国刑事诉讼法律所要求证明被告人有罪的标准。我国《刑事诉讼法》第一百六十二条规定，“人民法院应对案件事实清楚，证据确实充分，依照法律认定被告人有罪的，应当作出有罪判决”，同时我国《刑事诉讼法》对移送起诉和提起公诉的要求也是一致的，均要求证据“确实充分”，这个证明标准是刑事诉讼过程中的一个核心问题，通俗些讲就是我们常说的“打官司就是打证据”，因为刑事诉讼活动实质上就是诉讼当事人（包括刑事诉讼中的公诉人）和法官通过已有证据认定案件事实的司法证明活动，既然是证明活动，则不可避免就必须涉及到证明标准的问题，“确实”就是对证据质的要求，“充分”就是对证据量的要求，达不到“确实充分”就达不到证明要求，就不能定罪。“确实充分”虽然是简单的四个字，但却具有丰富的内涵，其既包括对证据质的要求，又包括量的要求，具体地讲，可以从四个方面理解：一是据以定案的证据均已查证属实；二是案件中全部证明对象均有证据予以证实；三是证据之间、证据与案件事实之间不存在任何合理怀疑，如果有，应当得到合理排除；四是依据全案证据所得出的结论是唯一的。

为了帮助大家理解这两个理念，我们举个典型例子来进行说明。

2002 年 7 月至 8 月，某省 A 公司多次从外省 B 公司（B 公司取得了在中国独家使用某国际品牌注册商标的权利并有权授权其他厂商生产及专营该品牌）购得某品牌夹克衫 108 件。之后，A 公司又自行组织生产，委托本省多家生产商分别生产该品牌同款夹克衫、销售商标、服装标识等，共生产标有该品牌注册商标的夹克衫 1017 件并销售（销售金额 90 多万元）。该案由 B 公司控告而案发。

现 A 公司提供合同复印件一份，内容为：A 公司于 2002 年 8 月 4 日与 B 公司签订合同，约定 A 公司向 B 公司购买某品牌夹克衫 1030 件，价格每件 350 元。合同最后一条内容为“甲方 B 公司不能如期交货，乙方 A 公司有权自行组织生产并使用该品牌商标”，该条有添加痕迹，合同下方还有被圈掉的“待下周签”字样，A 公司解释以上涂改添加是经 B 公司同意并当面修改的。

A 公司称，在 2002 年 8 月 22 日，向 B 公司交付 3.5 万元定金后，B 公司要求提高价格，A 公司未同意，B 公司即拒绝再供货。而此前 A 公司已与第三方就该批服装签订了销售合同，因此才依据授权条款自行组织生产。而 B 公司称，合同上的涂改添加未经其同意，且协议本身是草签，并非正式合同，A 公司并未支付定金，3.5 万元是 A 公司的购货款，有 B 公司提供的成品发货清单及银行汇票复印件证实，且称并无提高价格的情况。双方当事人都无法提供合同原件。

分歧意见。本案分歧的焦点在于对合同复印件这一证据效力的认定，在办案中对此存在以下三种分歧意见：

第一种意见认为，该证据不具有证据效力。《刑事诉讼法》规定，刑事诉讼中作为认定案件事实的证据必须确实充分，本案中被告人提供的证据仅仅是一份复印件，无法与原件相印证，也无其他人证或物证佐证，对方当事人又不予承认，所以以此来认定案件事实（即本案中A、B两公司间存在授权的事实），显然不够确实充分。所以该证据在本案中不能采信。

第二种意见认为，该证据不具有证据效力。《刑事诉讼法》规定作为认定案件事实的证据必须确实充分，这是对有罪证据的要求。对于无罪证据，《刑事诉讼法》中并无明文规定，所以可参照民事诉讼法的规定。民事诉讼法规定“证据材料为复制件，提供人拒不提供原件或原件线索，没有其他材料可以印证，对方当事人又不予承认的，在诉讼中不得作为认定事实的根据”。所以本案中该证据不具有证据效力。

第三种意见认为，该证据在本案中能够作为无罪证据使用，具有证据效力。

事实上，第三种观点较为妥当，因为认定本案中的“合同复印件”是否具有证据效力的关键，在于把握控诉证据和辩护证据在刑事诉讼过程中不同的证明标准（或称不利于被告人的证据和有利于被告人的证据，或称有罪证据和无罪、罪轻证据），对有罪证据要求达到“确实充分”，而对于无罪证据则无需全面证实事实情况，只要对有罪证据的认定产生有事实根据和合理的怀疑即可——除非控方又有确实充分的证据将此证据完全予以否定和排除。例如，只要以确实证据证明被告人没有作案时间，就可以彻底推翻控诉方全部有罪证据而证明被告人无罪。因此，辩护证据通常不要求较大数量，也不要求证据的连贯性或组成完整的证明体系。

根据以上分析，对于本案中欲作为无罪证据使用的“合同复印件”，控方并无充分证据来予以否定和排除。因而，被告人提供的“合同复印件”能够作为无罪证据使用，是具有证据效力的。

通过这个例子，我们要再一次体会到：证据“确实充分”是对被告人有罪的证明要求，而不是对被告人无罪的证明要求！这用法律术语来讲，则是举证责任的归属问题，即证明他人犯罪的举证责任要由公诉方（检察院）来举出而不是要让被告“自证清白”，但是特别指出的一点是：对于巨额财产来源不明罪则要由被告自证其财产来源的合法性而不是由司法机关证明其财产来源不合法，这是由于该罪中，证明财产有合法来源的责任由被告人承担，这就是一些学者概括的举证责任倒置的情形。

最后，我们有必要说明：证据“确实充分”不等于证据“完备齐全”。众所周知，案件是业已发生的事实，它不可能一丝不漏地复制下来，就像用碎片复原一只打碎的花瓶，修复工艺再好，花瓶也永远不可能像未打碎之前那样完整，历时越久缺欠越大。任何案件，特别是经过较长时间才侦破的案件在证据上都是有缺欠的，原因非常复杂，有的是侦查机关侦查水平不高，重破案轻证据，在收集和固定证据方面出现纰漏；有的是案情疑难复杂，犯罪分子使用反侦查伎俩销毁证据，如丢弃作案工具、破坏现场指纹等，或者犯罪分子对于其独知的事宜，如没有目击证人情况下作案的具体过程、赃款赃物去向等拒不交代，导致办案机关客观上无法提取较为齐全的证据等等。正因为如此，法律对证据只要求确实充分，而不要求完整齐全。因而只要收集到的证据已经达到了确实充分的要求，就可以认定案件事实了。对于案件中哪些事实证据是必须查证属实，哪些事实证据在不影响定罪量刑的情况下是可以不予考虑的，《人民检察院刑事诉讼规则》第二百七十九条关于起诉的条件已明确了，即具有下列情形之一的，可以确认犯罪事实已经查清，应当作出起诉决定：

（1）属于单一罪行的案件，与定罪量刑有关的事实已经查清，不影响定罪量刑的事实无法查清的；

（2）属于数个罪行的案件，部分罪行已经查清并符合起诉条件，其他罪行无法查清的；

（3）无法查清作案工具、赃物去向，但有其他证据足以对被告人定罪量刑的；

（4）证人证言、犯罪嫌疑人供述和辩解、被害人陈述的内容中主要情节一致，只有个别情节不一致且不影响定罪的。

到了审判阶段，法院再根据案件的具体情况，分别作出裁判。

事实上，关于刑事证据的问题还很多，但对于财务人员而非律师或司法人员来讲，全面而深刻地理解和体会上述两个理念是最为重要的。

本章小结

本章对财务人员法律责任的认定进行了讲解，一是行政责任的认定程序，其中还讲解了救济方式和程序；二是刑事责任的认定程序，包括一审、二审、再审等，最后将关注点放在极为重要的刑事证据，并针对财务人员的职业特点提出要深刻理解和体会两个理念：检察机关指控被告有罪需要完整、严密的证据链条，证据要“确实充分”；被告人则是只要否定犯罪指控链条的任何一个环节就可以推翻有罪指控，它并不要求证据“确实充分”，并举了复印件能否作为证据的判例以加深理解和印象，充分理解这两个理念十分重要。

第8章

单位如何建立保护财务人员的“安全网”

防范法律风险，一方面靠自己，另一方面还要靠单位的制度，作为财务人员有责任推动单位建立和完善保护我们自身的制度，但哪些制度安排是最有效的？其中又应当注意哪些问题？

8.1 单位负责人：应认识到自己的责任

现行《会计法》的一个重要亮点，就是明确了单位负责人对本单位的会计工作和会计资料的真实性、完整性负全责，在总则的第四条即规定：“单位负责人对本单位的会计工作和会计资料的真实性、完整性负责。”即单位负责人是本单位的会计责任主体。

从《会计法》的52条内容来看，直接涉及到单位负责人责任的有第四条、二十一条、二十八条、四十五条、四十六条共5条。此外，《会计法》第六章“法律责任”的第四十二条、四十三条和第四十四条中，尽管没有直接提及单位负责人，但其中规定了“直接负责的主管人员”的法律责任，这里指的直接负责的主管人员，亦包括单位负责人（分管财务工作的负责人）。归纳起来，包括以下几项：

（1）对本单位的会计工作和会计资料的真实性、完整性负全责。

（2）组织领导单位会计机构、会计人员和其他相关人员严格遵守《会计法》的各项规定，依法进行会计核算，实行会计监督。

（3）对认真执行《会计法》、忠于职守、坚持原则，做出显著成绩的会计人员，给予精神的或物质的奖励，不得对依法履行职责、抵制违反《会计法》规定行为的会计人员实行打击报复。

（4）应当在单位财务会计报告上签名并盖章，并保证财务会计报告的真实、完整。

（5）应当组织本单位建立健全有效的内部控制制度，强化单位内部制约机制，保证办理会计事务的规则、程序能够有效防范、控制违法、舞弊等行为的发生。

（6）应当保证会计机构、会计人员依法履行职责，不得授意、指使、强令会计机构、会计人员违法办理会计事项。

（7）对会计机构、会计人员发现会计账簿记录与实物、项目及有关资料不相符而无权处理的报告，应当及时作出查处决定。

（8）应当如实向受托的会计师事务所提供会计资料，不得以任何方式要求或示意注册会计师及其所在会计师事务所出具不实或不当的审计报告。

（9）应当组织本单位接受有关监督检查部门依法的监督，如实、完整地提供会计资料和有关情况，不得拒绝、隐匿、谎报或销毁。

（10）应当依法聘用具有会计从业资格的会计人员，并依法保障本单位会计人员的继续教育和培训，促进会计人员业务素质的提高。

（11）有定期或临时披露信息义务的公司，应当依法向外部披露有关信息或提供有关报告，不得作虚假陈述（主要针对上市公司）。

通过上面的规定，我们可以归结为一点，即单位会计违法甚至构成犯罪行为的责任主体首先是单位负责人，而不能以“不懂会计业务”或所用的会计人员“不熟悉会计业务”等作为借口，推卸所负责的单位的违反《会计法》行为的法律责任，这是法律的明确规定。当然，这并不意味着财务人员有意做假或从事其他违法违规行为可以不负责任，法律规定了两类人员要负责任，即“直接负责的主管人员”和“直接责任人员”，这里“直接责任人员”常是指从事具体业务的违法违规人员——当然，这个问题并没有这么简单，究竟什么人能够成为上述要负责任的两类人员在“第6章：财务人员应当掌握的基本法律理念和知识”中已详细讲述。

为了适应这种要求，避免可能产生的法律风险，单位负责人首先应当提高法律意识，不能再认为会计事项仅是会计的事情，法律并不是以当事人是否“知道”来判断是否构成违法行为的一个标准。其次，单位负责人应当学习基本的财会知识，明白基本的会计科目含义，学会读懂三大财务报表，包括资产负债表、利润表、现金流量表，会计报表附注和财务情况说明书，审计报告，包括内部审计报告和外部审计报告，这是单位负责人正确履行其会计责任应具备的基本条件。第三，要建立健全高效的内部控制制度，它是单位负责人正确履行其会计责任的关键。《会计法》一方面明确了单位负责人是会计责任主体，另一方面也指出了单位应当建立有效的内部控制制度，通过制度来保障公司的合法合规运行，俗话讲，任何一种好的法律、措施均不能“既要马儿跑得快，又要马儿不吃草”，建立完善的内控制度就是让马儿跑得快的好“草料”。同时，从客观上讲，良好的内控制度不只保护了单位负责人，也同样保护了财务人员，下面的部分重点讲述怎样建立良好的内控制度（当然下面部分还包括其他能够有效保护财务人员的制度性设计）。

8.2 财务人员：推动单位建立和完善保护我们自身的制度

对于财务人员而言，一方面要使单位负责人明白其所承担的会计责任，另一方面也要推动单位完善保护自身的各项规章制度，它的作用不容忽视。现在的问题是，哪些是最有助于保护我们财务人员自身的制度呢？

8.2.1　建立财务人员垂直管理的体制：让他有权威也能踢“皮球”

对于有较多分支机构或下属子公司的企业而言，总公司的目标和利益往往会与分支机构或下属子公司的利益产生冲突，常见的就是由于考核机制的不科学，导致下级公司的领导产生造假的企图——而造假没有财务的配合是不可能实现的，这样财务人员就面临着一种艰难的选择；还有一种常见的情形，则是单位领导或财务人员胆大包天，视法律为无物，而上级监控又不力，为其侵吞单位财产的犯罪行为提供了可能。无论是哪种情况，建立财务人员垂直管理的体制，都会在客观上减少财务人员犯罪的可能性和空间。

财务人员的垂直管理体制，与前几年讨论的财务人员委派制有异曲同工之妙，前者是强调财务人员的业务指导、人事任免等权力统一归上级（或者直接明确为总公司）行使；后者则是强调下级公司的财务人员是由上级公司委派的，这样其自然是接受上级公司的领导、任免也自然是归上级公司。这两种形式，核心思想是一致的，都是通过上级对财务人员指挥和任免的权力来加强财务人员的独立性和权威性，保障财务人员有效行履行其职责，也正是因为这个原因，在实践中，无论是财务人员垂直管理体制还是委派制一般均“垂直”或“委派”财务负责人（当然也有个别公司将下级公司包括出纳和一般会计人员在内的所有财务人员全部归由上级公司管理，但这种情况并不常见）。

我们从一个更广的视角来看这个问题，国家现在将很多部门都明确为“中央垂直管理部门”，如安监系统、银监系统、证监系统、保监系统等；还有“省以上垂直管理部门”，如工商行政管理部门、质检部门等，甚至于国有商业银行系统的垂直管理程度也很高了。企业应当积极借鉴这种有益的制度形式。

企业在财务人员垂直管理体制或委派制度安排中，应当着重强调要明确上级公司（或总公司）对财务负责人的业务领导权、薪酬决定权和人事任免权，这样才可能保障财务人员有一定空间履行其职责。

另外，此种管理体制还有一个好处是，分支机构财务人员“对付”不了所在单位负责人时，可向上汇报，即将“皮球”（难题）踢给上边，这样即使以后发生问题，财务人员的责任也会大大减轻，正如我们在前面分析的中国证券刑事死刑第一案中，如果财务经理章蓉能够及时向上汇报，她将不会被认定为国有人员失职罪。

1. 业务管理权

通过总公司下发的单位内部规定，明确整个公司的各项财务管理制度、会计核算制度由总公司统一制定，各分支机构或子公司必须执行。上述各项制度的解释同样归总公司财务部门行使。对于日常业务指导，则明确归总公司财务部门所有，对于不明确事项可向总公司财务部门请示并按批复意见执行；下级公司财务负责人在处理财务工作时，可征求单位负责人的意见，但最终决定权在财务负责人（即明确财务负责人对财务事项有最终决定权，同样财务负责人对财务工作也应负最终责任——至少在内部责任追究领域如此）。这种规定实质上是保护财务人员，一方面使财务负责人有了“推脱”的借口；另一方面，明确限定了单位负责人的权力，使他明确清楚自己权力的边界。

2. 人事管理权

下级机构或子公司财务负责人的人事任免权，要由总公司财务部门行使，考核也主要由总公司进行，下级单位对其考核只占较低权重或只是参考。这样，才能为财务负责人放心行使其应有权力、抵制不法行为提供保障，因为现实一次次告诉我们：许多财务人员被迫协助单位有关部门或负责人作某些违法之事，是因为人事任免权在单位负责人手中，财务人员害怕不听“领导的话”而失去工作。现在将人事任免权和考核权收归总公司，这个问题则可解决，这是一种必要的组织保障，而不是只要求我们的财务人员应当怎样怎样。

确保财务人员积极履行职责，我们要从更现实的层面考虑问题，而不能只是像以前那样只提要求，这种人事管理权的上收，就是一种重要的制度和组织保障，作为企业或具有决策权的财务高管应当积极采用，它不只是对财务人员的保护，也是对整个企业的保护。前段时间，有人提出要改革我国会计从业人员的管理体制，将所有会计从业人员的人事、委派、考核、工资、福利等统统都归属地财政部门管理，也就是说他是“财政局”的人，并且是派到企业来从事财务工作了，并且规定要三年一轮调、离任时还要审计，企业根据同等条件的人向管理财务人员所在的“财政局”支付报酬。从理论上讲这个制度设计不错，但现实执行的可能性极小，对于保护我们财务人员的角度来讲，也可以说是“远水解不了近渴”，更为现实的办法还是上面提到的制度安排。

另外，需要特别提及的一点是，目前我国有很多企业虽然规定了财务人员的垂直管理，但却出现了“垂”而不“直”的问题，即虽然名义上归总公司财务部门领导和考核，但却在事实上还是听从于当地所在机构负责人。出现这种问题的主要原因，在于“双重”领导和考核的制度安排，即规定当地财务人员要受总公司财务部和当地机构负责人的领导，在考核上财务部考核为主，但也要考虑当地机构负责人的意见。在这种工作体系下，财务人员处于“一仆二主”的地位，很多财务人员在许多问题上陷入矛盾、困惑甚至压力之中，部分财务人员还承受着相当大的压力，因为如果当地机构的做法不合规而机构负责又要他服从“发展大局”、“树立集体观念”时，他要在服从财务制度安排与听从当地机构负责人之间作出选择，甚至这种制度安排还可能加大了当地机构财务负责人的责任。解决这个问题，应当实行严格的财务人员垂直管理体制，以及完全的人事管理和考核权上收的体制，考核时不必考虑当地机构负责人或当地机构的考核意见（有些公司规定当地机构负责人对垂直管理人员打分，同时该垂直管理人员也参加当地机构的统一考核），只有这样，才能让财务人员尤其是财务负责人放下包袱，“一仆二主”反倒常常会使财务人员更加难受，矛盾可能会更多——通过第 3 章的讲解，大家一定会明白，矛盾的增多一定会使财务人员的处境更为不利。

8.2.2 财务人员强制轮岗、强制休假和回避制度：自身的反腐机制

内控制度的最大优点是建立了内部牵制制度，通过不相容岗位相互分离的制度设计，使各项工作均有所控制和校验，大大减少了出现差错和舞弊的可能性，但是内部控制制度也是有局限性的，其主要的局限性就是来自于内部不相容岗位人员的串通，这种串通无疑会造成内控制度的失灵。

但是，如果对内控制度深入研究就会发现，内控制度自身也有“反腐败”机制，那就是关键岗位强制轮岗、强制休假和回避制度。首先来看回避制度，它要求关键岗位人员不能是近亲属，如在一般企业中财务负责人与出纳不能是夫妻关系、单位负责人与财务负责人不能是兄弟关系等，这样很容易造成内控制度的失效；这里，强调指出了“一般企业中”是针对大多数企

业而言的，对于夫妻合开的企业、家族企业则并不适用，因为他们的利益更多的还是一体的，比如经常可见到丈夫是总经理、妻子是管财务的副总经理这种情况，这种“一家子”办企业，利益是一体的，不存在回避的问题。除这种特殊情形外，回避制度实际上应用很广，比如法院、检察院、公安系统均有明文规定的回避制度（不只是内部人员安排的回避制度，还包括办案过程中的当事人与办案人员间的回避制度），国家机关也均规定单位负责人与财务工作人员不能是近亲属关系、单位负责人与负责纪检的人员不能是近亲属关系等，这实际上是一种很好的并且行之有效的自身“防腐机制”；我们企业，不管是三资企业、私营企业还是国有企业，也要借鉴这种很好的制度设计思路，制定并严格执行财务领域的回避制度，它对于保护财务人员是极为有效的。

再来看强制轮岗和强制休假制度，强制轮岗制度是一种较长期离开原来工作岗位的制度安排，强制休假制度则是较短时间内离开工作岗位的制度安排。比如在很多证券公司，营业部财务负责人和电脑部负责人不仅是总公司委派的，而且也实行这两类人员的轮岗（在不同营业部之间调动）和强制休假制度。对于企业而言，我们抛开培养人才的角度不谈，单从保护个人和保护单位利益不受侵害的角度看，该制度是很有效果和威慑力的，它一方面使问题能够及时暴露，不至于发展成大问题时才被发现，到那时常常无论是对个人还是对单位的财产都已无可挽回；另一方面，它对不法人员起到了很好的威慑作用，因为他知道一旦调离原先岗位后，这些问题必将暴露无遗，一定会心存顾忌——好的内控制度设计总是让人感到“不敢”、“不想”违规，强制轮岗和强制休假制度就是这样的制度之一，在财务关键岗位实行对于保护财务人员是十分有效的。

我们来看一个典型的例子：继2005年初中国银行哈尔滨河松街支行资金被盗案后，时隔一年，中国银行黑龙江分行又一起基层银行巨案呈现在人们面前，即被媒体普遍认为的2006年银行第一大案，该案给中行造成了4亿余元的损失。而该支行此前一直是系统内的先进，中行在河松街案发后，全行强行推动轮岗制，“一人生病，全家吃药”，这药还没白吃，把四马路支行的问题暴露。这里，我们可以看到强制轮岗的威力。

中行作为一家经营多年的金融机构，内部肯定是制定有强制轮岗制度和强制休假制度的，但在执行环节上打了折扣，否则本案也不会延续两年之久，甚至某些人员可能根本就不敢再搞此种伎俩。因而，只有制度还不行，对这种制度应当坚持不折不扣地落实，绝不能在实际执行时以某种看似合理的理由拖延或回避，这样才能起到其应有的作用。

8.2.3 资金集中管理：大案难发

现在实行资金集中管理的公司越来越多，尤其是借助网上银行、适时结算等现代技术手段对分支机构或子公司的资金进行适时监控和统一管理，已成为很多公司的做法。比如许多公司总公司财务部门规定下级公司财务在每月的10日、20日、28日上划资金，或在资金余额达到一定额度时上划总公司（具体频率主要视下级机构账户余额积累速度而定）；下级需要资金则要向总公司财务部门申请，上级公司在收到下级公司申请后，必须在两小时内作出回复保证下级公司资金需求。这种管理体制，使下级公司账户的资金余额降到了最低限度。

将下级机构或子公司的资金收归总公司统一集中管理的体制，一方面提高了资金使用效率，从另外一个角度来讲，它还可保护财务人员。因为，单位犯罪或职务犯罪多会涉及资金，现在将资金都收到总公司，下级机构或子公司的有些人想“搞些钱”也没有了可能，无疑会减少财务人员犯罪的可能，作为总公司领导或财务人员要积极推行此种财务政策。

我国的企业也已经在财务管理中关注现金的集中化管理，内蒙古鄂尔多斯集团公司便是典型的一个例子。[①] 该集团随着事业的迅猛发展和快速扩张，在财务与现金管理方面出现了不利于未来发展的行为。例如，部分下属企业

---

① 顾乃康：“统一的现金管理”，《南方日报》，2005年8月25日。

出现了重指标、轻监管、弱化财务管理，甚至指挥不力、调度不灵、有令不行、有禁不止的倾向，一些下属企业依靠集团的“温床”，只管生产加工，忽视了销售市场的开拓，片面追求利润指标，费用摊提不实，成本控制不力，存货超储严重，造成资金闲置浪费，周转不畅，效率低下。全集团出现了高存款、高贷款的“双高”现象，有的企业存款闲置浪费而不能实施调剂使用；财务人员单方面听命于企业领导的指挥，甚至出现欺上瞒下、违纪违规、损害集团大局利益的现象。所有这些问题的产生，都说明缺乏一套严谨、高效的财务管理机制。从1999年开始，鄂尔多斯集团公司创立了以“四统一分，两级管理”为主要内容的财务管理新机制。

根据“统一管理，分级实施”的原则，确立了以内部银行为中心的资金管理体制，其内涵是在“四统一分”的框架下，以内部银行作为集团内部全资、控股企业资金流程的必经之地和调控中枢，以资金统一管理和集中运作为核心，各全资、控股企业原有的银行账户统归财务公司内部银行接管，内部银行利用总体财务收支预算杠杆，实施现金流监控，调剂资金余缺，发挥资金最大效能。

“四统”即机构、人员、制度、资金的统一。

机构统一：集团公司所属全资、控股企业的财务机构为财务公司派出机构。财务公司对各企业统一确定财务机构设置、编制定员。人员统一：集团的全资、控股公司的财务人员由集团财务公司派驻和管理，实行垂直领导。财务会计人员的工资、奖金、福利由财务公司统一发放，财务人员的培训、招聘、岗位调配、职称评聘、人事任免统归财务公司进行安排。各派出机构财务人员以契约的形式与财务公司和所在服务企业签订人事合同，确定服务内容、岗位职责、工作标准、考核办法。所有财务会计实行岗位轮换制，原则上两年轮换一次。制度统一：各企业财务管理制度、政策及会计核算方式，统一由财务公司制订，各企业依据财务公司制度可制订本企业实施细则，但需上报审批后方可实施。财务公司对各子公司财务制度的执行情况进行检查。资金统一：财务公司设立内部银行，作为内部结算中心，模拟商业银行的运作和核算形式，对各全资、控股公司的各项资金实行统一管理和运筹，企业的财务收支全部通过内部银行一个漏斗进出，按预算实施监收控付，从源头上管理资金的流向，杜绝了企业务行其是和不按制度规定乱借款、乱担保、乱投资、乱开支的现象，真正实现了资金管理的集中统一和灵活高效运作。“一分”就是核算分离。各公司的生产成本和经营成果按原有体制进行独立核算，自负盈亏。“两级管理”就是财务公司对各全资、控股企业进行一级管理，而企业财务机构按照四统一分的原则对内部车间（分厂）、工会、食堂及职能部门实施二级管理。一级管理的核心是管好用活资金；二级管理的核心是进行成本控制。

实现了现金的集中化管理后，内部银行接管了成员企业原有的银行账户，并对应开设内部账户。当然，各企业的回款仍回到自己的账户，只是回到了内部账户上。内部银行可根据企业业务量大小，统筹调剂安排资金，资金由“散存”变为“统存”，最大限度发挥资金“蓄水池”作用，实现了一个漏斗进出资金，一个账户管住开户企业。此举之后，鄂尔多斯集团公司仅在2000年就节约财务费用1653万元。并且，更为重要的是以前那种乱借款、乱担保、乱投资、乱开支的问题得到的有效解决，无疑也卸去了财务人员心头的隐患。

有人会说了，这样做又会产生另一个问题：将资金都收到总公司了，总公司的有关人员犯罪的可能性会增加（从一定程度上确实如此），这一条经验并不能解决此类人员的法律风险问题。

总有些人面对利益不能自持，从古到今皆是如此，好在我们还有其他的制度和措施——但无论如何制度的力量总是有限的，自己总想杀人放火，内部的制度约束无疑是苍白的，此时法律的威严也会更为凸显。

8.2.4 自设财务任职高门槛：想换人却不好找

这里，并不是说对初级的会计或出纳岗位也设置很高的门槛，而是指对不同职位财务人员按所涉及责任大小设置不同门槛，目的是使外部市场人员不过剩。一般来说，职位越高的财务人员所可能承担的责任越大，如果外部市场存在很多这样的人，从客观上来说，一会造成不利于该类人员履行职责的外部压力或内在倾向，因为作为一个正常的人，谁都不愿意失去工作而失业，这是人之常情。而如果设置一定的门槛，比如资格管理或资历要求，势必减少这种情况的出现。

由此出发，我们一方面建议国家权力部门，包括财政部门、行业监管部门等，制定某一任职资格的财务人员的资格和资历要求——事实上，国家也正是这样做的。比如我国《会计法》第三十八条第二款对会计机构负责人的任职资格作了明确规定：“担任单位会计机构负责人（会计主管人员）的，除取得会计从业人员资格证书外，还应当具备会计师以上专业技术职务资格或者从事会计工作三年以上经历。”从这里可以看出，会计机构负责人的任职条件较一般会计人员从业资格更加严格，这也正是由会计机构负责人的地位和职责所决定的。如果从事某些行业，如证券、保险等行业，会计机构的负责人还需要有更严格的条件，——这实际上也是对财务人员的保护，并且还可考虑制定更为严格的条件。

另一方面，对企业而言，对财务负责人或在会计工作方面某些承担较大责任的人员要制定超出国家或行业要求的条件，以此保证从业人员素质，同时也使个别有不法想法的单位领导担心在指使财务负责人造假不成反可能逼走财务负责人这种情况的发生，财务负责人本身条件较好也有更大的底气去抵制不法行为，最后达到双赢的局面。

8.2.5 健全长本事的制度：培训和交流

财务人员在面临单位领导造假、造“小金库”等要求时，绝大多数都是很不情愿的，正如本书在财务人员法律风险产生根源一部分分析的那样，但如果不听“领导的话”，不能做到指哪打到哪，很可能工作就不保了，这种两难的境地对于在私营企业中已走上中层甚至高层领导岗位的财务人员来说，更是难以抉择，处境常常也是只有一种选择——听从领导的安排；而在国有企业失业的风险会小一些，但被调离财务岗位被“闲置”的风险却是很大的，无论哪种情况一旦发生，对财务人员的职业生涯来讲，都是极为不利的。

俗话说得好，“此处不留人，自有留人处”，但问题是你要有真本事才行。因而，我们财务人员就要练就一身真本事，这也是一种没有办法情况下的自我保护。在从事本职工作期间，就要多学习，注意提高本领；从单位的制度保障来讲，就是保证财务人员能够定期得到一定的培训和交流，使财务人员在培训和相互交流中提高，尤其是为财务人员创造一种机会，交流工作中的问题和难点，不断提高自身能力。在每次培训或者年度决算布置会的这段时间，与同行、同事进行深入的切磋、聊天，是最长本事的时间，原先自己的一些烦心事，你会发现有些人用很巧妙的办法处理掉了，或者在与他人聊天的过程中突然产生一个好思路，回去就把问题轻易解决了。因而，我们财务人员一定要注意利用培训的机会，而单位则要建立使财务人员定期培训、相聚的机会和制度，保障他们的业务水平能够不断提高。事实上，单位也是受益于工作人员水平提高的益处的，而不可认为只有员工是受益者；另外，对于单位负责人来讲，财务负责人或财务主管由于不愿作违法之事同时已长了本事而离开原单位，违法之事没有做成（或暂时没有做成，但至少是不会很快做成），从事后回头的角度看，单位负责人还是受益于没做成违法之事的，否则其可能已是身败名裂。总之，提高财务人员的素质是一件对各方都有利的事情。

8.2.6 推动建立高效的内审机构：另一种保护

内部审计是在企业内部对各种经营活动与控制系统的评价，以确定既定的政策和程序是否贯彻，建立的标准是否遵循，资源的利用是否合理有效，单位的目标是否达成，管理人员是否廉洁等。内部审计的内容十分广泛，其中重要的是内部财务审计，它是对会计工作实行控制和再监督的手段，也是保证会计资料真实、完整的重要措施。

但遗憾的是，目前不少单位对内部审计工作没有给予足够的重视，或根本没有内部审计部门，或虽有内部审计部门但是只做表面文章并不给予应有地位，或把内部审计部门作为财务部门的从属机构，大大削弱了内审的职能和作用。事实上，增强内部审计部门的力量，使其高效率的工作，将会大大降低单位负责人和财务人员违法违规违纪的风险，因为一方面它是一种震慑，使单位负责人或财务人员不敢轻举妄动——虽然是被动的“不敢”犯错误，但在客观上使上述人员减少了触犯法律的风险；另一方面，强大的内审会将问题发现在萌芽或初犯状态，不至于使问题发展得很大才被发现，而此时却已晚。部分财务人员可能对单位内部审计人员有成见，认为内部审计人员就是找财务工作茬的，这种思想是不对的，财务人员应当推动审计机构的强大，这才会多为自己建一道“安全网”，也可以算作是另一种保护——通过内审机构遏制单位违法行为从而避免自身的风险。

建立高效的内审机构，最关键的有三点：一是单位的实际控制人要支持内审工作，树立内部审计人员的权威。很多人讲发挥内部审计部门的作用，一定要使其向董事会或董事长汇报工作，而不是向总经理或副总经理汇报工作（虽然现实中这种情形比比皆是）。发挥内审部门的作用，关键是向单位的实际控制人负责，建立向实际控制人直接汇报工作的渠道，实际控制人也非常支持内审工作——这样才会真正促进内审作用的发挥。在中国目前的企业中，绝大多数都存在着一个实际上的控制人，这个控制人并不一定是董事长或总经理，只有得到该实际控制人支持的内审部门才可能真正强大起来。

二是审计人员的选择也十分重要，尤其是国有企业。审计是一项既要熟悉财务、又要熟悉业务，既要有原则性、又要有灵活性，既要熟悉国家相关政策、又要熟悉具体审计业务的要求较为综合的工作，并且还要协调处理与被审计部门及其主管领导的关系等社会经验要求较高的工作，对老的国有企业这种要求会更为突出，因而对人员的要求总体来讲也相对较为严格，选择合适的人员对树立审计的权威性也是极为重要的一方面。企业要注意从内部和外部选拔这些优秀的人员，充实到审计队伍中来。

三是要注意借助企业已有的信息系统，及时发现问题。现在企业或多或少地均建立了信息系统，不同的只是有的企业信息化程度高些而有些则相对较差一些，审计应当充分借助企业已有的信息系统，监测企业的运行状况，做到及时发现问题，在问题还小时即解决掉，避免产生大的问题甚至产生犯罪。举一个例子，图 8－1 是某省保险市场 5 家省级寿险分公司 2006 年前三季度的营业费用率和手续费率：

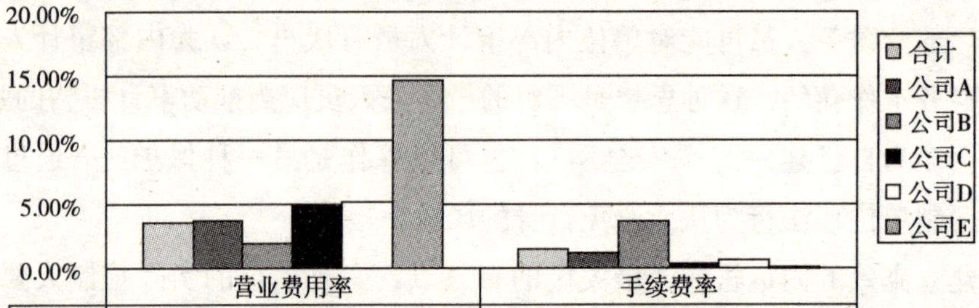

	营业费用率	手续费率
合计	3.59%	1.53%
公司A	3.71%	1.18%
公司B	1.96%	3.65%
公司C	4.93%	0.33%
公司D	5.19%	0.62%
公司E	14.65%	0.06%

图 8－1　某省保险市场 5 家省级寿险分公司营业费用率和手续费率

可以明显看出，公司 D 和公司 E 营业费用率较高，其中公司 E 远远超出正常值区间，主要是因为这两家公司开业时间较短；公司 B 手续费率 3.65% 远高于其他各家公司，手续费是取得业务的成本，市场存在一个幅度但不会太大，高出平均水平如此之多，便需要进一步了解。在后期的现场检查中，查明了该公司存在虚列手续费的问题。这是一个运用非现场监测发现问题的一个典型例子。

总之，作为单位领导或财务人员来讲，尤其是财务高管，要深刻意识到完善内审其实是在帮助自己防范风险，一旦内审部门树立了权威，其具有的强大震慑作用，一定会起到保护财务人员的作用，尤其是对有庞大分支机构的公司而言，其为数众多分支机构的财务人员一定会为此受益匪浅。

本章小结

本章主要是从财务人员应当在工作中推动单位建立哪些有利于保护自己的制度进行了讲述，这些制度包括财务人员垂直管理体制，强制轮岗、休假和回避制度，资金集中管理制度，自设高门槛的财务人员任职资格要求，培训和交流制度，以及努力推动单位建立高效有权威的内部审计机构和制度，尤其要摒弃内审与财务有矛盾的看法，健全内部审计制度也是保护财务人员自己。

附　录

1.《会计法》第四十二条至四十五条

第四十二条　违反本法规定，有下列行为之一的，由县级以上人民政府财政部门责令限期改正，可以对单位并处三千元以上五万元以下的罚款；对其直接负责的主管人员和其他直接责任人员，可以处二千元以上二万元以下的罚款；属于国家工作人员的，还应当由其所在单位或者有关单位依法给予行政处分：

（一）不依法设置会计账簿的；

（二）私设会计账簿的；

（三）未按照规定填制、取得原始凭证或者填制、取得的原始凭证不符合规定的；

（四）以未经审核的会计凭证为依据登记会计账簿或者登记会计账簿不符合规定的；

（五）随意变更会计处理方法的；

（六）向不同的会计资料使用者提供的财务会计报告编制依据不一致的；

（七）未按照规定使用会计记录文字或者记账本位币的；

（八）未按照规定保管会计资料，致使会计资料毁损、灭失的；

（九）未按照规定建立并实施单位内部会计监督制度或者拒绝依法实施的监督或者不如实提供有关会计资料及有关情况的；

（十）任用会计人员不符合本法规定的。

有前款所列行为之一，构成犯罪的，依法追究刑事责任。会计人员有第一款所列行为之一，情节严重的，由县级以上人民政府财政部门吊销会计从业资格证书。有关法律对第一款所列行为的处罚另有规定的，依照有关法律的规定办理。

第四十三条　伪造、变造会计凭证、会计账簿，编制虚假财务会计报告，构成犯罪的，依法追究刑事责任。

有前款行为，尚不构成犯罪的，由县级以上人民政府财政部门予以通报，可以对单位并处五千元以上十万元以下的罚款；对其直接负责的主管人员和其他直接责任人员，可以处三千元以上五万元以下的罚款；属于国家工作人员的，还应当由其所在单位或者有关单位依法给予撤职直至开除的行政处分；对其中的会计人员，并由县级以上人民政府财政部门吊销会计从业资格证书。

第四十四条　隐匿或者故意销毁依法应当保存的会计凭证、会计账簿、财务会计报告，构成犯罪的，依法追究刑事责任。

有前款行为，尚不构成犯罪的，由县级以上人民政府财政部门予以通报，可以对单位并处五千元以上十万元以下的罚款；对其直接负责的主管人员和其他直接责任人员，可以处三千元以上五万元以下的罚款；属于国家工作人员的，还应当由其所在单位或者有关单位依法给予撤职直至开除的行政处分；对其中的会计人员，并由县级以上人民政府财政部门吊销会计从业资格证书。

第四十五条　授意、指使、强令会计机构、会计人员及其他人员伪造、变造会计凭证、会计账簿，编制虚假财务会计报告或者隐匿、故意销毁依法应当保存的会计凭证、会计账簿、财务会计报告，构成犯罪的，依法追究刑事责任；尚不构成犯罪的，可以处五千元以上五万元以下的罚款；属于国家工作人员的，还应当由其所在单位或者有关单位依法给予降级、撤职、开除的行政处分。

2.《税收征收管理法》中的有关规定：

第六十条　纳税人有下列行为之一的，由税务机关责令限期改正，可以处二千元以下的罚款；情节严重的，处二千元以上一万元以下的罚款：

（一）未按照规定的期限申报办理税务登记、变更或者注销登记的；

（二）未按照规定设置、保管账簿或者保管记账凭证和有关资料的；

（三）未按照规定将财务、会计制度或者财务、会计处理办法和会计核算软件报送税务机关备查的；

（四）未按照规定将其全部银行账号向税务机关报告的；

（五）未按照规定安装、使用税控装置，或者损毁或者擅自改动税控装置的。

纳税人不办理税务登记的，由税务机关责令限期改正；逾期不改正的，经税务机关提请，由工商行政管理机关吊销其营业执照。

纳税人未按照规定使用税务登记证件，或者转借、涂改、损毁、买卖、伪造税务登记证件的，处二千元以上一万元以下的罚款；情节严重的，处一万元以上五万元以下的罚款。

第六十一条 扣缴义务人未按照规定设置、保管代扣代缴、代收代缴税款账簿或者保管代扣代缴、代收代缴税款记账凭证及有关资料的，由税务机关责令限期改正，可以处二千元以下的罚款；情节严重的，处二千元以上五千元以下的罚款。

第六十二条 纳税人未按照规定的期限办理纳税申报和报送纳税资料的，或者扣缴义务人未按照规定的期限向税务机关报送代扣代缴、代收代缴税款报告表和有关资料的，由税务机关责令限期改正，可以处二千元以下的罚款；情节严重的，可以处二千元以上一万元以下的罚款。

第六十三条 纳税人伪造、变造、隐匿、擅自销毁账簿、记账凭证，或者在账簿上多列支出或者不列、少列收入，或者经税务机关通知申报而拒不申报或者进行虚假的纳税申报，不缴或者少缴应纳税款的，是偷税。对纳税人偷税的，由税务机关追缴其不缴或者少缴的税款、滞纳金，并处不缴或者少缴的税款百分之五十以上五倍以下的罚款；构成犯罪的，依法追究刑事责任。

扣缴义务人采取前款所列手段，不缴或者少缴已扣、已收税款，由税务机关追缴其不缴或者少缴的税款、滞纳金，并处不缴或者少缴的税款百分之五十以上五倍以下的罚款；构成犯罪的，依法追究刑事责任。

第六十四条　纳税人、扣缴义务人编造虚假计税依据的，由税务机关责令限期改正，并处五万元以下的罚款。

纳税人不进行纳税申报，不缴或者少缴应纳税款的，由税务机关追缴其不缴或者少缴的税款、滞纳金，并处不缴或者少缴的税款百分之五十以上五倍以下的罚款。

第六十五条　纳税人欠缴应纳税款，采取转移或者隐匿财产的手段，妨碍税务机关追缴欠缴的税款的，由税务机关追缴欠缴的税款、滞纳金，并处欠缴税款百分之五十以上五倍以下的罚款；构成犯罪的，依法追究刑事责任。

第六十六条　以假报出口或者其他欺骗手段，骗取国家出口退税款的，由税务机关追缴其骗取的退税款，并处骗取税款一倍以上五倍以下的罚款；构成犯罪的，依法追究刑事责任。

对骗取国家出口退税款的，税务机关可以在规定期间内停止为其办理出口退税。

第六十七条　以暴力、威胁方法拒不缴纳税款的，是抗税，除由税务机关追缴其拒缴的税款、滞纳金外，依法追究刑事责任。情节轻微，未构成犯罪的，由税务机关追缴其拒缴的税款、滞纳金，并处拒缴税款一倍以上五倍以下的罚款。

第六十八条　纳税人、扣缴义务人在规定期限内不缴或者少缴应纳或者应解缴的税款，经税务机关责令限期缴纳，逾期仍未缴纳的，税务机关除依照本法第四十条的规定采取强制执行措施追缴其不缴或者少缴的税款外，可以处不缴或者少缴的税款百分之五十以上五倍以下的罚款。

第六十九条　扣缴义务人应扣未扣、应收而不收税款的，由税务机关向纳税人追缴税款，对扣缴义务人处应扣未扣、应收未收税款百分之五十以上三倍以下的罚款。

第七十条　纳税人、扣缴义务人逃避、拒绝或者以其他方式阻挠税务机关检查的，由税务机关责令改正，可以处一万元以下的罚款；情节严重的，处一万元以上五万元以下的罚款。

第七十一条 违反本法第二十二条规定，非法印制发票的，由税务机关销毁非法印制的发票，没收违法所得和作案工具，并处一万元以上五万元以下的罚款；构成犯罪的，依法追究刑事责任。

第七十二条 从事生产、经营的纳税人、扣缴义务人有本法规定的税收违法行为，拒不接受税务机关处理的，税务机关可以收缴其发票或者停止向其发售发票。

第七十三条 纳税人、扣缴义务人的开户银行或者其他金融机构拒绝接受税务机关依法检查纳税人、扣缴义务人存款账户，或者拒绝执行税务机关作出的冻结存款或者扣缴税款的决定，或者在接到税务机关的书面通知后帮助纳税人、扣缴义务人转移存款，造成税款流失的，由税务机关处十万元以上五十万元以下的罚款，对直接负责的主管人员和其他直接责任人员处一千元以上一万元以下的罚款。

第七十四条 本法规定的行政处罚，罚款额在二千元以下的，可以由税务所决定。

3.《审计法》中的有关规定：

第四十三条 被审计单位违反本法规定，拒绝或者拖延提供与审计事项有关的资料的，或者提供的资料不真实、不完整的，或者拒绝、阻碍检查的，由审计机关责令改正，可以通报批评，给予警告；拒不改正的，依法追究责任。

第四十四条 被审计单位违反本法规定，转移、隐匿、篡改、毁弃会计凭证、会计账簿、财务会计报告以及其他与财政收支、财务收支有关的资料，或者转移、隐匿所持有的违反国家规定取得的资产，审计机关认为对直接负责的主管人员和其他直接责任人员依法应当给予处分的，应当提出给予处分的建议，被审计单位或者其上级机关、监察机关应当依法及时作出决定，并将结果书面通知审计机关；构成犯罪的，依法追究刑事责任。

第四十五条　对本级各部门（含直属单位）和下级政府违反预算的行为或者其他违反国家规定的财政收支行为，审计机关、人民政府或者有关主管部门在法定职权范围内，依照法律、行政法规的规定，区别情况采取下列处理措施：

（一）责令限期缴纳应当上缴的款项；

（二）责令限期退还被侵占的国有资产；

（三）责令限期退还违法所得；

（四）责令按照国家统一的会计制度的有关规定进行处理；

（五）其他处理措施。

第四十六条　对被审计单位违反国家规定的财务收支行为，审计机关、人民政府或者有关主管部门在法定职权范围内，依照法律、行政法规的规定，区别情况采取前条规定的处理措施，并可以依法给予处罚。

第四十七条　审计机关在法定职权范围内作出的审计决定，被审计单位应当执行。

审计机关依法责令被审计单位上缴应当上缴的款项，被审计单位拒不执行的，审计机关应当通报有关主管部门，有关主管部门应当依照有关法律、行政法规的规定予以扣缴或者采取其他处理措施，并将结果书面通知审计机关。

第四十八条　被审计单位对审计机关作出的有关财务收支的审计决定不服的，可以依法申请行政复议或者提起行政诉讼。

被审计单位对审计机关作出的有关财政收支的审计决定不服的，可以提请审计机关的本级人民政府裁决，本级人民政府的裁决为最终决定。

第四十九条　被审计单位的财政收支、财务收支违反国家规定，审计机关认为对直接负责的主管人员和其他直接责任人员依法应当给予处分的，应当提出给予处分的建议，被审计单位或者其上级机关、监察机关应当依法及时作出决定，并将结果书面通知审计机关。

第五十条 被审计单位的财政收支、财务收支违反法律、行政法规的规定，构成犯罪的，依法追究刑事责任。

第五十一条 报复陷害审计人员的，依法给予处分；构成犯罪的，依法追究刑事责任。

第五十二条 审计人员滥用职权、徇私舞弊、玩忽职守或者泄露所知悉的国家秘密、商业秘密的，依法给予处分；构成犯罪的，依法追究刑事责任。

4.《商业银行法》中的有关规定：

第七十三条 商业银行有下列情形之一，对存款人或者其他客户造成财产损害的，应当承担支付迟延履行的利息以及其他民事责任：

（一）无故拖延、拒绝支付存款本金和利息的；

（二）违反票据承兑等结算业务规定，不予兑现，不予收付入账，压单、压票或者违反规定退票的；

（三）非法查询、冻结、扣划个人储蓄存款或者单位存款的；

（四）违反本法规定对存款人或者其他客户造成损害的其他行为。

有前款规定情形的，由国务院银行业监督管理机构责令改正，有违法所得的，没收违法所得，违法所得五万元以上的，并处违法所得一倍以上五倍以下罚款；没有违法所得或者违法所得不足五万元的，处五万元以上五十万元以下罚款。

第七十四条 商业银行有下列情形之一，由国务院银行业监督管理机构责令改正，有违法所得的，没收违法所得，违法所得五十万元以上的，并处违法所得一倍以上五倍以下罚款；没有违法所得或者违法所得不足五十万元的，处五十万元以上二百万元以下罚款；情节特别严重或者逾期不改正的，可以责令停业整顿或者吊销其经营许可证；构成犯罪的，依法追究刑事责任：

（一）未经批准设立分支机构的；

（二）未经批准分立、合并或者违反规定对变更事项不报批的；

（三）违反规定提高或者降低利率以及采用其他不正当手段，吸收存款，发放贷款的；

（四）出租、出借经营许可证的；

（五）未经批准买卖、代理买卖外汇的；

（六）未经批准买卖政府债券或者发行、买卖金融债券的；

（七）违反国家规定从事信托投资和证券经营业务、向非自用不动产投资或者向非银行金融机构和企业投资的；

（八）向关系人发放信用贷款或者发放担保贷款的条件优于其他借款人同类贷款的条件的。

第七十五条　商业银行有下列情形之一，由国务院银行业监督管理机构责令改正，并处二十万元以上五十万元以下罚款；情节特别严重或者逾期不改正的，可以责令停业整顿或者吊销其经营许可证；构成犯罪的，依法追究刑事责任：

（一）拒绝或者阻碍国务院银行业监督管理机构检查监督的；

（二）提供虚假的或者隐瞒重要事实的财务会计报告、报表和统计报表的；

（三）未遵守资本充足率、存贷比例、资产流动性比例、同一借款人贷款比例和国务院银行业监督管理机构有关资产负债比例管理的其他规定的。

第七十六条　商业银行有下列情形之一，由中国人民银行责令改正，有违法所得的，没收违法所得，违法所得五十万元以上的，并处违法所得一倍以上五倍以下罚款；没有违法所得或者违法所得不足五十万元的，处五十万元以上二百万元以下罚款；情节特别严重或者逾期不改正的，中国人民银行可以建议国务院银行业监督管理机构责令停业整顿或者吊销其经营许可证；构成犯罪的，依法追究刑事责任：

（一）未经批准办理结汇、售汇的；

（二）未经批准在银行间债券市场发行、买卖金融债券或者到境外借款的；

（三）违反规定同业拆借的。

第七十七条 商业银行有下列情形之一，由中国人民银行责令改正，并处二十万元以上五十万元以下罚款；情节特别严重或者逾期不改正的，中国人民银行可以建议国务院银行业监督管理机构责令停业整顿或者吊销其经营许可证；构成犯罪的，依法追究刑事责任：

（一）拒绝或者阻碍中国人民银行检查监督的；

（二）提供虚假的或者隐瞒重要事实的财务会计报告、报表和统计报表的；

（三）未按照中国人民银行规定的比例交存存款准备金的。

第七十八条 商业银行有本法第七十三条至第七十七条规定情形的，对直接负责的董事、高级管理人员和其他直接责任人员，应当给予纪律处分；构成犯罪的，依法追究刑事责任。

第七十九条 有下列情形之一，由国务院银行业监督管理机构责令改正，有违法所得的，没收违法所得，违法所得五万元以上的，并处违法所得一倍以上五倍以下罚款；没有违法所得或者违法所得不足五万元的，处五万元以上五十万元以下罚款：

（一）未经批准在名称中使用“银行”字样的；

（二）未经批准购买商业银行股份总额百分之五以上的；

（三）将单位的资金以个人名义开立账户存储的。

第八十条 商业银行不按照规定向国务院银行业监督管理机构报送有关文件、资料的，由国务院银行业监督管理机构责令改正，逾期不改正的，处十万元以上三十万元以下罚款。

商业银行不按照规定向中国人民银行报送有关文件、资料的，由中国人民银行责令改正，逾期不改正的，处十万元以上三十万元以下罚款。

第八十一条 未经国务院银行业监督管理机构批准，擅自设立商业银行，或者非法吸收公众存款、变相吸收公众存款，构成犯罪的，依法追究刑事责任；并由国务院银行业监督管理机构予以取缔。

伪造、变造、转让商业银行经营许可证，构成犯罪的，依法追究刑事责任。

第八十二条　借款人采取欺诈手段骗取贷款，构成犯罪的，依法追究刑事责任。

第八十三条　有本法第八十一条、第八十二条规定的行为，尚不构成犯罪的，由国务院银行业监督管理机构没收违法所得，违法所得五十万元以上的，并处违法所得一倍以上五倍以下罚款；没有违法所得或者违法所得不足五十万元的，处五十万元以上二百万元以下罚款。

第八十四条　商业银行工作人员利用职务上的便利，索取、收受贿赂或者违反国家规定收受各种名义的回扣、手续费，构成犯罪的，依法追究刑事责任；尚不构成犯罪的，应当给予纪律处分。

有前款行为，发放贷款或者提供担保造成损失的，应当承担全部或者部分赔偿责任。

第八十五条　商业银行工作人员利用职务上的便利，贪污、挪用、侵占本行或者客户资金，构成犯罪的，依法追究刑事责任；尚不构成犯罪的，应当给予纪律处分。

第八十六条　商业银行工作人员违反本法规定玩忽职守造成损失的，应当给予纪律处分；构成犯罪的，依法追究刑事责任。

违反规定徇私向亲属、朋友发放贷款或者提供担保造成损失的，应当承担全部或者部分赔偿责任。

5.《证券法》中的有关规定：

第一百八十八条　未经法定机关核准，擅自公开或者变相公开发行证券的，责令停止发行，退还所募资金并加算银行同期存款利息，处以非法所募资金金额百分之一以上百分之五以下的罚款；对擅自公开或者变相公开发行证券设立的公司，由依法履行监督管理职责的机构或者部门会同县级以上地方人民政府予以取缔。对直接负责的主管人员和其他直接责任人员给予警告，并处以三万元以上三十万元以下的罚款。

第一百八十九条 发行人不符合发行条件，以欺骗手段骗取发行核准，尚未发行证券的，处以三十万元以上六十万元以下的罚款；已经发行证券的，处以非法所募资金金额百分之一以上百分之五以下的罚款。对直接负责的主管人员和其他直接责任人员处以三万元以上三十万元以下的罚款。

发行人的控股股东、实际控制人指使从事前款违法行为的，依照前款的规定处罚。

第一百九十条 证券公司承销或者代理买卖未经核准擅自公开发行的证券的，责令停止承销或者代理买卖，没收违法所得，并处以违法所得一倍以上五倍以下的罚款；没有违法所得或者违法所得不足三十万元的，处以三十万元以上六十万元以下的罚款。给投资者造成损失的，应当与发行人承担连带赔偿责任。对直接负责的主管人员和其他直接责任人员给予警告，撤销任职资格或者证券从业资格，并处以三万元以上三十万元以下的罚款。

第一百九十一条 证券公司承销证券，有下列行为之一的，责令改正，给予警告，没收违法所得，可以并处三十万元以上六十万元以下的罚款；情节严重的，暂停或者撤销相关业务许可。给其他证券承销机构或者投资者造成损失的，依法承担赔偿责任。对直接负责的主管人员和其他直接责任人员给予警告，可以并处三万元以上三十万元以下的罚款；情节严重的，撤销任职资格或者证券从业资格：

（一）进行虚假的或者误导投资者的广告或者其他宣传推介活动；

（二）以不正当竞争手段招揽承销业务；

（三）其他违反证券承销业务规定的行为。

第一百九十二条 保荐人出具有虚假记载、误导性陈述或者重大遗漏的保荐书，或者不履行其他法定职责的，责令改正，给予警告，没收业务收入，并处以业务收入一倍以上五倍以下的罚款；情节严重的，暂停或者撤销相关业务许可。对直接负责的主管人员和其他直接责任人员给予警告，并处以三万元以上三十万元以下的罚款；情节严重的，撤销任职资格或者证券从业资格。

第一百九十三条 发行人、上市公司或者其他信息披露义务人未按照规定披露信息，或者所披露的信息有虚假记载、误导性陈述或者重大遗漏的，责令改正，给予警告，并处以三十万元以上六十万元以下的罚款。对直接负责的主管人员和其他直接责任人员给予警告，并处以三万元以上三十万元以下的罚款。

发行人、上市公司或者其他信息披露义务人未按照规定报送有关报告，或者报送的报告有虚假记载、误导性陈述或者重大遗漏的，责令改正，给予警告，并处以三十万元以上六十万元以下的罚款。对直接负责的主管人员和其他直接责任人员给予警告，并处以三万元以上三十万元以下的罚款。

发行人、上市公司或者其他信息披露义务人的控股股东、实际控制人指使从事前两款违法行为的，依照前两款的规定处罚。

第一百九十四条 发行人、上市公司擅自改变公开发行证券所募集资金的用途的，责令改正，对直接负责的主管人员和其他直接责任人员给予警告，并处以三万元以上三十万元以下的罚款。

发行人、上市公司的控股股东、实际控制人指使从事前款违法行为的，给予警告，并处以三十万元以上六十万元以下的罚款。对直接负责的主管人员和其他直接责任人员依照前款的规定处罚。

第一百九十五条 上市公司的董事、监事、高级管理人员、持有上市公司股份百分之五以上的股东，违反本法第四十七条的规定买卖本公司股票的，给予警告，可以并处三万元以上十万元以下的罚款。

第一百九十六条 非法开设证券交易场所的，由县级以上人民政府予以取缔，没收违法所得，并处以违法所得一倍以上五倍以下的罚款；没有违法所得或者违法所得不足十万元的，处以十万元以上五十万元以下的罚款。对直接负责的主管人员和其他直接责任人员给予警告，并处以三万元以上三十万元以下的罚款。

第一百九十七条 未经批准，擅自设立证券公司或者非法经营证券业务的，由证券监督管理机构予以取缔，没收违法所得，并处以违法所得一倍以上五倍以下的罚款；没有违法所得或者违法所得不足三十万元的，处以三十万元以上六十万元以下的罚款。对直接负责的主管人员和其他直接责任人员给予警告，并处以三万元以上三十万元以下的罚款。

第一百九十八条 违反本法规定，聘任不具有任职资格、证券从业资格的人员的，由证券监督管理机构责令改正，给予警告，可以并处十万元以上三十万元以下的罚款；对直接负责的主管人员给予警告，可以并处三万元以上十万元以下的罚款。

第一百九十九条 法律、行政法规规定禁止参与股票交易的人员，直接或者以化名、借他人名义持有、买卖股票的，责令依法处理非法持有的股票，没收违法所得，并处以买卖股票等值以下的罚款；属于国家工作人员的，还应当依法给予行政处分。

第二百条 证券交易所、证券公司、证券登记结算机构、证券服务机构的从业人员或者证券业协会的工作人员，故意提供虚假资料，隐匿、伪造、篡改或者毁损交易记录，诱骗投资者买卖证券的，撤销证券从业资格，并处以三万元以上十万元以下的罚款；属于国家工作人员的，还应当依法给予行政处分。

第二百零一条 为股票的发行、上市、交易出具审计报告、资产评估报告或者法律意见书等文件的证券服务机构和人员，违反本法第四十五条的规定买卖股票的，责令依法处理非法持有的股票，没收违法所得，并处以买卖股票等值以下的罚款。

第二百零二条 证券交易内幕信息的知情人或者非法获取内幕信息的人，在涉及证券的发行、交易或者其他对证券的价格有重大影响的信息公开前，买卖该证券，或者泄露该信息，或者建议他人买卖该证券的，责令依法处理非法持有的证券，没收违法所得，并处以违法所得一倍以上五倍以下的罚款；没有违法所得或者违法所得不足三万元的，处以三万元以上六十万元以下的罚款。单位从事内幕交易的，还应当对直接负责的主管人员和其他直接责任人员给予警告，并处以三万元以上三十万元以下的罚款。证券监督管理机构工作人员进行内幕交易的，从重处罚。

第二百零三条　违反本法规定，操纵证券市场的，责令依法处理非法持有的证券，没收违法所得，并处以违法所得一倍以上五倍以下的罚款；没有违法所得或者违法所得不足三十万元的，处以三十万元以上三百万元以下的罚款。单位操纵证券市场的，还应当对直接负责的主管人员和其他直接责任人员给予警告，并处以十万元以上六十万元以下的罚款。

第二百零四条　违反法律规定，在限制转让期限内买卖证券的，责令改正，给予警告，并处以买卖证券等值以下的罚款。对直接负责的主管人员和其他直接责任人员给予警告，并处以三万元以上三十万元以下的罚款。

第二百零五条　证券公司违反本法规定，为客户买卖证券提供融资融券的，没收违法所得，暂停或者撤销相关业务许可，并处以非法融资融券等值以下的罚款。对直接负责的主管人员和其他直接责任人员给予警告，撤销任职资格或者证券从业资格，并处以三万元以上三十万元以下的罚款。

第二百零六条　违反本法第七十八条第一款、第三款的规定，扰乱证券市场的，由证券监督管理机构责令改正，没收违法所得，并处以违法所得一倍以上五倍以下的罚款；没有违法所得或者违法所得不足三万元的，处以三万元以上二十万元以下的罚款。

第二百零七条　违反本法第七十八条第二款的规定，在证券交易活动中作出虚假陈述或者信息误导的，责令改正，处以三万元以上二十万元以下的罚款；属于国家工作人员的，还应当依法给予行政处分。

第二百零八条　违反本法规定，法人以他人名义设立账户或者利用他人账户买卖证券的，责令改正，没收违法所得，并处以违法所得一倍以上五倍以下的罚款；没有违法所得或者违法所得不足三万元的，处以三万元以上三十万元以下的罚款。对直接负责的主管人员和其他直接责任人员给予警告，并处以三万元以上十万元以下的罚款。

证券公司为前款规定的违法行为提供自己或者他人的证券交易账户的，除依照前款的规定处罚外，还应当撤销直接负责的主管人员和其他直接责任人员的任职资格或者证券从业资格。

第二百零九条 证券公司违反本法规定，假借他人名义或者以个人名义从事证券自营业务的，责令改正，没收违法所得，并处以违法所得一倍以上五倍以下的罚款；没有违法所得或者违法所得不足三十万元的，处以三十万元以上六十万元以下的罚款；情节严重的，暂停或者撤销证券自营业务许可。对直接负责的主管人员和其他直接责任人员给予警告，撤销任职资格或者证券从业资格，并处以三万元以上十万元以下的罚款。

第二百一十条 证券公司违背客户的委托买卖证券、办理交易事项，或者违背客户真实意思表示，办理交易以外的其他事项的，责令改正，处以一万元以上十万元以下的罚款。给客户造成损失的，依法承担赔偿责任。

第二百一十一条 证券公司、证券登记结算机构挪用客户的资金或者证券，或者未经客户的委托，擅自为客户买卖证券的，责令改正，没收违法所得，并处以违法所得一倍以上五倍以下的罚款；没有违法所得或者违法所得不足十万元的，处以十万元以上六十万元以下的罚款；情节严重的，责令关闭或者撤销相关业务许可。对直接负责的主管人员和其他直接责任人员给予警告，撤销任职资格或者证券从业资格，并处以三万元以上三十万元以下的罚款。

第二百一十二条 证券公司办理经纪业务，接受客户的全权委托买卖证券的，或者证券公司对客户买卖证券的收益或者赔偿证券买卖的损失作出承诺的，责令改正，没收违法所得，并处以五万元以上二十万元以下的罚款，可以暂停或者撤销相关业务许可。对直接负责的主管人员和其他直接责任人员给予警告，并处以三万元以上十万元以下的罚款，可以撤销任职资格或者证券从业资格。

第二百一十三条 收购人未按照本法规定履行上市公司收购的公告、发出收购要约、报送上市公司收购报告书等义务或者擅自变更收购要约的，责令改正，给予警告，并处以十万元以上三十万元以下的罚款；在改正前，收购人对其收购或者通过协议、其他安排与他人共同收购的股份不得行使表决权。对直接负责的主管人员和其他直接责任人员给予警告，并处以三万元以上三十万元以下的罚款。

第二百一十四条　收购人或者收购人的控股股东，利用上市公司收购，损害被收购公司及其股东的合法权益的，责令改正，给予警告；情节严重的，并处以十万元以上六十万元以下的罚款。给被收购公司及其股东造成损失的，依法承担赔偿责任。对直接负责的主管人员和其他直接责任人员给予警告，并处以三万元以上三十万元以下的罚款。

第二百一十五条　证券公司及其从业人员违反本法规定，私下接受客户委托买卖证券的，责令改正，给予警告，没收违法所得，并处以违法所得一倍以上五倍以下的罚款；没有违法所得或者违法所得不足十万元的，处以十万元以上三十万元以下的罚款。

第二百一十六条　证券公司违反规定，未经批准经营非上市证券的交易的，责令改正，没收违法所得，并处以违法所得一倍以上五倍以下的罚款。

第二百一十七条　证券公司成立后，无正当理由超过三个月未开始营业的，或者开业后自行停业连续三个月以上的，由公司登记机关吊销其公司营业执照。

第二百一十八条　证券公司违反本法第一百二十九条的规定，擅自设立、收购、撤销分支机构，或者合并、分立、停业、解散、破产，或者在境外设立、收购、参股证券经营机构的，责令改正，没收违法所得，并处以违法所得一倍以上五倍以下的罚款；没有违法所得或者违法所得不足十万元的，处以十万元以上六十万元以下的罚款。对直接负责的主管人员给予警告，并处以三万元以上十万元以下的罚款。

证券公司违反本法第一百二十九条的规定，擅自变更有关事项的，责令改正，并处以十万元以上三十万元以下的罚款。对直接负责的主管人员给予警告，并处以五万元以下的罚款。

第二百一十九条　证券公司违反本法规定，超出业务许可范围经营证券业务的，责令改正，没收违法所得，并处以违法所得一倍以上五倍以下的罚款；没有违法所得或者违法所得不足三十万元的，处以三十万元以上六十万元以下罚款；情节严重的，责令关闭。对直接负责的主管人员和其他直接责任人员给予警告，撤销任职资格或者证券从业资格，并处以三万元以上十万元以下的罚款。

第二百二十条 证券公司对其证券经纪业务、证券承销业务、证券自营业务、证券资产管理业务，不依法分开办理，混合操作的，责令改正，没收违法所得，并处以三十万元以上六十万元以下的罚款；情节严重的，撤销相关业务许可。对直接负责的主管人员和其他直接责任人员给予警告，并处以三万元以上十万元以下的罚款；情节严重的，撤销任职资格或者证券从业资格。

第二百二十一条 提交虚假证明文件或者采取其他欺诈手段隐瞒重要事实骗取证券业务许可的，或者证券公司在证券交易中有严重违法行为，不再具备经营资格的，由证券监督管理机构撤销证券业务许可。

第二百二十二条 证券公司或者其股东、实际控制人违反规定，拒不向证券监督管理机构报送或者提供经营管理信息和资料，或者报送、提供的经营管理信息和资料有虚假记载、误导性陈述或者重大遗漏的，责令改正，给予警告，并处以三万元以上三十万元以下的罚款，可以暂停或者撤销证券公司相关业务许可。对直接负责的主管人员和其他直接责任人员，给予警告，并处以三万元以下的罚款，可以撤销任职资格或者证券从业资格。

证券公司为其股东或者股东的关联人提供融资或者担保的，责令改正，给予警告，并处以十万元以上三十万元以下的罚款。对直接负责的主管人员和其他直接责任人员，处以三万元以上十万元以下的罚款。股东有过错的，在按照要求改正前，国务院证券监督管理机构可以限制其股东权利；拒不改正的，可以责令其转让所持证券公司股权。

第二百二十三条 证券服务机构未勤勉尽责，所制作、出具的文件有虚假记载、误导性陈述或者重大遗漏的，责令改正，没收业务收入，暂停或者撤销证券服务业务许可，并处以业务收入一倍以上五倍以下的罚款。对直接负责的主管人员和其他直接责任人员给予警告，撤销证券从业资格，并处以三万元以上十万元以下的罚款。

第二百二十四条　违反本法规定，发行、承销公司债券的，由国务院授权的部门依照本法有关规定予以处罚。

第二百二十五条　上市公司、证券公司、证券交易所、证券登记结算机构、证券服务机构，未按照有关规定保存有关文件和资料的，责令改正，给予警告，并处以三万元以上三十万元以下的罚款；隐匿、伪造、篡改或者毁损有关文件和资料的，给予警告，并处以三十万元以上六十万元以下的罚款。

第二百二十六条　未经国务院证券监督管理机构批准，擅自设立证券登记结算机构的，由证券监督管理机构予以取缔，没收违法所得，并处以违法所得一倍以上五倍以下的罚款。

投资咨询机构、财务顾问机构、资信评级机构、资产评估机构、会计师事务所未经批准，擅自从事证券服务业务的，责令改正，没收违法所得，并处以违法所得一倍以上五倍以下的罚款。

证券登记结算机构、证券服务机构违反本法规定或者依法制定的业务规则的，由证券监督管理机构责令改正，没收违法所得，并处以违法所得一倍以上五倍以下的罚款；没有违法所得或者违法所得不足十万元的，处以十万元以上三十万元以下的罚款；情节严重的，责令关闭或者撤销证券服务业务许可。

6.《保险法》中的有关规定：

第一百三十八条　投保人、被保险人或者受益人有下列行为之一，进行保险欺诈活动，构成犯罪的，依法追究刑事责任：

（一）投保人故意虚构保险标的，骗取保险金的；

（二）未发生保险事故而谎称发生保险事故，骗取保险金的；

（三）故意造成财产损失的保险事故，骗取保险金的；

（四）故意造成被保险人死亡、伤残或者疾病等人身保险事故，骗取保险金的；

（五）伪造、变造与保险事故有关的证明、资料和其他证据，或者指使、唆使、收买他人提供虚假证明、资料或者其他证据，编造虚假的事故原因或者夸大损失程度，骗取保险金的。

有前款所列行为之一，情节轻微，尚不构成犯罪的，依照国家有关规定给予行政处罚。

第一百三十九条 保险公司及其工作人员在保险业务中隐瞒与保险合同有关的重要情况，欺骗投保人、被保险人或者受益人，或者拒不履行保险合同约定的赔偿或者给付保险金的义务，构成犯罪的，依法追究刑事责任；尚不构成犯罪的，由保险监督管理机构对保险公司处以五万元以上三十万元以下的罚款；对有违法行为的工作人员，处以二万元以上十万元以下的罚款；情节严重的，限制保险公司业务范围或者责令停止接受新业务。

保险公司及其工作人员阻碍投保人履行如实告知义务，或者诱导其不履行如实告知义务，或者承诺向投保人、被保险人或者受益人给予非法的保险费回扣或者其他利益，构成犯罪的，依法追究刑事责任；尚不构成犯罪的，由保险监督管理机构责令改正，对保险公司处以五万元以上三十万元以下的罚款；对有违法行为的工作人员，处以二万元以上十万元以下的罚款；情节严重的，限制保险公司业务范围或者责令停止接受新业务。

第一百四十条 保险代理人或者保险经纪人在其业务中欺骗保险人、投保人、被保险人或者受益人，构成犯罪的，依法追究刑事责任；尚不构成犯罪的，由保险监督管理机构责令改正，并处以五万元以上三十万元以下的罚款；情节严重的，吊销经营保险代理业务许可证或者经纪业务许可证。

第一百四十一条 保险公司及其工作人员故意编造未曾发生的保险事故进行虚假理赔，骗取保险金，构成犯罪的，依法追究刑事责任。

第一百四十二条 违反本法规定，擅自设立保险公司或者非法从事商业保险业务活动的，由保险监督管理机构予以取缔；构成犯罪的，依法追究刑事责任；尚不构成犯罪的，由保险监督管理机构没收违法所得，并处以违法所得一倍以上五倍以下的罚款，没有违法所得或者违法所得不足二十万元的，处以二十万元以上一百万元以下的罚款。

第一百四十三条　违反本法规定，超出核定的业务范围从事保险业务或者兼营本法及其他法律、行政法规规定以外的业务，构成犯罪的，依法追究刑事责任；尚不构成犯罪的，由保险监督管理机构责令改正，责令退还收取的保险费，没收违法所得，并处以违法所得一倍以上五倍以下的罚款；没有违法所得或者违法所得不足十万元的，处以十万元以上五十万元以下的罚款；逾期不改正或者造成严重后果的，责令停业整顿或者吊销经营保险业务许可证。

第一百四十四条　违反本法规定，未经批准，擅自变更保险公司的名称、章程、注册资本、公司或者分支机构的营业场所等事项的，由保险监督管理机构责令改正，并处以一万元以上十万元以下的罚款。

第一百四十五条　违反本法规定，有下列行为之一的，由保险监督管理机构责令改正，并处以五万元以上三十万元以下的罚款；情节严重的，可以限制业务范围、责令停止接受新业务或者吊销经营保险业务许可证：

（一）未按照规定提存保证金或者违反规定动用保证金的；

（二）未按照规定提取或者结转各项责任准备金或者未按照规定提取未决赔款准备金的；

（三）未按照规定提取保险保障基金、公积金的；

（四）未按照规定办理再保险分出业务的；

（五）违反规定运用保险公司资金的；

（六）未经批准设立分支机构或者代表机构的；

（七）未经批准分立、合并的；

（八）未按照规定将应当报送审批的险种的保险条款和保险费率报送审批的。

第一百四十六条　违反本法规定，有下列行为之一的，由保险监督管理机构责令改正，逾期不改正的，处以一万元以上十万元以下的罚款：

（一）未按照规定报送有关报告、报表、文件和资料的；

（二）未按照规定将应当报送备案的险种的保险条款和保险费率报送备案的。

第一百四十七条 违反本法规定，有下列行为之一，构成犯罪的，依法追究刑事责任；尚不构成犯罪的，由保险监督管理机构责令改正，处以十万元以上五十万元以下的罚款；情节严重的，可以限制业务范围、责令停止接受新业务或者吊销经营保险业务许可证：

（一）提供虚假的报告、报表、文件和资料的；

（二）拒绝或者妨碍依法检查监督的。

第一百四十八条 违反本法规定，有下列行为之一的，由保险监督管理机构责令改正，处以五万元以上三十万元以下的罚款：

（一）超额承保，情节严重的；

（二）为无民事行为能力人承保以死亡为给付保险金条件的保险的。

第一百四十九条 违反本法规定，未取得经营保险代理业务许可证或者经纪业务许可证，非法从事保险代理业务或者经纪业务活动的，由保险监督管理机构予以取缔；构成犯罪的，依法追究刑事责任；尚不构成犯罪的，由保险监督管理机构没收违法所得，并处以违法所得一倍以上五倍以下的罚款，没有违法所得或者违法所得不足十万元的，处以十万元以上五十万元以下的罚款。

第一百五十条 对违反本法规定尚未构成犯罪的行为负有直接责任的保险公司高级管理人员和其他直接责任人员，保险监督管理机构可以区别不同情况予以警告，责令予以撤换，处以二万元以上十万元以下的罚款。

主要参考文献和网址

1. 北京市高级人民法院：《经济犯罪新型疑难案例判解》，北京，法律出版社2007年2月第1版。

2. 张连起著：《左数字右人文》，北京，中国财政经济出版社2006年8月第1版。

3. 苏凌、王新环著：《无罪案件研究》，北京，中国检察出版社2006年12月第1版。

4. 国浩律师集团事务所编著：《金融证券律师实务》，北京，法律出版社2005年5月第1版。

5. 李若山、周勤业、方军雄著：《注册会计师：经济警察吗?》，北京，中国财政经济出版社2003年7月第1版。

6. 倪泽仁主编：《经济犯罪刑法适用指导》，北京，中国检察出版社2007年1月第1版。

7. 于朝著：《司法会计学》，北京，中国检察出版社2004年9月第1版。

8. 吴小平主编：《保险中介机构监管手册》，北京，中国财政经济出版社2005年6月第1版。

9. 黄世忠等著：《会计舞弊之反思》，大连，东北财经大学出版社2004年8月第1版。

10. 刘姝威著：《上市公司虚假会计报表识别技术》，北京，经济科学出版社2002年4月第1版。

11. 中华人民共和国财政部：《中国注册会计师执业准则》，2006年2月。

12. 胡光志著：《内幕交易及其法律控制研究》，北京，法律出版社2002

年8月第1版。

13. 司法部国家司法考试中心：《国家司法考试辅导用书》，北京，法律出版社2006年版。

14. 宣伟华著：《虚假陈述民事赔偿与投资者权益保护》，北京，法律出版社2003年4月第1版。

15. 吴越著：《企业集团法理研究》，北京，法律出版社2003年8月第1版。

16. 金十七著：《让数字说话——审计，就这么简单》，北京，中国财政经济出版社2006年4月第1版。

17. 高昌庆著：《斑鸠的会计生活》，北京，中国科学技术大学出版社2006年8月第1版。

18. 刘金友主编：《证据法案例教程》，北京，知识产权出版社2005年3月第1版。

19. 全国统一律师资格考试、国家司法考试历年试题。

20. “证券公司原总经理涉嫌贪污六千万被判死刑”，《民主与法制时报》，2007年4月2日。

21. 步淑段、李科：“证券市场会计信息欺诈的民事赔偿问题研究”，《上海会计》，2006年第2期。

22. 中国教育在线论坛：http：//bbs. eol. cn。

23. 中国法院网：http：//www. chinacourt. org。

24. 法律教育网：http：//www. chinalawedu. com。

25. 博士教育网：http：//www. eduboss. com。

26. 中国刑事犯罪网：http：//www. tjlaw. cn。

27. 上海经济犯罪辩护律师网：http：//www. jjfz. com. cn。

28. 龙剑网：http：//www. hl. jcy. gov. cn。

29. 职务犯罪律师网：http：//www. zwfzlsw. com。

30. 新浪教育频道：http：//edu. sina. com. cn。

后　记

我常在内心感慨自己的职业生涯如此曲折，很多时候都在反思自己怎么不是像有些人那样一条路走到底，省心、成功，还比较有保障。但很多时候事情并不是那么简单，你是个神枪手，瞄准、开枪是你的事，但往哪里开枪却不是你说了算，如果你开枪打过几次都很准，那以后让你开枪的机会就会更多。在做财务的同时兼有审计、法律、写稿事务，在从事金融监管的同时兼有法律、写稿事务，在从事纪检的同时兼有法律、审计、写稿事务，有主业但与此相关的副业也总少不了。但好在自己是个勤奋的人、爱思考的人，领导也很信任，安排自己与同事共同处理复杂的问题。实践出真知，将这些领域的工作联起来，以一个全程的视角来看待财务人员从业务处理、案件缘起至内部检查、外部侦查、法院判决等一系列问题时，出乎意料地产生了独特的价值，这也算不枉自己这么波折、这么辛苦。

但我更加清楚，自己的辛勤只是一方面，更重要的是有很多好心的人在无私地帮助我，我永远心存感激。在此，感谢中瑞岳华会计师事务所高级合伙人张连起先生给我的诸多建议，感谢中国人民大学张中秀教授、北京大成方略集团王磊副总裁、天津财经大学刘金章教授给我提供了很多帮助，正是他们启迪了我的思维。感谢汇银大通（北京）投资顾问公司总经理马军，河北证券公司总裁助理张连安、财务部总经理默计红，安邦财产保险股份公司纪律检查部总经理袁川峰、审计部总经理助理张巧敏，还有曾为讨论案件而激烈争论又通力合作的吴邦富、唐友民、赵启进——他们作为曾经的刑警和检察官，其丰富的知识和经历，同样使我受益匪浅；特别感谢马红刚警官、徐项楠警官、高兴志警官，刘云鹏法官，雷学文律师、李寿双律师、张赞辉律师、赵新辉律师，他们曾经或有意或无意地启迪了我思维的火花。

感谢过去与现在的同事、朋友们，他们的帮助与支持也是不可或缺的，我永远都记得他们是我进步的阶梯。特别感谢为本书的出版提供过支持和付出辛劳的朋友们。尤其让我感动的是，“中国会计视野”未曾谋面的广大网友，他们对我的支持是如此的坚定，在此深表谢意。

最后，感谢我的妻子雷宇华对我的一贯理解、支持和鼓励。

张国峰

2007年12月26日·北京